缅甸军人政权的转型逻辑

The Logic of Transition on Myanmar Military Regime

张伟玉 著

中国社会科学出版社

序 言

博士后制度在我国落地生根已逾30年，已经成为国家人才体系建设中的重要一环。30多年来，博士后制度对推动我国人事人才体制机制改革、促进科技创新和经济社会发展发挥了重要的作用，也培养了一批国家急需的高层次创新型人才。

自1986年1月开始招收第一名博士后研究人员起，截至目前，国家已累计招收14万余名博士后研究人员，已经出站的博士后大多成为各领域的科研骨干和学术带头人。这其中，已有50余位博士后当选两院院士；众多博士后入选各类人才计划，其中，国家百千万人才工程年入选率达34.36%，国家杰出青年科学基金入选率平均达21.04%，教育部"长江学者"入选率平均达10%左右。

2015年底，国务院办公厅出台《关于改革完善博士后制度的意见》，要求各地各部门各设站单位按照党中央、国务院决策部署，牢固树立并切实贯彻创新、协调、绿色、开放、共享的发展理念，深入实施创新驱动发展战略和人才优先发展战略，完善体制机制，健全服务体系，推动博士后事业科学发展。这为我国博士后事业的进一步发展指明了方向，也为哲学社会科学领域博士后工作提出了新的研究方向。

习近平总书记在2016年5月17日全国哲学社会科学工作座谈会上发表重要讲话指出：一个国家的发展水平，既取决于自然科学发展水平，也取决于哲学社会科学发展水平。一个没有发达的自然科学的国家不可能走在世界前列，一个没有繁荣的哲学社会科学的国家也不可能走在世界前列。坚持和发展中国特色社会主义，需要不断在实践和理论上进行探索、用发展着的理论指导发展着的实践。在这个过程中，哲学社会科学具有不可替代的重要地位，哲学社会科学工作者具有不可替代的重要作用。这是党和国家领导人对包括哲学社会科学博士后在内的所有哲学社会科学领域的研究者、工作者提出的殷切希望！

中国社会科学院是中央直属的国家哲学社会科学研究机构，在哲学社会科学博士后工作领域处于领军地位。为充分调动哲学社会科学博士后研究人员科研创新积极性，展示哲学社会科学领域博士后优秀成果，提高我国哲学社会科学发展整体水平，中国社会科学院和全国博士后管理委员会于 2012 年联合推出了《中国社会科学博士后文库》（以下简称《文库》），每年在全国范围内择优出版博士后成果。经过多年的发展，《文库》已经成为集中、系统、全面反映我国哲学社会科学博士后优秀成果的高端学术平台，学术影响力和社会影响力逐年提高。

下一步，做好哲学社会科学博士后工作，做好《文库》工作，要认真学习领会习近平总书记系列重要讲话精神，自觉肩负起新的时代使命，锐意创新、发奋进取。为此，需做到以下几点：

第一，始终坚持马克思主义的指导地位。哲学社会科学研究离不开正确的世界观、方法论的指导。习近平总书记深刻指出：坚持以马克思主义为指导，是当代中国哲学社会科学区别于其他哲学社会科学的根本标志，必须旗帜鲜明加以坚持。马克思主义揭示了事物的本质、内在联系及发展规律，是"伟大的认识工具"，是人们观察世界、分析问题的有力思想武器。马克思主义尽管诞生在一个半多世纪之前，但在当今时代，马克思主义与新的时代实践结合起来，越来越显示出更加强大的生命力。哲学社会科学博士后研究人员应该更加自觉坚持马克思主义在科研工作中的指导地位，继续推进马克思主义中国化、时代化、大众化，继续发展21世纪马克思主义、当代中国马克思主义。要继续把《文库》建设成为马克思主义中国化最新理论成果的宣传、展示、交流的平台，为中国特色社会主义建设提供强有力的理论支撑。

第二，逐步树立智库意识和品牌意识。哲学社会科学肩负着回答时代命题、规划未来道路的使命。当前中央对哲学社会科学愈发重视，尤其是提出要发挥哲学社会科学在治国理政、提高改革决策水平、推进国家治理体系和治理能力现代化中的作用。从2015年开始，中央已启动了国家高端智库的建设，这对哲学社会科学博士后工作提出了更高的针对性要求，也为哲学社会科学博士后研究提供了更为广阔的应用空间。《文库》依托中国社会科学院，面向全国哲学社会科学领域博士后科研流动站、工作站的博士后征集优秀成果，入选出版的著作也代表了哲学社会科学博士后最高的学术研究水平。因此，要善于把中国社会科学院服务党和国家决策的大智库功能与《文库》的小智库功能结合起来，进而以智库意识推动品牌意识建设，最终树立《文库》的智库意识和品牌意识。

第三，积极推动中国特色哲学社会科学学术体系和话语体系建设。改革开放30多年来，我国在经济建设、政治建设、文化建设、社会建设、生态文明建设和党的建设各个领域都取得了举世瞩目的成就，比历史上任何时期都更接近中华民族伟大复兴的目标。但正如习近平总书记所指出的那样：在解读中国实践、构建中国理论上，我们应该最有发言权，但实际上我国哲学社会科学在国际上的声音还比较小，还处于有理说不出、说了传不开的境地。这里问题的实质，就是中国特色、中国特质的哲学社会科学学术体系和话语体系的缺失和建设问题。具有中国特色、中国特质的学术体系和话语体系必然是由具有中国特色、中国特质的概念、范畴和学科等组成。这一切不是凭空想象得来的，而是在中国化的马克思主义指导下，在参考我们民族特质、历史智慧的基础上再创造出来的。在这一过程中，积极吸纳儒、释、道、墨、名、法、农、杂、兵等各家学说的精髓，无疑是保持中国特色、中国特质的重要保证。换言之，不能站在历史、文化虚无主义立场搞研究。要通过《文库》积极引导哲学社会科学博士后研究人员：一方面，要积极吸收古今中外各种学术资源，坚持古为今用、洋为中用。另一方面，要以中国自己的实践为研究定位，围绕中国自己的问题，坚持问题导向，努力探索具备中国特色、中国特质的概念、范畴与理论体系，在体现继承性和民族性，体现原创性和时代性，体现系统性和专业性方面，不断加强和深化中国特色学术体系和话语体系建设。

新形势下，我国哲学社会科学地位更加重要、任务更加繁重。衷心希望广大哲学社会科学博士后工作者和博士后们，以《文库》系列著作的出版为契机，以习近平总书记在全国哲学社会科学座谈会上的讲话为根本遵循，将自身的研究工作与时代的需求结合起来，将自身的研究工作与国家和人民的召唤结合起来，以深厚的学识修养赢得尊重，以高尚的人格魅力引领风气，在为祖国、为人民立德立功立言中，在实现中华民族伟大复兴中国梦征程中，成就自我、实现价值。

是为序。

王京清

中国社会科学院副院长

中国社会科学院博士后管理委员会主任

2016 年 12 月 1 日

摘　要

　　虽然目前学界对缅甸是否能够彻底转型成为民主政体尚存争议，但缅甸已完成了从"纯军人政权"向"军人为主—文官为辅政权"转型的开启，继而到"文官为主—军人为辅政权"转型的深化，却是一个不争的事实。本书研究的问题是：缅甸军人政权为什么愿意放松对权力的控制而推动政权转型？军人政权推动自身转型的条件是什么？

　　关于缅甸军人政权转型的解释主要有四种："内外压力说""国际形势说""精英决定说"和"军人利益说"。本书在芬纳（Finer）、亨廷顿（Huntington）、阿塞莫格鲁（Acemoglu）和罗宾逊（Robinson）等学者提出的关于军人政权转型原因观点的启发下，借鉴诺斯（D. C. North）等人提出的迈向"开放介入社会"的"三个门槛条件"，发展"精英决定说"和"军人利益说"的观点，本书提出：利益目标的改变和保障条件的完备共同促使缅甸军方放松对权力的控制，从而开启和深化政治转型。具体来看，缅甸军方追求的目标从追求对政权的完全控制转变到追求关键控制，关键控制相对于完全控制或不控制能够使得军方获得最大的净收益，特别是制度保障、组织保障和军事保障这三项保障条件的具备极大降低了军方追求关键控制目标的风险。如果利益目标不变，那么军人政权就没有转型的动力；如果保障条件不完备，那么政权转型的风险就高，这个转型风险成本的不可控性导致军人政权不敢冒巨大的风险从而拒绝转型。因此，缅甸军人政权选择放松对权力的控制是理性选择的结果。

　　本书采用案例比较的研究方法，选取了一反、两正一共三个案例进行分析。这三个案例是：苏貌军政权（1988—1992 年）

拒绝转型、丹瑞军政权（1992—2011 年）开启转型和吴登盛"军人为主—文官为辅"政权（2011—2015 年）深化转型，并以1990 年、2010 年和2015 年三次大选为关键时间点。通过对这三个案例的比较研究发现：缅甸军方放松对权力控制之时并不是缅甸面临外部压力最大的时候，也不是在其经济增长最缓慢和社会压力最大的时候；相反，军方拒绝放松对权力控制之时才是内外压力最大之时。这个结论排除了"内外压力说"这个主要竞争性解释，从而论证了本书的研究假设。

本书建构了一个解释缅甸整个军人政权转型时期（1988—2015 年）的较为完整和系统的理论框架。这一框架有助于理解缅甸军政权转型的本质，也帮助理解缅甸转型后的政治行为的逻辑。

关键词：缅甸军人政权；政治转型；利益目标；保障条件

Abstract

After 1990 election, Military Regime led by Su Maung ceased Myanmar's political transition; after 2010 election, Military Regime led by Than Shwe launched a political transition process by peacefully handing part of power over to Thein Sein regime; Thein Sein regime deepened transition by handing over power to the NLD (National League for Democracy) after the relatively fair and free election in 2015. Although it is still in dispute whether or not Myanmar has completely transformed into a democratic regime, it is uncontroversial that Myanmar has made great progress in political transition: from a pure military regime (Than Shwe) to a military-dominated and civilian-supplemented regime (Thein Sein), and then to a civilian-dominated and military-auxiliary regime (Aung San Suu Kyi).

The book attempted to analyze the root causes of Myanmar's political transition by answering the following questions: Why did the three transitions in Myanmar have different consequences? Why, in contrast to the Su Maung regime, did the Than Shwe regime and the Thein Sein regime have more driving forces to relax its power controls to advance a democratic transition? What are the root causes and the conditions of Myanmar's political transition?

In literature, there are mainly four accounts of causes of Myanmar's political transition: internal/external-pressure; international-situation; elite-domination; military-interest. I argued for a root cause analysis on the basis of the last two accounts. To support the analysis, I developed an interpretative theoretical framework, which was inspired by theories of political transition of military regimes contributed by scholars (such as Samuel E. Finer, Samuel P. Huntington, Daron Acemoglu, James Robinson) and, in particular, by Douglas North's theory of open access society which claims that there are three doorstep conditions for transition. I argued that both the change of interest objectives and supporting conditions satisfaction motivate Myanmar's Military Regimes to loosen its control to open and then to deepen a democratic transition. Specifically, interest objectives of Military Regimes has changed: it is not a complete control but a key control over power that became its objective. Compared with full control or non-control, key control can produce maximum net income, especially when satisfaction of three guarantee conditions (institutional, organizational and military guarantee) can greatly reduce the risk of pursing a key control over power.

This book made a comparative analysis for three cases in history of political transition of Myanmar's Military Regimes: the negative case (suspension transition of Su Maung Military Regime after the 1990 election); two positive cases (restarting transition of Than Shwe Military Regime after 2010 election; deepening transition of Thein Sein regime after 2015 election). My analysis showed: it is neither when Myanmar was under the maximum external pressure, nor when Myanmar stayed at the lowest level of economic growth and was under the maximum social pressure, that Myanmar Military Regimes loosened its control over power; on the contrary, when it refused to loosen its control, it was under the maximum external and internal pressures. This comparative analysis confirmed my interpretive framework and discredited the main competing accounts: the internal/external-pressure account.

The book constructed an integrative and systematic interpretative framework to understand the essence of Myanmar political transition. This framework contributes to understanding behavior logic of post-transition Myanmar.

Keywords: Myanmar Military Regime; Political Transition; Interest Objectives; Guarantee Conditions

缩　略　语

国家恢复法律和秩序委员会（SLORC）	State Law and Order Restoration Council
国家和平与发展委员会（SPDC）	State Peace and Development Council
缅甸社会主义纲领党（BSPP）	Burma Socialist Programme Party
联邦巩固与发展党（USDP）	Union Solidarity and Development Party
全国民族民主联盟（NLD）	National League for Democracy
若开民族党（ANP）	Arakan National Party
掸邦民族民主党（SNLD）	Shan Nationalities League for Democracy
德昂（崩龙）民族党（TNP）	Ta-A（Palaung）National Party
勃欧民族组织（PNO）	Pao National Organization
佐米民主联盟（ZCD）	Zomi Congress for Democracy
佤民主党（WDP）	Wa Democratic Party
克钦邦民主党（KSDP）	Kachin State Democracy Paty
果敢民族团结党（KDUP）	Kokang Democracy and Unity Party
栗粟民族发展党（LNDP）	Lisu National Development Party
孟民族党（MNP）	Mon National Party
民族团结党（NUP）	National Unity Party
若开民主党（ALD）	Arakan League for Democracy
孟民族民主阵线（MNDF）	Mon National Democratic Front
民族民主人权党（NDPHR）	National Democratic Party for Human Rights
民族民主党（PND）	Party for National Democracy
钦民族民主党（CNLD）	Chin National League for Democracy
克钦邦民族民主联盟（KSNCD）	Kachin State National Congress for Democracy

目　录

Contents

第一章　导论

一　研究背景与问题提出

世界历史上的三波民主化浪潮里，第一波民主化浪潮中被取代的政体一般是绝对君主制、残存的贵族政体和大陆帝国的后继国，第二波民主化浪潮发生在法西斯国家、殖民地、个人军事专制国家，其中某些国家有过民主经历，第三波民主化浪潮中转向民主的威权政体（authoritarianism regimes）主要有三个类别：一党制政体、军人政体和个人专制政体。[①] 本书关注的是军人政体转型这一类别。西方比较政治学者称"二战"后至 20 世纪 70 年代中期是军人政治的黄金时期，军事政变此起彼伏，军人政权相继面世。[②] 20 世纪 70 年代第三波民主化浪潮席卷世界，军人政权开始陆续还政于民，并延续至今。[③] 冷战结束后，亚太地区的民主政体数量总体

---

① 丛日云：《当代世界的民主化浪潮》，天津人民出版社 1997 年版，第 52 页。

② 陈明明：《所有的子弹都有归属——发展中国家军人政治研究》，天津人民出版社 2003 年版，第 14 页。

③ 第一次民主化浪潮发生在 1878—1926 年，根源于 18 世纪的美国和法国革命，但真正的国家民主制度却出现在 19 世纪。在近一百年的民主化进程中，三十几个国家先后建立了资本主义民主制度。第二次民主化浪潮发生在 1943—1962 年，是由第二次世界大战引发的。第二次世界大战后各国风起云涌的民族民主解放运动结束了西方的殖民统治，50 多个国家纷纷建立了资本主义民主制度。第三次民主化浪潮始于 1974 年的葡萄牙军事政变。与前两次民主化浪潮相比，此次民主化浪潮规模最大，席卷了南欧、拉美、非洲的许多国家，使采用资本主义民主政体的国家增至 107 个，约占全世界国家总数的 58%，亨廷顿称之为一场名副其实的"全球民主革命"，此次浪潮余波一直延续至今。参见 Samuel P. Huntington，*The Third Wave*：*Democratization in the Late Twentieth Century*，Nor-man：University of Oklahoma Press，1992。

上在不断升高。① 在中国周边也从不缺乏军政权转型的案例，如先前的韩国、印度尼西亚、泰国等国，而近年的缅甸也开启了政治转型的步伐。

早在 1044 年，缅甸就建立了第一个统一的中央王朝——蒲甘王朝，1885 年结束了最后一个封建王朝贡榜王朝，成为英属印度的一个省，英帝国主义殖民侵略，使得缅甸完全丧失国家主权，沦为英国的殖民地，之后缅甸各族人民展开艰苦卓绝的战斗反对帝国主义侵略和争取民族解放。为尽快实现国家的独立，1947 年 9 月 24 日通过了宪法，1948 年 1 月 4 日缅甸成功建立独立主权国家，根据该宪法规定，缅甸独立后实行议会民主制，缅甸开始了其第一次民主化实践。然而第一次民主化尝试的失败，使得 1962 年奈温（Ne Win）军人政变上台，缅甸就此开始了漫长的军人执政之路。

1988 年初缅甸民众因对"缅甸社会主义纲领党"一党专政统治和国内经济濒临崩溃现况的不满，爆发了全国性的大规模抗议示威。1988 年 9 月，国防军总参谋长兼国防部长——苏貌（Saw Maung）带领军队推翻了奈温领导的缅甸社会主义纲领党政府，取得了国家政权，成立了国家恢复法律和秩序委员会（State Law and Order Restoration Council，以下简称"恢委会"），开启了苏貌新军人政权时代。② 苏貌军政权放弃了"缅甸式社会主义"，允许多党制存在，表示在 1990 年举行大选，并推动计划经济向市场经济转变，缅甸出现了一定程度的政治自由和经济开放，③ 但好景不长。

1990 年 5 月 27 日，在恢委会的主持下，缅甸举行了全国性大选，虽然其领袖昂山素季被军方软禁，但缅甸全国民主联盟（National League for Democracy of Burma，以下简称"民盟"）仍然取得了绝对性的胜利。④ 恢

---

① Polity IV Country Reports 2010. http：//www. systemicpeace. org/p4creports. html.
② 1948 年缅甸结束英国殖民统治后开始实行议会民主制，1962 年奈温政变上台后就开始了军人执政，学术界和本书都称其为旧军人政权。1988 年缅甸又发生军事政变，苏貌上台执政后，历经丹瑞等军人统治，学术界将其称为新军人政权，以此区别之前的旧军人政权。本书中缅甸政体转型研究即是对新军人政权的政体转型研究。
③ 李晨阳：《2010 年以来的缅甸政治转型评析》，《领导者》2010 年第 47 期。
④ James F. Guyot，" Myanmar in 1990 "，*Asian Survey*，Vol. XXXI，No. 2，February 1991，p. 210. 1988 年 9 月 24 日，昂山素季领导的反对派建立了全国民主联盟，其创始人为昂季（奈温政府 1962 年成立的革命委员会核心成员，前缅甸陆军副总参谋长，1963 年 2 月辞去军政职务后两次被监禁）、丁吴（前国防部长兼陆军总司令，1976 年被解职）和昂山素季，该党发展迅速，在大选前达到了 250 万人，成为缅甸的最大政党。

委会大选失败后，表示要"先制宪，后交权"，拒绝马上交权给获胜的民盟。面对国内此起彼伏的民主运动，苏貌军政权采取强硬的军事手段来平息动乱，并表示将在国内局势稳定后才"还政于民"，从此军人执政长达20年。军人执政和拒绝交权使得西方国家开始了对缅甸长达半个世纪的制裁，缅甸从一个东南亚富庶大国沦为世界最不发达国家之一。

1992年丹瑞上台执政，1993年制定新宪法事宜第一次在缅甸制宪国民大会中被讨论，但此后制宪会议被迫中断。1996年丹瑞将恢委会改为国家和平与发展委员会（State Peace and Development Council，以下简称"和发委"），表示了改革开放的立场。2003年，丹瑞军政府公开宣布"七点民主路线图计划"，2004年，国民大会又复会，制宪进程在暂停八年之久后又被重新启动。2008年2月，缅甸和发委发表两项声明，表示国民大会在2007年成功闭会，全部制宪原则已确定，将在2008年5月对新宪法——《缅甸联邦共和国宪法》进行全民公决，在2010年按照新宪法召开多党制大选。① 2008年5月，新宪法草案高票获得通过后，又在全民公决中获得最后通过。新宪法成为缅甸的基本法和最高法，确立了缅甸实行议会选举民主的政治体制。缅甸独立后的宪法变迁见表1—1。

表1—1　　　　　　　　　缅甸独立后的宪法变迁

颁布时间	名称	政治体制	状态
1947年	《缅甸联邦宪法》	议会民主制	1962年停用
1974年	《缅甸社会主义联邦宪法》	缅甸式社会主义民主制	1988年停用
2008年	《缅甸联邦共和国宪法》	多党民主制	正使用

缅甸在2010年11月7日顺利举行了20年以来的首次大选，2011年3月30日，丹瑞（Than Shwe）大将签署"和发委"2011年5号声明，宣布撤销从中央到地方的各级"国家和平与发展委员会"办公室，将权力正式移交给新政府，原最高权力机关"和发委"主席丹瑞和副主

---

① 张晓亮：《缅甸宣布该国民主路线图时间表引发全世界关注》，2008年2月14日，中国经济网（http://www.ce.cn/xwzx/gjss/gdxw/200802/14/t20080214_14519496.shtml）。

席貌埃退休，缅甸新政府宣誓就职，吴登盛就任新总统。① 缅甸从丹瑞执政的纯军人政权，和平转型为以军人为主—文官为辅的政权，标志着缅甸正式开启了政治转型之路。

2015 年 11 月 8 日，缅甸再次举行全国性大选，根据选委会公布的数据显示，民盟获得大选胜利，所获议席数居首位，联邦巩固与发展党（Union Solidarity and Development Party，以下简称"巩发党"），获得议席数居第二。② 2016 年 2 月 1—3 日，缅甸新联邦议会召开，两院分别选出了各自的议长，吴温敏（Win Myint）任人民院院长，③ 曼温凯丹（Mahn Win Khaing Than）任民族院院长。④ 2016 年 3 月 15 日，民盟资深成员吴廷觉（Htin Kyaw）当选新一届缅甸总统。⑤ 3 月 30 日，总统吴廷觉及新政府全体宣誓就职，⑥ 民盟主席昂山素季担任国家顾问、外交部和总统府部部长职务。⑦ 这标志着昂山素季领导的民盟开始迈入缅甸权力舞台的中心。缅甸从吴登盛领导的"军人为主—文官为辅"政权正式转型为昂山素季领导的"文官为主—军人为辅"政权，缅甸政治转型持续深化。

菲利普·施密特（Philipe Schmitter）提出了三种由威权向民主转型的方式：一是某种现任统治者将对国家的掌握交给支持者中某些派系的"权力移交"（transfer of power）；二是一种他们与反对者中的稳健派就转型协商出来的"权力放弃"（surrender of power）；三是由毫不宽容的敌

---

① 张云飞：《缅甸军政府向民选政府移交权力》，2011 年 3 月 30 日，新华网（http：//news. xinhuanet. com/world/2011 - 03/30/c_ 121249913. htm）。

② 张云飞、庄北宁：《缅甸公布最终选举结果》，2015 年 11 月 20 日，新华网（http：//news. xinhuanet. com/2015 - 11/20/c_ 1117214452. htm）。

③ 2018 年 3 月 21 日，缅甸总统府宣布因"需要休息"，总统吴廷觉辞职。同日，缅甸联邦议会人民院院长吴温敏也辞去议长职务。2018 年 3 月 30 日，吴温敏宣誓就任缅甸新一任总统。

④ 汤本营：《缅甸新议会召开首次会议》，《光明日报》2016 年 2 月 3 日。

⑤ 《吴廷觉当选新一届缅甸总统》，2016 年 3 月 15 日，新华网（http：//news. xinhuanet. com/world/2016-03/15/c_ 1118336431. htm）。

⑥ 庄北宁：《缅甸新政府集体宣誓就职》，2016 年 3 月 30 日，新华网（http：//news. xinhuanet. com/2016-03/30/c_ 1118488683. htm）。

⑦ 《昂山素季出任缅甸国家顾问，总统已签署相关法案》，2016 年 4 月 7 日，中国社会科学网（http：//www. cssn. cn/gj/gj_ gjzl/gj_ sdgc/201604/t20160407_ 2954558. shtml）。

对者所支持的"权力推翻"（overthrow of power）。[①] 按照这种划分，缅甸的转型方式属于"权力移交"方式，即现任的统治者丹瑞，将对国家的权力交给其支持者中的吴登盛政府，继而按照协商的民主原则和程序进行多党轮替。亨廷顿提出了从威权政体向民主政体转变路径的三种类型：一是变革型（transformation），由掌权的精英领导建立民主；二是替代型（replacement），反对派领导建立民主，威权政体垮台或被推翻；三是变更型（transplacement），政府和反对派携手共同建立民主。[②] 按照此种划分，缅甸转型可归属于变革型，即由掌权的政治精英领导而建立起民主程序。乔治·索伦森（Georg Sorensen）将民主化分为四个阶段，第一阶段牵涉非民主政体的瓦解；第二阶段是民主秩序的要素获得确立；第三阶段是民主政治获得进一步发展；第四阶段是民主习惯成为政治文化中的一部分。按照这种划分，缅甸的民主化改革进入了第三阶段。[③]

虽然学界对缅甸是否能够彻底转型为民主政体尚存争议，但是缅甸已经从丹瑞领导的"纯军人政权"向以吴登盛领导"军人为主—文官为辅政权"，再到以昂山素季领导的"文官为主—军人为辅政权"的转型却是一个不争的事实。根据政体第四代指数，缅甸的民主程度从2009年后就开始出现不断上升的趋势（见图1—1）。

缅甸在1990年多党制大选后，苏貌军政权拒绝交出权力，2010年大选后丹瑞军政权将部分权力和平地交给了"民选"的吴登盛政权，2015年吴登盛政权又积极地推进"公平""公正"和"自由"的选举，大选后将权力顺利地交给了获胜的民盟。对于缅甸的这三次大选，有的时候军方拒绝交权，有的时候军方又愿意交权，产生这种不同行为的根本原因和这些不同行为所蕴含的内在政治逻辑是一个值得系统分析的问题。这就是本书尝试要回答的问题：缅甸军人政权转型的原因和条件是什么？

---

① 参见 Philipe Schmitter, "Speculations about the Prospective Demise of Authoritarian Regimes and Its Possible Consequences", *Working Paper*, No. 60, The Wilson Center, Washington, D. C., 1980；[美] 吉列尔莫·奥唐奈、[意] 菲利普·施密特《威权统治的转型——关于不确定民主的试探性结论》，景威等译，新星出版社2012年版，第12页。

② 丛日云：《当代世界的民主化浪潮》，天津人民出版社1997年版，第81页。

③ 王士录、张党琼：《试述进入新世纪以来缅甸的政治转型》，《西部学刊》2013年第12期。

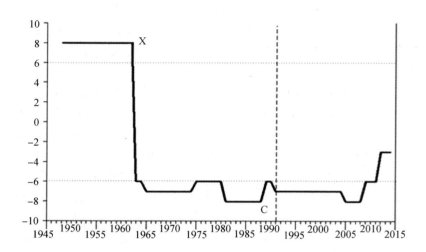

图1—1　1948—2013 年缅甸的威权趋势①

　　资料来源：Polity IV Project，"Political Regime Characteristics and Transitions，1800 - 2013"，June 6 2014（http：//www. systemicpeace. org/polity/mya2. htm）. 政体第四代指数其政体的给分以选举的竞争力、开放和参与程度进行评估，给予 - 10 到 10 分的数字，分数在 - 10 到 - 6 对应的是独裁政体， - 5 到 5 对应的是半民主状态国家，分数在 6 至 10 的是民主政体。

二　研究意义

　　第一，学术意义。缅甸军人政权（以下简称缅甸军政权）转型的发生和发展是当前的热点问题，学术界对此关注颇多，并陆续发表了一批相关的研究，出现了一些较有价值的研究成果，这些成果为进一步的系统分析提供了丰富的事实素材和对话基础。但这些成果有几个普遍的不足或缺陷：一是缺乏问题意识，仅有的研究多为描述性研究和事实性梳理和总结。二是缺乏科学实证分析，对于研究对象所涉变量之间的逻辑关系界定不够清晰。三是对缅甸军政权转型的整个阶段的系统性和理论性研究不

──────────

①　X 处为 1962 年奈温政权开始执政，C 处为 1988 年丹瑞政权开始执政。

多。这些文章多关注转型后的新政府的改革和改革面临的挑战等问题，对新发生的事实保持了较高的敏感性，但一定程度上忽视了对缅甸军政权为何愿意开启政体转型这一实质问题的深入探讨，因而难以对缅甸军政权的政治转型之后的行为和未来做科学性的预测，更加难以对缅甸快速发展变化的形势做出较为准确的判断。

与此同时，政治转型理论中的民主转型理论是当代比较政治学中一个重要研究领域，是在对当代三波民主化浪潮的分析中逐渐形成的。民主转型研究贯穿20世纪整个西方政治学领域，其中所形成的民主转型理论为数众多。这些理论视野宏大，分析规范，注重文化历史环境影响的因素，强调发展经验的总结和发展模式的比较，其理论发展呈现出一些新的特点：一是新的案例的推动；二是解释的有限性；三是方法与数据的推动。缅甸政治转型处于第三波民主化浪潮的后期，是军人政权民主转型这一类型的新案例，对其发生和发展的研究将丰富现有民主转型理论，检验或修正现有有关军人政权的民主转型理论。

第二，现实意义。从中国的角度而论，中国地缘政治在古代主要面对的威胁来自北方，而西方、南方、东方拥有良好的战略屏障，最迟到近代才面对同时来自北方和东方海上的强大威胁。因此，中国地缘政治最大的缺憾是缺少从西南直接沟通印度洋的出海口，以确保在北方和东方均面临极大困难局面下往西南突围的可能性（当年日军攻占缅甸就是要切断中国的这个突围口）。在近代以来，缅甸首先被清朝定位为保护英国势力侵入西南核心区的屏障，其后在抗日战争期间又作为中国突破日军封锁的生命线而存在。新中国成立后，中国早期面临着资本主义阵营在东面封锁，甚至在中苏决裂后同时承受北方（苏联）、西方（苏联）、西南方（印度）和东方（美国）的威胁，缅甸更是成为中国沟通亚非拉的为数不多的走廊和通道。

缅甸军政权的转型成为世界关注的焦点。中国支持缅甸以渐进、稳定的方式实现转型，曾经在缅甸拥有明显的战略优势，然而，随着军政府推行改革，外部势力纷纷进入缅甸，以及缅北局势动荡，中国与西方国家在缅甸的战略优势逐渐发生了易位，[①] 尤其是世界的中心向东亚转移后，缅

---

① 晓岸：《中国与东盟关系未来在于相处之道——与国际关系学者翟崑一席谈》，《世界知识》2015年第11期。

甸成为大国争夺的重要支点国家，加上美国重返亚太战略的实施和日本在缅甸根基继续加深，中国在缅甸的传统优势减弱，中国在缅甸的影响力有逐步从中心被排挤到边缘的趋势。①

缅甸是美国重返亚太战略的重要一环，美国乘缅甸军政权开启转型之际，与缅甸缓和关系。政治上，美缅领导人高层互访，美国派驻缅大使，解除对缅甸领导人的制裁；经济上，奥巴马访缅带去 1.7 亿美元的援助，②同时还部分解除了制裁及放松了对缅的投资；军事上拉拢缅甸，邀请其联合军演，其他西方国家也跟随美国步伐与缅甸改善关系。缅甸军政权在转型期间，其外交政策也发生了重大变化。

中国作为缅甸最为重要的和最大的邻国，不仅是缅甸的最大投资国，还是第二大贸易伙伴国，而缅甸作为中国西南印度洋的出海口，无论作为战时的军事通道，还是和平年代的资源、能源和原材料产地，抑或是地缘屏障，缅甸对中国的战略地位都十分重要。

缅甸军政权开启政治转型与之相伴的是缅甸发生的这一系列政治、经济和外交变革，对于转型后的缅甸将走向何方，媒体和国内外舆论产生了诸多的"猜测"和"遐想"，这都是学界和政经界非常关注的问题。中缅关系的长期发展是更友好还是倒退也是众说纷纭，学术界对此还缺乏系统性的研究。因此，解释缅甸军政权转型的原因以及分析其背后运行逻辑对于厘清缅甸外交政策走向十分重要，这对于预测未来缅甸外交行为和中缅关系发展具有十分强烈的现实意义。

三　缅甸军人政权转型原因的现有解释及不足

为什么缅甸军人政权愿意放松对权力的控制，从而实现从"纯军人政权"到以"军人为主—文官为辅"政权，再到以"文官为主—军人为辅"

---

① 刘新生：《缅甸大变革及其对中缅关系的影响》，《东南亚纵横》2013 年第 1 期。
② 赵小侠：《奥巴马"历史性访问"　为缅甸送 1.7 亿美元援助》，2012 年 11 月 19 日，环球网（http://world.huanqiu.com/exclusive/2012－11/3290477.html）。

的政权转变？对于这个问题的解释，归纳起来大体有四种解释：一是"内外压力说"；二是"精英决定说"；三是"军人利益说"；四是"国际形势说"。下面将对这四种解释进行逐一回顾和评论。

（一）内外压力说

用"国内国外压力说"解释缅甸军人政权转型在学界有很大的影响力。持这派观点的学者认为，缅甸军人政权开启政治转型受到国内压力和国际压力的影响。在这派观点之下，还具体分为三个小派："内外压力共同作用派""内压为主—外压为辅派"和"外压为主—内压为辅派"。

第一，"内外压力共同作用派"。这派观点不对内部压力、外部压力何者更为重要和起决定作用做区分，只是综合性地笼统地认为内外压力共同推动了缅甸军政府的政治转型，持这派观点的学者为数众多。

有学者认为，缅甸军政权转型是因为面临巨大的国内外压力。自从苏貌军事政变上台后，军政权在国内和国际社会的合法性程度都不高，为求得生存空间，军政权不得不进行缓慢的民主改革，并于2003年提出了民主路线图，以期转型为文官政府。[1] 在国内压力方面，缅甸面临国内经济底子薄，市场体制不完善，军政府经济垄断，国外直接投资少，高贸易赤字，高通货膨胀等不利因素；在国外压力方面，缅甸面临着美国及西方国家的政治封锁、外交孤立和经济制裁，还受到联合国等国际组织对缅甸人权问题的谴责。[2]

有学者认为，缅甸军政权转型的主要原因是内外压力共同的作用。一是缅甸经济止步不前，故而民众因经济困难加剧而求变之心迫切；二是以美国为首的西方国家对缅甸民主派的背后支持和对军政府的正面打压；三是东盟利用缅甸的成员国资格，敦促其推进民主进程，以便更好地融入东盟，这也给军政府造成了一定的压力。[3]

还有学者也认为，缅甸政治体制僵化，军政府与昂山素季及领导的民盟在民主改革问题上矛盾公开激化，加上民族矛盾顽疾未解，内战频频，

① 王卫：《缅甸军政府的转型及其前景展望》，《东南亚研究》2012年第4期。
② 同上。
③ 王士录、张党琼：《试述进入新世纪以来缅甸的政治转型》，《西部学刊》2013年第12期。

经济上多年来一直处于世界最不发达国家行列，民生艰难，美欧等西方国家长期经济制裁，并指责其缺乏民主和人权问题严重。因此，缅甸军政府始终处于国内外都要求民主的巨大压力之下。①

第二，"内压为主—外压为辅派"。持这派观点的学者认为，内部压力比外因在推动缅甸军政府政治转型过程中更为重要，内部压力起决定性作用，外部压力起辅助性作用。

有学者认为，外因虽然对缅甸军政府民主化进程影响很大，但不起决定性作用，其内部因素的发育成熟才是一个国家民主化的关键。② 从国内压力来看，主要是昂山素季领导的反对派对军政府构成压力；从外部压力来看，主要是美国等西方国家在民主价值观上的"强加"和东南亚国家民主化的"示范效应"都对缅甸军政府构成了大的压力。③ 2010 年始于突尼斯、埃及等国的"阿拉伯之春"，以及美国对恐怖分子和独裁者的心理威慑，对军政府高层产生了较大的心理震撼。④ 值此内外双重压力之际，缅甸军政府高层领导人为求自身平稳过渡和生命财产安全而进行政治改革。⑤

有学者认为，缅甸军政府推动政治转型的主要动力是自身对民主发展和民族和解的追求，缅甸转型在地区和全球体系层面的两种辅助性动力是东盟一体化建设和大国的作用力，这三种力量相互交织而汇聚成推动缅甸政治转型的历史合力。⑥ 无论是东盟的建设性接触、温和秘密地鼓励这样的"好警察"方式，还是美国、欧盟和其他西方国家的用支持这样的"坏警察"做法，两者的结合对缅甸转型至关重要，但缅甸的内部因素大于外部因素。⑦

第三，"外压为主—内压为辅派"。持这派观点的学者认为，缅甸军政权推动政治转型主要源于外部压力。

有学者认为，自独立以来，缅甸一直处在与军方主导的政治和民间社会的专制统治之下，由于在其整个历史由侵犯人权、镇压公民的极权政治

① 宋清润：《缅甸改革两周年成就与挑战》，《国际研究参考》2013 年第 3 期。
② 李晨阳：《2010 年以来的缅甸政治转型评析》，《领导者》2010 年第 47 期。
③ 李晨阳、陈茵：《影响缅甸民主化进程的主要政治势力》，《当代亚太》2006 年第 4 期。
④ 李晨阳：《2010 年以来的缅甸政治转型评析》，《领导者》2010 年第 47 期。
⑤ 同上。
⑥ 晓岸：《中国与东盟关系未来在于相处之道——与国际关系学者翟崑一席谈》，《世界知识》2015 年第 11 期。
⑦ ［法］大卫·卡穆卢（David Camroux）：《两个缅甸，精神分裂的转型》，观察者网（http：//www.guancha.cn/DaWei-KaMuLu/2014_ 08_ 27_ 260865. shtml）。

的领导下，缅甸面临许多由西方所施加的严厉制裁，加上面对经济下滑的严酷现实，缅甸正面临着改善其治理和人权记录的外部压力，所以缅甸军政府不得不通过降低其长期专制的军事力量和政策，推进渐进式的改革。①

持有"内外压力说"这派观点的学者众多。虽然这些内外压力确实对于缅甸政治转型的作用和影响较大，但它们不是缅甸军政权转型的决定性原因。仰光大学国际关系学系主任秋秋盛（Chaw Chaw Sein）认为，缅甸政治转型是一场自上而下的改革，无论是外部压力或是人民内部的压力都不是决定性的力量。② 无论是缅甸面临的国外压力，还是国内压力，在这20年里都一直存在，而且压力的性质没有太大改变。因此这派观点无法解释压力在何种情况发生、在何时生效或者不生效。下面将对这派观点进行详细分析：

其一，国外压力对缅甸军政权转型具有很大影响，但不起决定性作用。从国外压力来看，缅甸作为一个以农业经济为主、资源较为丰富又有着独特的经历和传统的国家，缅甸自身有很强的独立生存基础，同时它的主要经济合作伙伴都处在亚洲地区，西方压力对这个有着很强民族主义色彩的发展中国家虽然一定程度上不利于缅甸的快速发展，但对其影响毕竟还是有限的。③西方的制裁并不能彻底拖垮军政权，这也是为何自1988年以来缅甸军政权执政缅甸20年之久却仍然牢固地掌握着国家政权的重要原因，外部的压力对缅甸的影响有限。

以美国为例，不仅它对缅甸制裁的政策发挥的效果有限，还伤害了美国自身的利益，六位著名的缅甸研究学者一致认为制裁缅甸，④ 实现不了美国的价值目标：使缅甸走向宪政和实现民主。⑤ 迈克尔·F. 马丁（Michael F. Martin）引述美国对缅甸所有的法律和行政命令，并对美国对缅甸制裁进行了分析，他认为在美国与缅甸关系的历史中存在一些显见的模式，即美国的

① Sydney Bergen, "Development, Democratization, Good Governance and Security: A Case Study of Burma/Myanmar", December 2012 (http://www.beyondintractability.org/casestudy/bergen-burma).

② 2015年6月24日，笔者在仰光大学国际关系学系的访谈。

③ 贺圣达：《缅甸：军人执政十年（1988—1998）的政治经济和外交》，《东南亚》1998年第4期。

④ John H. Badgley ed., "Reconciling Burma/Myanmar: Essays on U. S. Relations with Burma", *The National Bureau of Asian Research*（NBR）, Vol. 15, No. 1, March 2004, p. 3. 这六位学者分别是：罗伯特·泰勒（Robert H. Taylor）、大卫·斯坦伯格（David I. Steinberg）、海伦·詹姆斯（Helen James）、生原（Seng Raw）、觉殷（Kyaw Yin Hlaing）及莫滕·B. 佩德森（Morten B. Pedersen）。

⑤ John H. Badgley ed., "Reconciling Burma/Myanmar: Essays on U. S. Relations with Burma", *The National Bureau of Asian Research*（NBR）, Vol. 15, No. 1, March 2004, p. 3.

制裁是针对缅甸在做出违反民主行为之后才实施，并且制裁实施之后并没有收到期望中的效果。[①]

美国对缅甸的制裁并未实现其主要目标的原因，一是缅甸国内的因素，即缅甸属于半自给自足的较为封闭的国家，对外经济联系十分有限，对于美欧国家的依赖性弱甚至对其没有依赖性；二是外部因素，即东盟、印度、日本、中国和俄罗斯等国家都出于各自利益的理性考虑，对美国采取了消极地支持或不配合政策。[②] 美国等西方国家制裁缅甸有明显的虚伪性和双重性，表面上是要保护和重建缅甸的民主与人权，实质是要将缅甸改造为受西方国家控制的，有利于美国利益的随从国，[③] 这是缅甸不可能接受的，由此可见，缅甸军政权转型不是由国外压力所决定。

其二，国内压力对缅甸军政权的转型也起着极为重要的作用，但也不起决定性作用。在经济压力上，从 1988 年开始，缅甸一直被列为世界最不发达国家之一。[④] 1988—1992 年苏貌执政时期，缅甸经济徘徊在负增长和缓慢增长的边缘，国内民众面临巨大的经济压力；1992—2011 年丹瑞执政时期，缅甸经济高速增长，经济压力相对较小；2011—2015 年吴登盛执政时期，缅甸经济较快增长，经济压力较小。缅甸军政权拒绝转型之时，正是缅甸国内面临巨大经济压力之时。而相反，军政权在开启和深化转型之时是缅甸经济压力较小的时候。这说明，经济压力不是缅甸军政权开启和深化转型的根本原因。

在社会压力上，苏貌军政权执政期间，遭受最为巨大的社会压力是1988 年爆发的"8888 革命运动"。这场运动几乎是全民性的，参与这次运动的不仅包括学生、工人、农民，甚至连政府内部的部分军警和公务人员及国企职工都参与了这场革命运动，[⑤] 几乎是触碰到了军政府的执政根基和底线。而丹瑞军政权时期，遭受最为巨大的社会压力是 2007 年爆发的"8·19 袈裟革命"，这是一场较大规模的革命运动，参与人群主要是僧

---

① See Michael F. Martin, "U. S sanctions on Burma", *Congressional Research Service*，2012.

② 李晨阳：《西方国家制裁缅甸的目的及其效用评析》，《国际关系学院学报》2009 年第 2 期。

③ 同上。

④ 联合国 2011 年人类发展报告表明，2011 年缅甸人类发展指数为 0.451，在 187 个国家中排名第 149 位，属于"低人类发展水平"一类。参见《联合国 2011 年人类发展报告》，2011 年 11 月 8 日，联合国官网（http://www. un. org zh/mdg /report2011/pdf/report2011. pdf）。

⑤ 关于"8888 革命"的相关研究可参见［缅］温佐拉《报刊中的"8888 革命"》，仰光多米出版社 2013 年版；［缅］敖敏《"8888 革命"与曼德勒》，仰光碧斯甘文学社 2013 年版。

侣。前后两次革命运动相比，前者的规模更大，参与人数更多，死亡人数更多，冲突更为剧烈，时间持续更长，参与阶层和分布地域更广。

由此可见，苏貌军政权拒绝转型前后，才是缅甸承受巨大社会压力之时，而丹瑞政权开启转型前后，虽然也面临了较大的社会压力，但其激烈程度不如 1990 年苏貌军政权拒绝交出权力给在大选中获得压倒性胜利的民盟时。而吴登盛政权深化转型时没有爆发过大型的革命运动，其社会压力最小。因此，缅甸国内的社会压力大小与否，不是缅甸军政权拒绝或开启或深化转型的根本原因。由于军方执政缅甸 20 多年，军方权力盘根错节，利益根深蒂固，不可能单纯凭借民众的愿望就改变。[①]

（二） 精英决定说

关于军政权转型，有学者用精英主义分析视角进行解释，认为精英是政治系统的决定性因素，必须以它为核心，才能理解政治的本质和走向。[②] 持"政治精英说"这派观点的学者们认为，精英的认知和选择极大地推动了一国的政治发展，在这一进程中领袖的认知和选择起关键作用。[③] 这派观点又分为三个小派："政治精英互动派""军人集团内部博弈派""最高领导人决策派"。

第一，"政治精英互动派"。持这派观点的学者认为，政治精英们的互动，军政府和反对派、少数民族武装组织和外国政要的互动是缅甸军政权政治转型的关键。

有学者认为，军政府与国内外政治精英的互动推动了缅甸军政权转型。[④] 比如，军政府与反对派协商，修改了政党注册法，双方初步建立起信任，为更广泛地分享权力清除了障碍；通过与非政府武装组织互动，与部分组织和解，签订了和平协议，为更公平地在不同民族间分享资源创造

---

① Morten B. Pedersen, "The Crisis in Burma /Myanmar: Foreign Aid as a Tool for Democratization", *The National Bureau of Asian Research*（*NBR*）,, 2004.

② 陈明明：《所有的子弹都有归属——发展中国家军人政治研究》，天津人民出版社 2003 年版，第 19 页。

③ 王子昌：《精英互动与缅甸的政治发展：2011 年缅甸的政治与外交》，《东南亚研究》2012 年第 2 期。

④ 同上。

了可能；通过与外国政府高层互访，赢得了西方认可，使得其逐步解除了对缅制裁。[1] 但"政治精英互动派"这派观点缺乏对政治精英选择与反对派、少数民族武装和外国政要进行互动背后原因的解释。

第二，"军人集团内部博弈派"。持这派观点的学者认为，军人集团内部分为保守派和改革派，缅甸军政权的政治转型是两派角力和斗争、博弈和妥协的结果。这派观点认为，缅甸存在超宪法的"最高委员会"，该委员会是缅甸最有权力的组织，"最高委员会"由8人组成，级别和影响力由高到低分别是：丹瑞（Than Shwe）、貌埃（Maung Aye）、瑞曼（Shwe Mann）、登盛（Thein Sein）、丁昂敏吴（Tin Aung Myint Oo）、丁埃（Tin Aye）、敏昂莱（Min Aung Hlaing）和梭温（Soe Win），总统吴登盛排第四位，而在这个"最高委员会"的内部，有改革派和保守派两种势力。[2] 从1988年到2010年以来，缅甸军政府内部确实一直存在矛盾和斗争，军人集团内部虽非铁板一块，但他们维护军人利益的基本目标和诉求是一致的。[3] 同时，这派观点缺乏对军人集团内部的改革派愿意放松权力而推进政权转型的原因做进一步解释。

第三，"最高领导人决策派"。持这派观点的学者认为，缅甸军政府最高领导人选择和最终决策对政治转型起到了决定性的作用。

有学者认为，缅甸军政权的第一号人物丹瑞的个人决策，使得军政权主动开启政治转型，并持续推进民主改革。敏津（Min Zin）和布里恩·约瑟夫（Brian Joseph）认为是缅甸最后一位军事独裁者——丹瑞的解甲归田为其他高级军官提供了政治空间，通过在各机构间分散权力，丹瑞让继任者们相互制衡，以确保各方都无绝对实力与自己抗衡。[4] 还有学者认为，

---

[1] 王子昌：《精英互动与缅甸的政治发展：2011年缅甸的政治与外交》，《东南亚研究》2012年第2期。

[2] 周宇：《缅甸政治改革的成功靠军人集团的默许和配合》，2013年7月8日，凤凰网（http://news.ifeng.com/history/shixueyuan/detail_2013_07/08/27268438_0.shtml）。例如，最高委员会前四号人物全支持改革，其现在已经辞职的保守派副总统丁昂敏吴以及宣传部长认为是反对改革、贪腐严重以及与中国关系密切的代表人物，丁昂敏吴曾受丹瑞警告，不得干扰民选政府工作，缅甸宣传部长觉山是反对改革的强硬派，他经常被指责利用职权压制改革派前上将发表讲话，以及有意在官方媒体上篡改国会议员言论。

[3] 贺圣达：《缅甸形势讨论会纪要》，《亚太资料》1994年第19期。

[4] ［法］大卫·卡穆卢：《两个缅甸，精神分裂的转型》，观察者网（http://www.guancha.cn/DaWei-KaMuLu/2014_08_27_260865.shtml）。

丹瑞已从原来的强硬派转变成温和派，缅甸国内政治自上而下的改革，若无他同意和默许，尤其是没有他在 2011 年交出权力，缅甸国内政治转型难以发展到现有程度。[①] 也有学者认为，吴登盛的个人选择和决策对缅甸转型起了决定性的作用。吴登盛勤勉上进、性格温和，又有主见，是廉政先锋和虔诚的佛教徒；[②] 他与经济团体或议员派系都无关联，又是缅甸民主路线图的主要设计人之一，这种历史性变革往往源自具有超级自信的领导人，吴登盛是缅甸的"戈尔巴乔夫"，缅甸的新纪元已由他开启。[③] 吴登盛总统的认知和选择对推动缅甸政治转型起到了十分重要的作用。[④] 但"最高领导人决策派"这派观点缺少对最高领导人做出推动政权转型这一决策背后原因的解释，也没有解释最高领导人丹瑞和吴登盛在前期和后期的不同行为的原因。

　　本书接受缅甸军人精英自上而下推动了军政权的转型这一观点。缅甸政治转型是缅甸内部自上而下、由政治和军事精英主动策划并推动实施的，军队长期在缅甸政治体制中占主导地位，如果没有军队配合，这一重大政治改革难以进行，更难以深入。[⑤] 在缅甸这场自上而下的转型中，军人精英们想要转型是最关键因素。[⑥] 本书将在此基础上，进一步解释推动精英们做出转型这一决策背后的原因。

（三）军人利益说

　　还有学者用"军人利益说"来解释缅甸的政治转型，持这派观点的学者认为，缅甸军政权开启政治转型主要是源于军人们追求自身利益的考

---

① 晋军：《美国影响力重返亚太背景下的缅甸国内变局》，《唯实》2012 年第 3 期。

② 吴登盛，1945 年 5 月出生，毕业于缅甸国防军事学院。1997 年 4 月任三角军区司令。2001 年 12 月，任国防部军务署长。2003 年 8 月出任和发委第二秘书长，2004 年 10 月升任和发委第一秘书长。2007 年 5 月 18 日被任命为代总理。2007 年 10 月 24 日出任总理，同年 11 月晋升上将。2003 年，随貌埃副主席访华。2007 年 6 月以和发委第一秘书长身份访华。2008 年 8 月率团出席北京奥运会开幕式，10 月率团出席南宁第五届中国—东盟博览会。2009 年 4 月出席博鳌亚洲论坛。2011 年 5 月 26 日至 28 日，以总统身份正式访华。

③ 王军：《吴登盛：缅甸的戈尔巴乔夫》，*World Vislon* 2012 年第 3 期。

④ 王子昌：《精英互动与缅甸的政治发展：2011 年缅甸的政治与外交》，《东南亚研究》2012 年第 2 期。

⑤ 马燕冰：《缅甸政治改革的进展与问题》，《和平与发展》2014 年第 1 期。

⑥ 2015 年 6 月 24 日笔者在仰光大学国际关系学系的访谈。

虑，这些利益主要是为自己未来的人身安全提供保障，避免遭受反对派的清算，同时获取经济、财产等利益。

有学者认为，军方高层领导人及其亲信们意识到放弃对政权的直接统治，转而进行民主改革，使得聚敛财富的机会更多，还可以从"盗贼式"统治转变为"创业式"的统治，这不仅能提升其在国内社会中的地位，还能使其在国际社会中更安全。①

还有学者认为，缅甸开启政治转型是为了统治精英们的个人生存和经济利益，同时一个民主的缅甸是国际社会的最佳利益，因为一个开放和稳定的缅甸，能够增加政治信用和寻求经济收益，也能让缅甸国内人民实现对个人和经济安全的希望。②

但这派观点的学者没有进一步推进解释缅甸军政权在何种条件下交权，通过何种方式能够维护和追求其自身利益目标的成功达成。事实上，军人直接执政比民选政府更加有利于军人集团维护自身的利益，政治转型就意味着权力稀释，还意味着转型过程不可控的风险。因此，这派观点需要进一步解释缅甸军政权在何种条件下交权，通过何种方式能够确保在民选的政治新秩序下，成功维护其利益。

本书接受缅甸军政权开启政治转型是源于军人追求自身利益的结果，并在这一观点的基础上，进一步提出缅甸军政权愿意推进转型的条件。

（四）国际形势说

持"国际形势说"这派观点的学者认为，缅甸军政权开启政治转型是受到了外部形势变化的影响，尤其表现为美国"重返亚太"这一战略的实施对其产生的作用和影响。

有学者认为，缅甸军政权转型的最重要国际因素就是美国的影响力"重返亚太"，因1988年苏貌军政权是通过军事政变上台的，此后军政权又对民主力量进行反复压制，缅甸因而长期遭受西方政治封锁、外交孤立和经济制裁，而在美国"重返亚太"之际，缅甸面临两种选择：一种选择

---

① ［法］大卫·卡穆卢：《两个缅甸，精神分裂的转型》，观察者网（http：//www. guancha. cn/ DaWei-KaMuLu/2014_ 08_ 27_ 260865. shtml）。

② 史蒂芬·瑞诺德：《缅甸的民主化：权力平衡、国内不安、理性的政治》，硕士学位论文，浙江大学，2013年，第1页。

是继续坚持军人统治，继续在国际社会主要国家的排斥与孤立下艰难生存和缓慢发展；另一种选择是建立民主政体，迎合西方的民主价值理念，在国内推进政治转型，从而获得美国等西方国家的接纳和认可。① 缅甸军政府在两者中最终选择了后者，意欲通过融入和依附国际体系获得经济增长和发展机遇。②

美国"重返亚太"战略实施后，以美国、欧盟等西方国家陆续与缅甸改善双边关系，通过与缅甸军政府的接触和对话，缓和了多年来的敌对关系，为缅甸的政治转型的持续和推进提供了较为宽松的外部环境。但这派观点难以解释的是，在2009年之前，美国未实施"重返亚太"战略之前，缅甸就已经于2003年公布了民主化分七步走的路线方案，并于2008年全民公投通过了《缅甸联邦共和国宪法》。宪法规定"缅甸实行真正的、纪律严明的多党民主制"③。加之，缅甸早在2008年新宪法通过前后，就发表声明将于2010年进行全国性的多党大选，而美国重返亚太战略是在这之后才提出来的，在时间上不能自洽。因此，国际形势变化不是缅甸军政权政治转型的根本原因，而只是起到影响缅甸政治转型推进的作用。

（五）总结及评论

在国际关系研究中，存在两种对某一现象进行解释的研究路径，一是表象性解释，二是学理性解释。表象性的解释是对现象的表面因素进行观察而得出的解释，而学理性解释是对一类现象进行深层次的普遍性的思考而后得出超越经验观察的解释。④ 通过分析现有的关于缅甸军政权政治转型原因的四种解释，发现多属于表象性的解释，缺乏深入的学理性解释。

通过前述对这些解释的系统梳理和详细批评，现简略地将这几种解释的主要观点和批评做如下总结，这四种解释的基本解释逻辑和不足之处见表1—2。

---

① 晋军：《美国影响力重返亚太背景下的缅甸国内变局》，《唯实》2012年第3期。
② 同上。
③ 李晨阳、全洪涛：《缅甸法律法规汇编（2008—2013年）》，经济管理出版社2014年版，第2页。
④ 周建仁：《共同威胁存在情况下弱国为什么退出同盟》，博士学位论文，清华大学，2014年，第38页。

表1—2   缅甸军政权转型的原因的四种解释及不足

四种解释	自变量	基本逻辑	不足之处
内外压力说	压力 （国内外压力）	压力→转型	无法解释压力在何种情况下或何时生效和不生效
精英决定说	精英 （互动、博弈、决策）	精英→转型	没有说明推动精英互动的原因；未能解释改革派为何支持转型；未能解释推动最高层做出转型决策的原因
军人利益说	利益 （生存、安全、经济）	利益→转型	未能解释军政权在何种条件下推动转型，以何种方式在转型后新的政治秩序下确保和维护自身利益
国际局势说	国际形势 （美国重返亚太）	国际形势→转型	无法解释2009年之前美国未重返亚太时缅甸民主化路线的实施，同时在时间上难以自洽

一是"内外压力说"。这派观点认为，缅甸军政权的政治转型是受国内压力和国外压力影响的结果。在国内压力上，主要体现在民众对经济发展和社会生活的改善的迫切要求上；在国外压力上，主要是美国和其他一些西方国家对缅甸经济制裁和政治外交孤立与封锁。虽然持有"内外压力说"这派观点学者众多，这些压力对缅甸政治转型的作用和影响很大，但内外压力在军人执政的20年里一直存在，并没有本质的改变，这派观点的缺陷是无法解释压力在何种情况发生，在何时生效或不生效。

二是"精英决定说"。这派观点认为，缅甸军政权的政治转型是因政治精英的互动、博弈和选择的结果。这又分为三个小派："政治精英互动派""军人集团内部博弈派""最高领导人决策派"。精英决定说这派观点无法解释为什么军人政治精英会选择与反对派、少数民族武装和外国政要进行互动，以及军人集团内部的改革派为什么要支持改革，同时也没有解释最高领导人做出政治转型决策背后的原因。本书接受缅甸军政权转型是军人精英愿意自上而下推进转型的观点，并在这一观点的基础上，进一步解释推动精英们做出转型这一决策背后的原因。

三是"军人利益说"。这派观点认为，缅甸军政权的政治转型是军人追求自身利益的考量，这些利益主要包括对自己未来的人身安全提供保障，避免遭受反对派的清算，获取经济、财产等经济利益，获得权力和特权。但这派观点忽视军人直接执政比民选政府执政更加有利于军人集团的利益，转型意味着权力稀释。这派观点缺乏更进一步的解释，即缅甸军政权在何种条件下交权，以何种方式在民选政治体制的新的政治格局下，成功确保和维护自身的利益。本书接受缅甸军政权开启转型是源于军人追求自身利益，并在这一观点的基础上，进一步提出缅甸军政权愿意推进转型的条件。

四是"国际形势说"。这派观点认为，缅甸军政权是否开启政治转型受到外部形势的作用和影响，主要是美国"重返亚太"战略实施的影响。但是，这派观点无法解释 2009 年之前美国未重返亚太之前，缅甸就已经开始民主路线七步走的实施方案，缅甸是在 2009 年之前的 2008 年公布将进行多党大选的政治安排，因此在时间上无法自洽。

如果我们对"原因"概念采取下述三个层次的划分：（1）依据逻辑蕴涵关系可以划分为：必要性原因（necessary causes）：如果 x 是 y 的必要性原因，则 y 的发生必然意味着 x 已经发生，但是 x 的发生并不意味着 y 将要发生；充分性原因（sufficient causes）：如果 x 是 y 的充分性原因，则 x 的发生必然意味着 y 将要发生，但是另外一个原因 z 也可能造成 y 的发生，因此 y 的发生并不必然意味着 x 的发生；辅助性原因（contributory causes）：如果 x 是 y 的辅助性原因，则 x 发生，y 或许发生，即 x 可能既不是 y 的必要性原因也不是 y 的充分性原因，但却一定是辅助性的；（2）也可以依据来源划分为"外部性原因"和"内部性原因"；（3）还可以按照系统的内部逻辑决定关系划分为更基础和在先的"深层性原因"与受前者在一种程度上决定和影响的衍生而来的、表面呈现的"表层性原因"。①

那么根据上述对"原因"概念的三个层次划分，"国际形势变化说""国际国内压力"中的国际压力属于外部性原因中的辅助性原因；"国内压力"属于内部性原因之中的表层性、辅助性原因；"精英决定说"和"军人利益说"属于内部性原因的深层次原因。

对于缅甸军政权转型原因，学界提出的各种观点和解释逻辑，这些文章丰富和加深了对这一问题的理解和认识，学界前辈们对此做出了巨大贡

---

① 张伟玉：《政治身份认同与缅甸果敢同盟军的瓦解》，《当代亚太》2012 年第 2 期。

献。本书即是在这"精英决定说"和"军人利益说"的基础上,做进一步的推进。

四 研究方法

第一,案例研究方法。案例分析(case study)是对国际关系事实进行具体分析,从而证实或证伪假设的一种方法,按照案例数量,一般可以分为个案研究和案例比较。① 个案分析方法较为传统,其特点是只研究一个国际事件或一个国家在某一时期的外交行为,② 而案例比较则有多个案例。案例研究在社会科学中是偏重定性研究的一种方法。③ 对于案例研究的分类,不同学者有不同的划分。

哈里·埃克斯坦(Harry Eckstein)将案例研究分为"构建特定规律、构建知识领域、启发性、探究可信度和关键性等类型的案例研究"④。罗伯特·E. 斯泰克(Robert E. Stake)将案例研究分为"本质性、工具性和集合性的案例研究"⑤。案例研究分为非理论型、解释型、产生假说型、理论证实型、理论证伪型和异常型案例研六种类型。⑥

非理论型案例研究主要说明是什么,是纯粹的描述性研究;解释型个案研究主要回答为什么;产生假说型个案研究则是从案例中概括具有普遍意义的、前人未曾注意到的某种假说;⑦ 理论证实型与理论证伪型个案研

① 漆海霞:《国际关系学科中研究方法的应用分野——对 2005—2009 年〈国际组织〉杂志的数据分析》,《外交评论》2011 年第 5 期。
② 阎学通、孙学峰:《国际关系研究实用方法》,人民出版社 2001 年版,第 131 页。
③ 陈刚:《个案研究在比较政治中的应用及其意义》,《社会科学战线》2014 年第 5 期。
④ 李路曲:《从单一国家研究到多国比较研究》,《政治学研究》2009 年第 6 期。
⑤ [美]罗伯特·E. 斯泰克:《个案研究》,载 [美]诺曼·K. 邓津、伊冯娜·S. 林肯主编《定性研究:策略与艺术》(第 2 卷),风啸天等译,重庆大学出版社 2007 年版,第 467—468 页。
⑥ [美]阿伦德·利普哈特:《比较政治学与比较方法》,李陈华译,《经济社会体制比较》2006 年第 3 期,第 20 页。
⑦ 产生假说型个案研究带有一定的猜测性,需借助对案例材料的主观解读和逻辑推导,其效力需进一步检验,但对前沿理论发展贡献较大,假说的产生可能是理论的萌芽。参见陈刚《个案研究在比较政治中的应用及其意义》,《社会科学战线》2014 年第 5 期。

究涉及对既有理论、定律或假说的检验;① 异常型案例研究是对背离已有归纳结论的单个案例的研究，以揭示异常的原因。②

案例研究主要服务于五个目的：检验理论、创造理论、辨识前提条件和检验前提条件的重要性，以及解释具有内在重要价值的案例，案例研究可为检验理论提供三种方式：受控比较、相符性程度和过程追踪。③

本书是对缅甸军人政权转型的个案研究，主要通过解释缅甸军政权愿意放松对权力控制的原因，从而找到缅甸政权转型的动因。本书还是对缅甸政权转型的全案例考察，选取了不同时期的一反、两正一共三个案例进行分析和验证。这三个案例分别是：苏貌军政权拒绝转型（1988—1992年）、丹瑞军政权开启转型（1992—2011年）和登盛"军人为主—文官为辅"政权深化转型（2011—2015年）。

通过案例研究来检验理论假设有两个好处：其一，通过案例研究而进行的检验通常是强检验；其二，通过案例研究来推断或检验关于自变量是如何引起因变量的解释比使用大样本统计分析难度低。④

第二，比较研究方法。在案例研究基础之上，本书主要采用比较研究法。比较研究法（comparative method）是对两个或多个事件进行的对比性研究，通过比较而发现其相同和不同之处，然后再分析这些相同或相异之处背后的原因，比较研究方法主要采用约翰·斯图亚特·密尔（John Stuart Mill）的"求异法"和"求同法"。

"求同比较"是指所选案例中自变量的取值相同，因变量的取值也没有发生什么变化，进而推断自变量与因变量的关系。⑤ 在运用"求同法"时，要选择基本特点不同，但研究变量的值相近的案例，考察研究变量的值是否随着被认为可能是其结果的变量在不同案例上取值变化而出现相应的变化。⑥

---

① 陈刚：《个案研究在比较政治中的应用及其意义》，《社会科学战线》2014年第5期。

② ［美］阿伦德·利普哈特：《比较政治学与比较方法》，李陈华译，《经济社会体制比较》2006年第3期。

③ ［美］斯蒂芬·范埃弗拉：《政治科学研究方法指南》，陈琪译，北京大学出版社2006年版，第53页。

④ 同上书，第51—52页。

⑤ 阎学通、孙学峰：《国际关系研究实用方法》，人民出版社2007年版，第114页。

⑥ ［美］斯蒂芬·范埃弗拉：《政治科学研究方法指南》，陈琪译，北京大学出版社2006年版，第55页。

"求异比较"是指选择两个或更多案例，使其中除自变量发生性质变化或程度变化外，其他能造成因变量变化的相关因素尽可能一致，从而消除或减弱这些因素的干扰，在此基础上观察因变量的变化。① 在运用"求异法"时，应选择基本特点相似但研究变量的值不同的案例，来控制第三变量的影响，案例越相似，检验被通过就越不可能是由第三变量的影响所致。②

在约翰·斯图亚特·密尔提出的"求异法"和"求同法"之上，沃普斯基和图纳发展出"最具差异性系统法"和"最具相似性系统法"。③ 高奇琦增加了时间的维度，提出了"共时性求异法"和"历时性求异法"，一般的求异法都指共时性求异法，历时性求异法是对某个案例在相对固定的某个时间段的解释变量和结果进行差异性比较，是一种样本内分析，这种方法的好处是处在同一案例内，一些文化类的因素可以忽略，但需注意所选时段不能太长。④

由于世界范围内第三波民主化浪潮出现了很多发展中国家民主化转型的案例，而不同国家的情况都不尽相同，控制变量的难度极大。为了最大限度地控制变量，论证本书的假设，增强研究的有效性和可靠性，本书选取了与研究对象处在同一历史背景和政治文化中的缅甸一国内部不同阶段的不同军人政权为案例，进行历时性求异比较。

遵循密尔提出的案例选择所依据的"求异法"和"求同法"的原则和高奇琦提出的"历时性求异法"的原则，本书选择 1988 年之后缅甸军人执政的这一段历史中的三个不同阶段的政权——1988—1992 年的苏貌军政权、1992—2011 年的丹瑞军政权和 2011—2015 年的吴登盛军人为主—文官为辅政权作为案例。这三个案例都处在大体相同的国际国内政治文化之下，为本书的变量控制提供了十分有利的条件。再通过"求同法"和"求异法"来控制变量，本书的研究就能够有效地排除竞争性解释。本书以 2010 年大选后丹瑞军政权转型作为核心和关键性观察节点，再辅之以其前后两次大选（1990 年和 2015 年）进行对比性考察，来验证本书的假设。

---

① 阎学通、孙学峰：《国际关系研究实用方法》，人民出版社 2007 年版，第 110 页。
② ［美］斯蒂芬·范埃弗拉：《政治科学研究方法指南》，陈琪译，北京大学出版社 2006 年版，第 54—55 页。
③ 高奇琦：《比较政治中的质性方法》，《国外社会科学》2014 年第 2 期。
④ 同上。

这种针对经验难点和实质问题上的小样本案例分析，对高度相似或高度异质案例的深度可控比较，将变量联系在一起的过程和机制分析具有重要意义。①

第三，过程追踪法。过程追踪（process-tracing）是"通过考察案例的初始条件如何转换为案例结果来探究系列事件或决策过程，通过将连接自变量与结果的因果联系环节解开，分成更小的步骤，然后探寻每一环的可观察证据"②。对导致结果出现的因果过程向前追溯，并从前后关系中推断出每一阶段发生的原因，如果这种向前追踪成功，就能找到它的主因。③

"过程追踪法还被称为中介性机制法，与统计分析只关注自变量 x 和因变量 y 之间的相关性，在 x 和 y 间存在一个解释黑箱相比，中介性机制法尝试打开黑箱，对自变量 x 的变化如何导致因变量 y 的变化的过程和方式的进行研究，从而找到 x 与 y 之间的内在关联。"④ 过程追踪法亦被界定为尝试确定中间因果过程，即因果链与因果机制的方法，亦即确定自变量和因变量结果之间因果过程的方法。⑤ 同时还可以将"异因同果"或"殊途同归"纳入考虑。⑥

过程追踪可以帮助我们了解因果关系的复杂性，分析重大而又稀少的事件，识别因果机制，也就是原因产生影响的过程。过程追踪法的主要目的是用来理解原因和结果之间的中间过程，是利用对过程的历史阐述来验证理论或假设的中间变量与互动，过程追踪法可以用来检验假设，帮助剔除竞争性的解释，限缩解释变量的范围。⑦

亨利·布雷迪（Henry E. Brady）区分了因果关系的四种路径：新休谟式的规律（neo-humean regularity）路径、反事实推理（counterfactual）路径、控制性试验（manipulation）路径以及因果机制与能力（mechanisms

① ［美］詹姆斯·马洪尼：《理性选择理论与比较方法：一个正在出现的综合?》，高奇琦译，《政治学研究》2014 年第 11 期。
② ［美］斯蒂芬·范埃弗拉：《政治科学研究方法指南》，陈琪译，北京大学出版社 2006 年版，第 61 页。
③ 同上书，第 67 页。
④ 高奇琦：《比较政治中的质性方法》，《国外社会科学》2014 年第 2 期。
⑤ Alexander George & Andrew Bennett, *Case Studies and Theory Development in the Social Science*, The MIT Press, 2005, p. 206.
⑥ Ibid., pp. 206, 215.
⑦ 曲博：《因果机制与过程追踪法》，《世界经济与政治》2010 年第 4 期。

and capacities）路径。① 新休谟式的规律路径强调通过不变的联系和相关性来理解因果，反事实推理则通过现实世界与可能世界之间的比较来确定是什么原因导致了特定结果，控制性试验是通过对解释变量的控制，来识别解释变量与被解释变量之间的关系，而因果机制路径强调的是把原因和结果联系起来的中间过程。②

因果机制通过时间序列上的关键事件、过程或决策将假设的原因和结果联系起来，辨识和确定因果机制的过程不仅能够证实假设，而且还可以剔出竞争的假设或理论，因果机制不仅是对原因与结果间关系的分析性解释，而且也可以提出一般性机制。③

综上所述，在前述三种研究方法基础上，以理性假定为前提，采取"理性选择比较案例研究法"，对缅甸军政权转型过程进行追踪，以找到其发生原因的机制。将理性选择理论与比较研究方法结合的这种新理性选择理论被运用到比较政治和小样本案例中有助于假设检验和新解释的提出。④

五　本书结构

第一章为导论，首先交代了缅甸政治转型所处的第三波民主化浪潮的大背景和缅甸军人政权转型的发展概述。其次提出了本书研究的主题是探究缅甸军政权愿意放松对权力控制而实现政权转型的原因和条件，然后重点回顾现有的几种对缅甸军政权政治转型原因的解释，即"内外压力说""精英决定说""军人利益说"和"国际形势说"，并分别对这几种解释进行了概述和分析，最后说明本书研究方法是理性比较案例研究法。

第二章为民主转型理论的系统回顾、总结和分析，并专门梳理与本书

---

① Henry E. Brady，"Models of Causal Inference：Going beyond the Neyman-Rubin-Holland Theory"，*the Midwest Political Science Association Annual Meetings*，Chicago，Illinois. March 30，2003（http：// www-personal. umich. edu/ ~ wmebane/ midx2003. pdf）.

② 曲博：《因果机制与过程追踪法》，《世界经济与政治》2010 年第 4 期。

③ 同上。

④ ［美］詹姆斯·马洪尼：《理性选择理论与比较方法：一个正在出现的综合?》，高奇琦译，《政治学研究》2014 年第 11 期。

研究直接相关的军人政权的民主转型理论，说明它们对本书的理论框架建构的启示和助益。

第三章为理论研究部分，是本书核心和重点。该章在前述对缅甸军政权政治转型原因解释、民主转型理论及军人民主转型的文献回顾和批评的基础上，提出了本书的主要解释变量、研究假设和理论框架，并建立起关于变量间的因果逻辑解释机制。

第四、五、六章为案例分析部分，分别介绍和说明本书选取的三个案例（即苏貌军政权拒绝转型、丹瑞军政权开启转型、登盛"军人为主—文官为辅"政权深化转型）所处的政治发展状况、经济发展水平和对外关系发展的基本情况。其后，再利用这三个案例对本书提出的研究假设和理论框架进行解释和检验。

第七章是对这三个案例的比较分析，通过对三个案例进行变量控制，排除了主要的竞争性假设——"国外压力""国内压力（经济压力和社会压力）"，证明了本书提出的解释变量进行解释的合理性和可靠性，论证缅甸军人政权转型开启和深化的根本原因在于军方利益目标的改变和保障条件的完备。

第八章是结论部分，该章言简意赅地总结本书的研究结论，并分析缅甸军人政权转型后将对中缅关系的可能影响，同时给出处理中缅关系的政策建议，最后总结了本书的创新点、不足之处以及需要进一步研究的问题。

第二章　关于民主转型理论的回顾及启示

从政治发展理论，经由民主转型理论，到近来的民主巩固理论，民主化研究已经形成了比较系统的研究体系。① 近些年对民主化问题的研究主要聚焦在民主转型、民主巩固和民主质量三个领域里。②

进入 21 世纪，特别是 2010 年以来，在缅甸、突尼斯、埃及、利比亚等国家发生和发展的政治变革，以不同方式宣告了又一波政治转型浪潮的到来。因此，对整个 20 世纪及 21 世纪初的民主转型理论进行系统梳理显得非常必要。这些梳理不单有助于我们系统了解民主转型研究的情况，而且也为本书解释缅甸军政权转型的工作提供理论借鉴和理论启发，以及为本书修正和完善民主转型理论提供必要的知识上的铺垫。

---

① 王菁：《西方民主化研究的演进逻辑》，《教学与研究》2011 年第 3 期。

② 对民主和民主化定义的讨论不胜枚举。约瑟夫·熊彼特（Joseph A. Schumpeter）提出民主的程序性定义得到普遍承认，他认为在一个现代民族国家其最强有力的、最有影响的集体决策者中的多数是通过公平、诚实、定期的选举产生，在这种选举中候选人可以自由竞争选票，基本上所有成年公民都有参加选举和投票，那么这个国家就有了民主政体。亨廷顿（Samuel P. Huntington）将公开、自由和公平的选举看作民主的实质，而且是不可或缺的必要条件，他认为民主化是威权体制转变为民主政体或有限民主政体转变为完全民主政体的一个高度复杂的转换过程。戴尔蒙德（Larry Diamond）提出选举民主和自由民主的划分。参见 Joseph A. Schumpeter, *Capitalism, Socialism and Democracy*, New York: Harper and Row, 1976, Chapter, 22 – 23；Larry Diamond, "Is the Third Wave Over", *Journal of Democracy*, Vol. 7, No. 3, 1996, pp. 25 – 28；［美］亨廷顿：《第三波：20 世纪后期民主浪潮》，刘军宁译，上海三联书店 1998 年版，第 4、8 页。

一　民主转型理论

关于民主转型理论，学界主要采用两分法和三分法进行归类，不同的学者提出了不同的分类组合。亚当·普沃斯基（Adam Przeworski）将其分为宏观取向和微观取向两类；他认为宏观取向的研究注重研究客观的结构性条件（经济和社会条件等），微观取向研究注重研究政治本身，集中于考察政治行为者及其战略，关注利益和洞察力，把问题看成是关于可能性和选择的问题。① 杰弗里·普里德汉姆（Geoffrey Pridham）和塔图·范汉伦（Tatu Vanhanen）将其分为功能学派和起源学派，功能学派包括强调经济因素的现代化取向和强调阶级权力变化的结构取向，起源学派强调精英选择的转型取向。② 大卫·波特（David Potter）将其归为三类：一是现代化研究路径（modernization approach），强调许多有关现行的自由民主或成功民主化所必要的社会与经济因素；二是结构研究路径（structural approach），强调有利于民主化的权力结构变迁；三是转型研究路径（transition approach），强调政治过程及精英的开端与选择，以解释威权统治迈向自由民主的原因。③ 施米茨（Schmitz）认为现代化理论可以被视为结构取向的一个组成部分，因此将其简化为结构取向路径和行为者取向路径。④

借鉴施米茨的分类，本书将其划分为结构研究路径和行为主体研究路径两个类别。无论如何归类，这些学者用社会与经济发展、政治文化变迁、历史遗产、阶级和民族、权力结构、政治制度、政治领导和国际环境

① See Adam Przeworski, "Some problems in the study of the transition to democracy," in Guillermo O'Donnell, Philippe C. Schmitter and Laurence Whitehead, eds., *Transitions from authoritarian rule: Prospects for Democracy*, Baltimore and London: The Johns Hopkins University Press, 1986.

② See Geoffrey Pridham and Tatu Vanhanen, eds., *Democratization in Eastern Europe: Domestic and International Perspective*, London: Routledge, 1994, introduction.

③ ［美］大卫·波特：《最新民主化的历程》，王谦等译，（台北）韦伯文化国际出版公司2003年版，第14页。

④ 谈火生：《民主化进程中的国际因素》，《经济社会体制比较》2011年第4期。

等变量来解释民主转型发生的原因和条件。①

　　在 20 世纪 90 年代前，国内因素是民主转型研究的焦点；90 年代后，国际因素在民主转型中的作用更受到关注，这一界限可以 1990 年为界。②民主转型理论因循国内和国际因素两个维度，以结构和行为主体研究两个路径展开，其中国内因素包括国内结构和国内行为主体，国际因素包括国际结构和国际行为主体。不同的维度和变量，构成了不同的理论解释。下面分别从结构研究路径和行为主体研究路径的国内和国际两个维度进行逐一分析。

（一）结构研究路径

　　"结构研究路径的核心假设是民主化的道路取决于结构性因素，特定的结构性力量会引导政体朝着民主化的方向发展"③，但在什么才是这种结构性力量的问题上不同的学者有不同的解释。从结构主义研究路径的国内维度来看有经济、社会、文化、权力、阶级等各种解释变量；从结构主义研究路径的国际维度上来看，有国际体系、国际政治格局、地区性地缘政治格局和重大的政治事件等变量。

　　1. 结构研究的国内维度

　　结构研究的国内维度的主要成果是现代化理论和历史社会学的民主化理论。④ 下面将分别对这两种理论进行回顾。

　　第一，现代化理论。现代化理论历经兴起（20 世纪 50 年代至 60 年代）、衰落（20 世纪 70 年代至 90 年代）和复兴（21 世纪初）三个阶段。⑤ 这派理论研究的推动者以经济学家和政治学家为主，他们以大量跨国社会科学研究数据为基础，使用量化分析方法；数据和方法的不断推陈

---

① 燕继荣主编：《发展政治学：政治发展研究的概念与理论》，北京大学出版社 2006 年版，第 271—276 页。
② 谈火生：《民主化进程中的国际因素》，《经济社会体制比较》2011 年第 4 期。
③ 谈火生：《公民社会与西班牙民主化》，《开放时代》2013 年第 5 期。
④ 谈火生：《民主化进程中的国际因素》，《经济社会体制比较》2011 年第 4 期。
⑤ 刘瑜：《经济发展会带来民主化吗？——现代化理论的兴起、衰落与复兴》，《中国人民大学学报》2011 年第 4 期。

出新使得现代化理论研究更加缜密。① "现代化理论的核心观点是经济发展与民主具有相关性，经济发展带来相应的社会结构和意识形态变化，而这些变化促进民主的出现和稳固。"② 这派理论将民主视为由各种先决条件所决定的结果。

以经济与民主关系为核心的现代化理论包含了丰富的研究内容。③ 西摩·马丁·李普赛特（Seymour Martin Lipset）是首先发现民主和经济水平具有显著相关性的学者，他发现在民主程度高的国家，财富、工业化、城市化和教育的平均水平都高很多。④ 罗伯特·杰克曼（Robert Jackman）通过回归分析支持了民主的"经济门槛说"，他进一步发现在"门槛"之后经济发展的政治后果会边际递减。⑤ 肯尼斯·博伦（Kenneth Bollen）通过统计发现，民主化时间早晚对民主程度无显著影响，能显著影响的是一国经济发展水平及市场化程度。⑥ 罗伯特·J. 巴罗（Robert J. Barro）提出，国家大小、殖民遗产和宗教因素对民主化与否无显著影响，但一国经济和教育水平显著影响其民主程度。⑦罗纳德·英格里哈特（Ronald Inglehart）在经济发展与民主化之间加入了中间变量——政治文化，认为经济发展先

① 这些数据库主要有自由之家指数（Freedom House）、政体第四代指数（Polity IV）、民主指数（Democracy Index）、转型指数（Transformation Index）和麦迪逊经济数据库等。http://www.freedomhouse.org；http://www.systemicpeace.org/polity/polity4x.htm；http://www.eiu.com/；http://www.bti-project.org/bti-home/.

② 刘瑜：《经济发展会带来民主化吗？——现代化理论的兴起、衰落与复兴》，《中国人民大学学报》2011年第4期。

③ 这些成果有：Ross Burkart and Michael Lewis-Beck, "Comparative Democracy: The Economic Development Thesis", *American Political Science Review*, Vol. 88, No. 41, 1994; Cutright, "National political development: measure and analysis", *American Sociological Review*, 28 April; Robert J. Barro, *Determinants of Economic Growth: A Cross-Country Empirical Study*, The MIT Press, 1998; Larry Diamond, *Developing Democracy toward Consolidation*, Baltimore and London: Johns Hopkins University Press, 1999. 等等。

④ Seymour Martin Lipset, "Some Social Requisites of Democracy: Economic Development and Political Legitimacy", *American Political Science Review*, Vol. 53, No. 1, 1959, pp. 69 – 105.

⑤ See Robert Jackman, "On the Relation of Economic Development to Democratic Performance", *American Journal of Political Science*, Vol. 17, No. 3, 1973.

⑥ See Kenneth Bollen, "Political Democracy and the Timing of Development", *American Sociological Review*, Vol. 44, No. 4, 1979.

⑦ Robert J. Barro, "Determinants of Democracy", *Journal of Political Economy*, Vol. 107, No. 61, 1999, p. 60.

通过改变一国政治文化来引发民主。①

还有学者提出，在经济发展水平之外，经济的不平等程度会影响民主化。卡莱斯·波伊克思（Carles Boix）提出并论证了收入不平等阻碍民主化的观点，他提出了两个因素：一是收入不平等，二是资产的流动性；他发现收入越平等，民主化就越容易实现。因此，他认为现代化过程其实是一个流动资本增加的过程。② 达龙·阿塞莫格鲁（Daron Acemoglu）和詹姆士·罗宾逊（James Robinson）认为收入差距和不平等程度存在倒 U 型关系，而非线性关系。③ 胡利进一步从收入不平等在何时促进民主化入手论证了不平等在中等经济水平时促进民主化。④

尽管现代化研究途径成果斐然，其发展也因研究方法和数据的发展和完善，历经半个世纪依然具有强大的生命力，但对其质疑也源源不断。首先，对现实的经验事实的解释力不足。吉列尔莫·奥唐奈（Guillermo O'Donnell）认为现代化方法的基本假设在经验方面的有效性需要进一步检测，民主并不只是存在于经济发展水平比较高的国家，高水平的经济发展并不一定导致民主，⑤ 高水平的社会经济发展与政治民主的关系只能在最富裕的国家得到证实，而在那些正在经历经济增长的国家不可能发生民主化；而且当一个低水平的发展国家变得比另外一些国家更加富裕的时候，更可能发生民主化的是贫穷国家而不是变得富裕的国家。⑥ 其次，数据的有效性和真实性也容易引起质疑，各个国家的资料和数据能否满足统计定量分析的科学化要求是个问题，那些后发展国家的早期资料和数据的可靠性和真实性则经常受到质疑。最后，社会经济发展与政治民主两者都被黑箱化，社会群体或个人的态度、价值观念和行为，如何与宏观的社会经济与政治变化建立起关联，两者之间的联系和逻辑因果机制并没有建立

---

① 刘瑜：《经济发展会带来民主化吗？——现代化理论的兴起、衰落与复兴》，《中国人民大学学报》2011 年第 4 期。

② See Carles Boix, *Democracy and Redistribution*, Cambridge：Cambridge University Press, 2003.

③ See Daron Acemoglu and James Robinson, *Economic Origins of Dictatorship and Democracy*, Cambridge：Cambridge University Press, 2005.

④ 刘瑜：《经济发展会带来民主化吗？——现代化理论的兴起、衰落与复兴》，《中国人民大学学报》2011 年第 4 期。

⑤ 通常举的例子是"一战"后的德国、"二战"后的土耳其、现如今的印度和新加坡。

⑥ Guillermo O'Donnell, *Modernization and Bureaucratic-Authoritarianism：Studies in SouthAmerican Politics*, University of California Press, 1973, pp. 4 – 8.

起来。

第二，历史社会学的民主化理论。历史社会学的民主化理论主要的推动者以历史学家、社会学家为主，他们采用比较历史分析方法，深入历史深处，将解释的焦点集中在历史变迁的长结构上。[①] 自李普塞特提出民主与经济发展水平相关后，不少学者沿着这一路径将依赖于民主化的结构性条件扩展为政治文化变迁、种族分裂与冲突、政治制度和政党体系、殖民遗产等，他们强调这些因素与民主化之间的关联，从而发展出了历史社会学的民主化理论。[②] 这种理论主要有：

一是以权力和阶级为解释变量的理论。这派理论认为一国的阶级结构和国家权力结构是其政治发展的决定性力量，政治的走向取决于一国重要的阶级之间的互动关系。[③] 迪特里希·鲁施迈耶等（Dietrich Rueschemeyer）采用历史比较分析方法，除了支持经济现代化带来民主化的观点外，他们还认为经济发展壮大了工人阶级，而工人阶级崛起才是民主化的最核心因素；工人阶级出于再分配冲动，是民主制度天然的支持者；这才是经济发展促进民主化的根本动力，而非政治文化或中产阶级的影响。[④]

二是以政治文化为解释变量的理论。政治文化研究在 20 世纪 60 年代出现研究高潮，后来一度衰微；到 20 世纪 80 年代后期，再次复兴。[⑤] 加布里埃尔·A. 阿尔蒙德（Gabriel A. Almond）和西德尼·维巴（Sidney Verba）通过对英国、美国、德国、意大利和墨西哥五国的政治文化进行对比研究后，提出地域民（愚民）文化、臣民文化和参与者文化的经典分类，这几种文化在卷入与冷漠、理性与情感、共识与分歧方面都维持平衡；参与型文化（公民文化）模式最有利于建立和保持稳定的、有效率的

① 谈火生：《民主化进程中的国际因素》，《经济社会体制比较》2011 年第 4 期。

② ［美］大卫·波特：《最新民主化的历程》，王谦等译，（台北）韦伯文化国际出版公司 2003 年版，第 17 页。

③ 参见［美］巴林顿·摩尔《民主与专制的社会起源》，拓夫等译，华夏出版社 1987 年版。

④ Dietrich Rueschemeyer et al., *Capitalist Development and Democracy*, Chicago：University of Chicago，1992，p. 76.

⑤ 郭定平：《论民主转型与政治文化研究的复兴》，《湖北社会科学》2012 年第 7 期。政治文化研究的方法创新，尤其是大量调查和数据的积累，使定性与定量方法得以结合，一定程度推动了政治文化研究再次复兴。这些大型的调查项目主要有世界价值观调查（World Value Survey）、欧洲晴雨表（Euro Barometer）、非洲晴雨表（Afro Barometer）、拉美晴雨表（Latino Barometer）和亚洲晴雨表（Asian Barometer）。

民主政治体系；新兴国家的民主化不仅是建立正式的民主制度，关键还在于培育一种公民文化。①

李普赛特发现，宗教信仰、历史经验等文化因素对民主化具有重要影响，由于基督教所产生的个人主义，特别强调对个人的尊重及对反对者的宽容，最有利于催生民主化，那些在历史上与基督教国家有密切联系的国家则更容易发生民主化。② 罗伯特·A. 达尔（Robert A. Dahl）提出，政治精英与人民群众的信仰，特别是在政治活动中的信仰，会阻碍或促进民主化的发生，因此包含着对民主政治信仰的政治文化模式最有利于民主化的发生。③ 英格里哈特（Inglehart）认为，自我表达的文化强调个人自主、自由和自我表达，与民主政治具有内在契合性，一国文化模式从传统或生存文化向自我表达文化过渡，会促使该国民主化发生，而那些因特殊传统文化的阻碍无法产生自我表达文化的国家难以民主化。④

塞缪尔·亨廷顿（Samuel Huntington）对三波民主化的历史考察发现，19 世纪以来，多数民主国家是西方国家，他推断以世俗理性和个人主义为特征的西方文化模式最适合或者是唯一适合民主政治的文化模式。同样地，东方文化模式不利于甚或阻碍了民主化。⑤ 白鲁逊（Lucian Pye）承认，儒家文化传统不阻碍现代化，但儒家观念易产生集权和等级制的政治秩序，而非民主的政治秩序。⑥ 儒家文化反对政治上的妥协，不承认有相互竞争的利益，认为知识精英领导国家是天经地义，这不利于政治竞争规

---

① ［美］加布里埃尔·阿尔蒙德、西德尼·维巴：《公民文化——五个国家的政治态度与民主制》，徐湘林等译，华夏出版社 1989 年版，第 517—553 页。

② Seymour Martin Lipset, "The Centrality of Political Culture", *Journal of Democracy*, No. 4, Fall 1990, p. 82.

③ ［美］罗伯特·达尔：《多头政体：参与和反对》，谭君久等译，商务印书馆 2003 年版，第 140—145 页。

④ Inglehart, *Modernization, Culture Change, and Democracy*, Cambridge：Cambridge University Press, 2005, pp. 2 - 9. 为测量价值观念，英格里哈特在欧洲价值调查的基础上（the European Values Study, EVS），将跨国文化调查扩展到世界各个国家，建成了全球最大的民意调查机构——世界价值调查（World Value Survey）数据库，其网站参见 http://www.worldvaluesurvey.org/wvs.jsp。

⑤ ［美］塞缪尔·亨廷顿：《第三波：20 世纪后期民主化浪潮》，欧阳景根译，中国人民大学出版社 2013 年版，第 362—363 页。

⑥ Lucian W. Pye, *Asian Power and Politics*, Boston：The Belknap Press of Harvard University Press, 1985, pp. 55 - 60.

则形成，因而妨碍民主产生。①

文化因素是民主化研究的一个重要变量，但是文化因素作为解释变量面临的困难很多。其一是文化概念难以界定，它包含的因素和层次很多，宽泛的边界使得文化因素难以操作；其二是文化的内容强调心理层面，主观性强而难以把握；其三是它未能厘清特定的文化模式是如何产生民主的，其因果逻辑机制未能建立起来；其四是不断发生的经验事实对此构成的挑战。② 同时，亚当·普沃斯基（Adm Przeworski）等一批学者对1950—1990 年发生民主化转型国家的大规模统计分析也表明，文化模式与民主化之间没有任何相关性。③ 如此看来文化因素或利于或阻碍，但无法决定一个国家的民主化未来。

2. 结构研究的国际维度

无论是民主化的结构主义研究路径还是能动主义研究路径，均将其研究范围不自觉地局限于主权国家范围内，其国际维度通常被忽视。随着全球经济的发展，生产、贸易和金融的全球化使得相互依赖不断增长，经济主权不断丧失，政治和经济领域区分愈加模糊，全球交流、技术进步和大众传媒的发展使得民主的价值不断扩散，不断推进的民主化伴随着更多的全球治理，联合国、国际货币基金组织和世界银行等机构的出现也使得国家的自主性进一步削弱，它们按照西方模式在全球推进民主价值和制度。④ 民主化的国际因素变得越来越无法忽视。

最早从国际视角进行民主化系统研究的是塞缪尔·亨廷顿和杰弗里·普利汉姆（Geoffrey Pridham）。塞缪尔·亨廷顿基于对第三波民主化的研究发现，国际因素的影响主要包括，一是外部强制力的影响；二是外部和平方式的影响。⑤

---

① ［美］詹姆斯·科顿：《东亚民主政体的进步与局限》，载刘军宁编《民主与民主化》，商务印书馆1999 年版，第286 页。

② 例如，在那些学者们认为政治文化不利于民主化发生的西班牙、葡萄牙、土耳其、日本、韩国等国家和地区都发生了民主转型，还建立起了稳定的民主政治体系。

③ Adam Przeworski et al. , *Democracy and Development*, Cambridge：Cambridge University Press, 2000, p. 126.

④ See Grugel Jean, *Democratization*：*A Critical Introduction*, New York：Palgrave Publishers Ltd. , 2002.

⑤ Samuel P. Huntington, *The Third Wave*：*Democratization in the Late Twentieth Century*, Norman：University of Oklahoma Press, 1991, p. 86.

杰弗里·普利汉姆以南欧为案例，力图在国内政治变迁和国际环境之间建立起关联。① 之后，他开始关注国际维度的主要因素，如政治文化、国际安全、欧盟、苏联等的影响。② 建立了一个从情境变量、③ 国际行为体和国际影响的形式三方面入手来研究国际因素的分析框架。④

劳伦斯·怀特黑德（Laurence Whitehead）提出了国际因素的"3C"分析框架（传染 Contagion + 控制 Control + 协定 Consent）。⑤ 同一时期，菲利普·C. 施密特（Philippe C. Schmitter）将其进行了完善，补充了条件性（Conditionality）这一模式，形成了"4C"的分析框架。⑥ 近来，斯瓦·甘里斯基（Seva Gunitsky）提出了"国际体系与 CIE 模式"（强制 Coercion + 影响 Influence + 模仿 Emulation），⑦ 进一步强化了国际因素在民主转型研究中的重要性。

上述学者从国际视角入手分析民主转型，使得民主转型理论研究产生了范式转移。但一个普遍的缺陷是，这些学者没有分清这些因素的内在关系，基本上把这些因素混合使用。为便于厘清国际视角在民主转型研究中的发展，笔者将它们分为四个方面：国际性结构因素、国际行为主体、机

① See Pridham, ed., *Encouraging Democracy*: *The International Context of Regime Transition in Southern Europe*, London: University of Leicester Press, 1991.

② See Pridham, Herring and Sanford, eds., *Building Democracy*: *The International Dimension of Democratization in Eastern Europe*, London: Leicester UP, 1994.

③ 情境变量包括转型期外交政策变化、地缘战略环境、国际经济状况、转型期的重大国际事件以及国际体系，国际行为体包括不同国际组织或跨国组织及国家行为体，国际影响的形式，指采取政治、外交、经济和文化手段，隐蔽的或公开的、直接的或间接的、强制性或劝诱性手段等。

④ Pridham, "The International Dimensions of Democratization: Theory, Practice and Inter-Regional Comparisons", in Pridham, Herring and Sanford, eds., *Building Democracies*: *The International Dimension of Democratization in Eastern Europe*, 2004, p. 11.

⑤ Laurence Whitehead, "Three International Dimensions of Democratization", in Whitehead ed., *The International Dimensions of Democratization*: *Europe and the Americas*, Oxford: Oxford University Press, 2001, pp. 3 – 24.

⑥ Philippe C. Schmitter, "The Influence of the International Context upon the Choice of National Institutions and Policies in Neo-Democracies," in Whitehead ed., *The International Dimensions of Democratization*: *Europe and the Americas*, Oxford University Press, 2001, p. 30. "3C" "4C" 概念由王菲易提出，参见王菲易《国际因素与民主化：转型学研究的新领域》，《社会科学》2011 年第 2 期。

⑦ See Seva Gunitsky, "From Shocks to Waves: Hegemonic Transitions and Democratization in the Twentieth Century", *International Organization*, Vol. 68, Issue 3, 2014, pp. 561 – 597.

制（模式）和措施，后三个方面将在行为主体研究路径部分进行详尽论述，本节将主要分析国际性结构因素。

学者们提出的影响民主化的国际性结构因素，主要有四种：①

一是重大的政治事件。国际上发生重大的政治事件可能对一个国家的政体变迁产生重要影响，这些事件有的与本国有关，例如战争，尤其是战败，②日本就是在"二战"中战败而由美国接管，然后移植了美国式的民主政体；有的与本国无关，但由于信息化和互联网的发展，使得这些事件的影响力超越地理限制扩散到了地区性和全球性范围。③　大卫·波特（David Potter）也谈到包括战争、军事联盟、外交关系等国际联系对此的影响。④

二是地区性地缘政治格局。菲利普·C. 施密特认为地区性地缘政治格局甚至比国与国之间的关系或全球背景更能对民主化进程产生影响，无论是传染机制还是共识机制，都只能在这个层次上有效地发挥作用。⑤　例如，南欧和中东欧的民主化进程在很大程度上受欧盟的直接影响，特别是在民主巩固阶段，而戈尔巴乔夫的政策变化和欧盟的约束则是东欧地区民主化的主要动力，并主导着转型过程。⑥

三是国际政治格局。国际格局指在一定的国际体系规则制约和影响

①　笔者根据最新文献，加入了第四种（即国际体系）。See Seva Gunitsky，"From Shocks to Waves：Hegemonic Transitions and Democratization in the Twentieth Century"，*International Organization*，Vol. 68，Issue 3，2014，pp. 561 – 597. 其中，前三种参见谈火生《民主化进程中的国际因素》，《经济社会体制比较》2011 年第 4 期。

②　例如，葡萄牙、希腊和阿根廷因为专制统治者的战败，导致了其殖民体系的解体，从而使战后一批被殖民的国家走上了民主化道路；苏联解体，也使得其卫星国纷纷走向民主化。Philippe C. Schmitter，"The Influence of theInternational Context upon the Choice of National Institutions and Policies inNeo-Democracies"，in Whitehead ed.，*The International Dimensions of Democratization：Europe and the Americas*，Oxford University Press，2001.

③　例如1974 年葡萄牙革命对西班牙国内政治产生了重要影响，葡萄牙革命在西班牙催生出一个军人民主联盟（简称 UMD），这个数百名年轻军官组成的秘密组织致力于将国家改造为一个民主的国家。See Powell Charles，"International Aspects of Democratization：The Case of Spain，"in Laurence Whitehead，ed.，*The International Dimensions of Democratization：Europe and the Americas*，Oxford：Oxford University Press，1996.

④　David Potter，ed.，*Democratization*，Cambridge：Polity Press，1997，pp. 29 – 30.

⑤　SeePhilippe C. Schmitter，"The Influence of the International Context upon the Choice of National Institutions and Policies inNeo-Democracies"，in Whitehead ed.，*The International Dimensions of Democratization：Europe and the Americas*，Oxford University Press，2001.

⑥　J. Rupnik，"Eastern Europe：The International Context"，*Journal of Democracy*，Vol. 11，No. 2，2000，pp. 115 – 129.

下，在一定时期和一定范围内的主要国际行为体之间的力量对比关系，国际格局的变化则在很大程度上受制于行为体本身的互动过程，在这一过程中，国际格局中的主要行为体发挥着重要的作用。国际格局研究则主要针对具体的空间范围内国家之间力量对比和政策选择。① 例如，战后国际政治格局从两极格局转换到单极格局，在两极格局下，世界各国被划分到美苏两大阵营之中，两大阵营之间的或缓和或紧张的局势对各国的民主化产生或发展影响巨大，各国的民主化须服从于冷战的总体要求和美苏的战略需求。② 冷战结束后，苏联剧变使得社会主义模式的示范作用急剧下降，美国一超独大和大多数民主体制国家治理下的富裕、安全和强大使得民主政体对一些国家更具吸引力。

四是国际体系。国际体系是一个最高层次的宏观抽象概念，它将国际政治领域内所有行为体作为一个相互联系的有机整体加以考察和理解；国际体系是一个规则系统，规定了系统内主要行为体的基本特征，以及系统的运行规律和基本状态；国际体系是单元与互动规律的统一，国际体系内生于国际政治行为体的互动之中。国际体系的规则系统在国际政治行为主体的互动过程中逐渐形成并稳定下来，但国际体系形成以后又具有孤立状态下所不具备的效能，并且具有长期的稳定性，国际体系研究主要是针对国际政治宏观发展的趋势与状态。③

斯瓦·甘里斯基提出国际体系的变化、霸权波动及转移（hegemonic transitions and shock）是政体变迁的强大动力，不仅导致民主化浪潮，还导致了法西斯主义和共产主义浪潮；依据他的统计，他发现 1920 年前后、1939—1958 年和 1985—1995 年是霸权波动最剧烈时，这也是霸权转移时期。④ 他认为，国内因素和规范水平扩散不是民主化的原因；民主化扎堆

① 夏安凌、封帅：《国际政治研究中的"国际体系"与"国际格局"》，《国际论坛》2008 年第 5 期。
② 例如，1956 年匈牙利和 1968 年捷克斯洛伐克试图启动民主化进程时遭到了苏联的军事镇压；1973 年美国中情局通过支持反对派，在智利推动了一场军事政变，使得一个和平民主的智利变成了军事独裁国家。参见谈火生《民主化进程中的国际因素》，《经济社会体制比较》2011 年第 4 期。
③ 夏安凌、封帅：《国际政治研究中的"国际体系"与"国际格局"》，《国际论坛》2008 年第 5 期。
④ Seva Gunitsky, "From Shocks to Waves: Hegemonic Transitions and Democratization in the Twentieth Century", *International Organization*, Vol. 68, Issue 3, 2014, p. 566.

出现也难用外部援助来解释，而霸权的纵向影响比规范的水平扩散更为有效，因为霸权转移提供了一个"政体强制移植"的机会窗口，使得崛起国迅速扩张贸易网络、培植更多代理人；霸权转移是影响国内制度发生改变的催化剂，霸权转移使有的国家因羡慕崛起国模式的成功而模仿崛起国。①

（二）行为主体研究路径

结构主义研究路径统治了民主转型研究几十年后，在发展过程中面临着诸多考验。20世纪80年代早期开始，对行为者的关注使得行为主体这一研究路径开始成为主流，研究重心从各种结构性条件转向了推动转型过程的行为主体。从国内维度来看，国内行为主体主要是政治精英和大众；从国际维度上看，国际行为主体主要有西方大国、区域性组织（欧盟、东盟等）或地区性政治力量、政府间国际组织和非政府间国际组织等。②

1. 行为主体研究的国内维度

行为主体研究路径将行为主体作为主要的分析单位，国内维度上的行为主体主要是政治精英、大众。许多学者把目光聚焦在政治精英之间或者政治精英与大众之间的博弈行为在民主化过程中的作用。一大批学者围绕着政治精英的信念、能力、战略选择、内部关系和互动、利益算计等方面展开研究，取得了很多有意义的成果。

胡安·J. 林兹（Juan J. Linz）认为，"社会经济结构虽然对民主化产生作用，但仍为政治精英留下了足够选择空间，政治精英的选择对政体稳定性或持久性具有重要影响，尤其是在危机状况下，具有独特性格和能力的个别领导人的存在对政体转型具有决定性，且难以用任何模型预测"③。

吉列尔莫·奥唐奈和菲利普·C. 施密特认为，"民主化过程是高度不确定的，民主转型是威权政体内部政治精英分裂的结果，偶然性事件、不充足的信息、急切与鲁莽的选择、模糊的利益与动机、不确定的政治身份和特别个体的政治才能，都对政体变迁的结果具有决定性作用，政治精英

① Seva Gunitsky, "From Shocks to Waves: Hegemonic Transitions and Democratization in the Twentieth Century", *International Organization*, Vol. 68, Issue 3, 2014, pp. 567 – 592.

② 谈火生：《民主化进程中的国际因素》，《经济社会体制比较》2011年第4期。

③ Juan J. Linz, *The Breakdown of Democratic Regime*, Baltimore: Johns Hopkins University Press, 1978, pp. 4 – 5.

的协商可减少转型中的冲突，增加相互竞争者妥协的意愿，最成功的民主转型就是通过政治精英的协商而实现民主政治的建立"。① 他们还将居于统治地位的政治精英分为保守派与改革派，而将反对派政治精英分为温和派与激进派。

亚当·普沃斯基认为，"统治精英的分裂是民主化开始的关键，威权政体内部政治精英的分裂和公民社会的互动开启了自由化，一旦自由化开始就会通过政治领导之间的协商与合作而走上民主化，温和派与改革派结盟能实现有保证的民主，温和派与激进派结盟会产生无保证的民主，改革派与强硬派结盟威权政体会让步后保留，而改革派和强硬派结盟威权政体就原样存续"②。丹克沃特·A. 罗斯托（Dankwart A. Rustow）也强调政治精英之间的斗争启动了民主化进程，没有政治精英有意识的妥协和选择，民主政治就不会在某个历史性时刻建立。③

类似地，大卫·波特等学者也将民主转型中的政治行为者划分到两个联盟，一是威权统治联盟，包括强硬路线派、软性路线派；二是反对势力联盟，包括机会主义者、温和主义派和激进主义派。④

泰利·莱恩·卡尔（Terry Lynn Karl）从精英与大众的互动来考察民主转型，他们认为在民主转型问题上并没有普遍一致的规律，任何细小的差异和细微的选择都可能导致重大的不同结果，他们特别强调偶然性在民主转型过程中的作用。⑤ 他们认为，从 X 轴上看，转型的策略就可以沿着一个从单边诉诸暴力向多边愿意妥协的连续谱变化；在这两极之间，存在大量模糊的行动区域；在这个区域中，各方相互威胁、身体恐吓及强制行为都有可能发生。而在 Y 轴上，转型的动力在来自被排斥在旧体制社会、经济与政治秩序之外的底层行动者（即大众），向在权威主义体制内占据

① Guillermo O'Donnell and Phillippe C. Schmitter, *Transition From Authoritarian Rule： Tentative Conclusions About Uncertain Democracies*, Baltimore：Johns Hopkins University Press, 1986, pp. 5 – 19.

② ［美］亚当·普沃斯基：《民主与市场》，包雅钧等译，北京大学出版社 2005 年版，第 50 页。

③ Dankwart A. Rustow, "Transition to Democracy：Toward a Dynamic Model", in Geoffrey Pridham ed., *Transition to Democracy*, Cambridge：The Cambridge University Press, 1995, pp. 59 – 87.

④ ［美］大卫·波特：《最新民主化的历程》，王谦等译，（台北）韦伯文化国际出版公司 2003 年版，第 21 页。

⑤ Terry Lynn Karl and Philippe C. Schmitter, "Modes of Transition in Latin America, Southern and Eastern Europe", *International Social Science Journal*, No. 128, 1991, pp. 269 – 284.

统治地位的上层精英发生变化。① 在四个极端上，卡尔和施密特排列出了政治转型的四种理想类型：一是协定，这是精英同意在他们之间做出妥协时的协商策略；二是强加，当精英有效地单边使用强迫手段来使体制发生转型，并成功反对当权派的抵制；三是改革，当大众自下而上动员起来并且不是通过诉诸暴力来实施一个妥协的结果；四是革命，当大众武装起来并在军事上成功击败以前的权威主义精英。而在这四个极端之间，存在大量的行动者及其策略的混合选择。②

朱塞佩·迪·帕尔玛（Giuseppe Di Palma）强调民主化过程中"政治精英的战略选择推动了民主化，尤其是政治精英的'设计'，而容纳所有竞争性集团的'包容性战略'，将所有重要集团的利益在民主化过程中都被考虑进去，使得竞争性集团遵循政治领导做出的决策和新建立的民主制度和规则，而不是采用极端暴力手段维护其利益目标"③。

总结起来，精英主义分析这派学者认为，威权政体从开始崩溃到最后的民主政体建立这一过程具有高度不确定性，政治精英的信念、态度、利益、计算、策略选择和行为互动等都对最终结果具有决定性影响。即便在经济发展、社会结构与政治文化等各种客观条件不利的情况下，政治精英的努力也能够推动民主化发生和发展，最终构建起民主政治体系。

2. 行为主体研究的国际维度

国际行为主体主要包括三类：一是大国（美、苏、英、法、德等）和区域性组织（欧盟、东盟等）或地区性政治力量；二是政府间的国际组织（联合国、世界银行、国际货币基金组织、世界贸易组织等）；三是非政府间国际组织，如各种民主援助组织。④

国际行为主体主要采取何种措施对一国施加影响以促进其民主，亨廷顿认为主要包括：一是外部强制力的影响，典型的方式是通过武力，迫使一个国家军人政治撤退，实行民主化；二是外部和平的方式，包括运用政

---

① 欧阳景根：《民主转型与巩固：民主化理论模式的评析与民主巩固的序列分析模式建构》，《比较政治学研究》2012 年第 1 期。

② 同上。

③ Giuseppe Di Palma, *To Craft Democracy*, Berkely：University of California Press，1990，p. 9.

④ 谈火生：《民主化进程中的国际因素》，《经济社会体制比较》2011 年第 4 期。

治的、经济的、外交的和文化的渗透等手段。[①] 大卫·波特提出了包括军事联盟、战争、外交关系等国际联系的影响，联合国、世界银行等超国家组织以及一些非政府组织的作用，还有那些多少处于国家控制之外的外部联系，全球范围内的社会间联系，包括不同政治空间上的全球的、宗教的、民族的和地方的联系，全球的经济和金融过程，全球性的劳动分工，全球性的信息传播和通信网络，等等。[②] 拉里·戴尔蒙德（Larry Diamond）从"扩散、示范效应、和平演变的压力、制裁的限制、援助的条件性，民主援助政策和通过强力推进民主化（军事干预）这五个方面进行分析"[③]。胡安·林茨和阿尔弗莱德·斯蒂潘（Alfred Stepan）主要关注"外国政策""时代精神"和"扩散效用"这三个国际因素。[④]

对于这些措施，谈火生对其进行了总结，主要有国际交流、成功示范、民主援助、制度约束、制裁、军事干涉和强制移植等；在这些措施中，前四种属于"温和性措施"，这种措施通过温和的、潜移默化的方式引导一个国家朝着民主化的方向演化，后三种属于"强制性措施"，这种措施以强制性的、严厉的方式逼迫一个国家朝着民主化的方向转型。[⑤]

第一类，温和性措施。一是国际交流，民主体制作为一种最为强有力的意识形态，其规范性的力量是民主化非常重要的推动力，[⑥] 国际意识形态的这种长期影响在国际交流中产生，这些交流包括经济、社会、文化和人员等的交流，经济交流最为普遍。二是成功示范。成功示范是指一个国

---

① Samuel P. Huntington，*The third wave*：*Democratization in the Late Twentieth Century*，Norman：University of Oklahoma Press，1991，p. 86.

② David Potter，ed.，*Democratization*，Cambridge：Polity Press，1997，pp. 29 – 30.

③ Larry Diamond，*The Spirit of Democracy*：*The Struggle to Build Free Societies Throughout the World*，New York：Henry Holt & Company，2008，pp. 107 – 134.

④ ［美］胡安·林茨、阿尔弗莱德·斯蒂潘：《民主转型与巩固的问题：南欧、南美和后共产主义欧洲》，孙龙等译，浙江人民出版社 2008 年版，第 78 —81 页。外国政策实际上决定着与民主有关的结果，时代精神指民主作为一种政治体制没有主要的意识形态对手，民主已成为一种趋势或潮流，扩散效用指一组国家之间的联系越密切，在这组国家中，任何一个国家的成功转型将越会改变其他国家认识到政体选择的范围。

⑤ 谈火生：《民主化进程中的国际因素》，《经济社会体制比较》2011 年第 4 期。谈火生对这几种措施分别进行了具体的论述，本书在他的基础上展开补充和完善。

⑥ ［美］胡安·林茨、阿尔弗莱德·斯蒂潘：《民主转型与巩固的问题：南欧、南美和后共产主义欧洲》，孙龙等译，浙江人民出版社 2008 年版，第 79—80 页。

家民主化后带来的成功和强大，使得别的国家羡慕这样的政体形式，进而模仿推动进行民主化转型。三是民主援助，西方大国和地区性政治力量，以及世界银行等跨国机构会通过各种援助的方式来推动威权国家向民主体制转变，这些援助往往会通过国际NGO或该国国内的一些NGO具体实施；在这些援助计划中，经常附加政治条件，如人权、民主的形式标准、公平的司法程序、言论自由等，其目标是通过援助来软化政权力量，加强国内倾向于民主化的集团力量。①

第二类，强制性措施。一是制裁，包括经济制裁、军事制裁和政治制裁等多种形式。经济制裁有设置贸易壁垒、限制投资、冻结资产等；军事制裁有武器禁运、设置禁飞区；政治制裁有阻止该国加入重要的国际组织或地区性组织，对该国的行为进行公开谴责，断绝外交关系等，外部行为者通过这些方式对非民主政权施加压力，促使其朝着民主化的方向发展。制裁往往是大国乐于使用的手段。二是制度约束，指一些地区性政治力量或国际机构将其成员资格与民主化关联起来。② 例如，欧盟的制度性约束机制虽然规定其成员国必须是民主国家，但是它没有为申请加入的国家设定民主化的具体时间表，而是通过非强制的方式，以自身的稳定和繁荣为示范，以巨大的经济利益为诱饵，对于加入欧盟的国家来说不仅意味着经济发展的机遇，而且意味着重返欧洲和国际社会。欧盟用这种严格的制度规范对欲加入的国家产生了强劲而持久的影响。西班牙、土耳其和匈牙利等国都表现得非常明显。③ 还有一个案例是东盟，东盟将缅甸吸收，使其成为成员国，东盟利用建设性接触政策的非强制性约束条件逐渐将缅甸带入民主化轨道。三是军事干涉（mili-

---

① 例如，与欧盟设定的一系列约束性条件相配套的是一整套培训项目，该项目在1990年到1996年之间，共投资近1500万欧元，用于在拉美地区促进公民社会的发展，这些援助强化、拓展和深化了该地区的民主化。See Carothers Thomas, *Aiding Democracy Abroad：The Learning Curve*, Carnegie Endowment for International Peace, 1999, pp. 51, 260 –265, 304.

② 1962年发布的《比克尔巴赫报告》明确规定加入欧共体的政治标准：欧共体不接受那些政府缺乏民主合法性，人民不能参与政府决策（无论是直接参与，还是通过选举产生的代表来参与）的国家成为其成员。See Ali Resul Usul, *Democracy in Turkey：The Impact of EU Political Conditionality*, London：Routledge, 2011, p. 44.

③ See Pridham, "The International Dimension of Democratization：Theory, Practice and Inter-regional Comparisons", in Pridham, Herring and Sanford, eds. , *Building Democracy：The International Dimension of Democratization in Eastern Europe*, Leicester：Leicester University Press, 1997.

tary intervention）和强制移植（coercive implantation）。这两种形式是战后美国常用的手段。作为世界警察，美国经常通过军事干涉的方式来干预一个国家的政治变迁，使之符合自己的全球战略利益。"二战"后初期，美国直接派兵接管日本、德国，将美国版的民主模式移植到这两个国家。在随后的几十年中，它又通过直接的军事干涉辅之以经济援助，在拉美、东南亚和非洲一些国家复制美国式的民主。进入 20 世纪 90 年代以后，更是出兵伊拉克和阿富汗。

国际因素以何种模式或机制推动和影响民主化，怀特黑德和施密特归为四类：一是其他案例的传染，即传染模式（contagion），指通过接近民主国家或者正在民主的国家而被传染后产生民主；① 二是支配性力量的控制，即控制模式（Control），控制方式指某一大国通过援助或制裁一类的措施，在另一个国家推进民主；② 三是国际与国内行为者互动所达成的共识，即共识模式（consent），指通过国际因素和国内团体之间一系列复杂的互动，自下而上地产生新的民主关怀和期望；③ 四是多边制度所施加的约束性条件，即条件约束模式（conditionality），指通过审慎地制定一些多边制度来约束威权体制，引导它朝着民主化的方向前进，这些约束性条款

---

① 20 世纪以来的四个系列的民主化过程在一定程度上符合这一模式：1. 法国、比利时、荷兰、丹麦、挪威、德国、奥地利、意大利都在 5 年之内实现了民主化；2. 葡萄牙、西班牙；3. 秘鲁、厄瓜多尔、阿根廷、玻利维亚、乌拉圭、巴西在 10 年内实现了民主化；4. 波兰、捷克斯洛伐克、匈牙利、罗马尼亚、保加利亚，这四个系列在 1 年之内所有这些国家都实现了民主化。See Whitehead，"Three International Dimensions of Democratization"，in Laurence Whitehead ed.，*The International Dimensions of Democratization：Europe and the Americas*，Oxford：Oxford University Press，1996.

② 20 世纪 90 年代以来 2/3 的民主国家，至少部分是源于外部有意识的干涉或强迫。战后欧洲的多数民主政体是在外力作用下重建起来的，比如西德、意大利是在盟军的占领下建立起来的。英国在战后向其大部分的前殖民地国家输出民主制度，这些国家迈向民主的次序和速度，取决于英国的去殖民化的时间表。南部非洲各国的政治进程，受控于世界强国，在冷战时期，南非的种族隔离制度和安哥拉、莫桑比克的马克思主义政权分别受到各自背后大国的实质性保护，冷战后又通过联合国在该地区推进和解和民主化。See Whitehead，"Three International Dimensions of Democratization"，in Laurence Whitehead ed.，*The International Dimensions of Democratization：Europe and the Americas*，Oxford：Oxford University Press，1996.

③ Whitehead，"Three International Dimensions of Democratization"，in Laurence Whitehead ed.，*The International Dimensions of Democratization：Europe and the Americas*，Oxford：Oxford University Press 1996，pp. 3 – 24.

是有报偿的，遵守这些条款能带来好处。①

斯瓦·甘里斯基总结了"强制"（coercion）、"影响"（influence）和"模仿"（emulation）这三类机制，"强制是指有的国家会利用霸权迅速转移这一机会，强制对外移植自己的政治体制，影响是指崛起国利用霸权的迅速转移，迅速扩展其贸易网络，培植更多代理人，而影响民主化，模仿是指在霸权迅速转移时期，有的国家因羡慕崛起国模式的成功而自愿模仿崛起国的政体模式"②。

对上述模式进行合并，斯瓦·甘里斯基提出的强制模式基本等同于怀特黑德所说的控制模式，影响模式约同于传染模式，但在怀特黑德和施密特之外，甘里斯基增加了一个新的模式——模仿模式。条件约束模式和控制模式的区别在于控制模式是大国单边控制或强制，而条件约束模式则是大国施加条件进行双边协调；条件约束模式与共识模式的区别是前者是强制性的，而后者是自愿的；传染或影响模式是客观被大国传染，而模仿模式是主动去模仿成功的国家政体形式。

（三）　国际维度与国内维度的联结

1990 年以前国内因素的研究和影响力占绝对性的优势。苏联解体后，东欧国家的民主化经验使得前述的国内因素无法充分解释其民主化发生的原因；这些国家革命的原因和成功的条件在很大程度上取决于苏联的政策变化，革命的观念也是从外部输入的西方自由民主观念，革命的命运在很大程度上取决于国际社会对新政权的反应和态度；这么多国家在相当短的时间内相继完成了民主化过程，这基本无法用国内因素来解释；与其他地

---

① Philippe C. Schmitter, "The Influence of the International Context upon the Choice of National Institutions and Policies in Neo-Democracies", in Whitehead ed., *The International Dimensions of Democratization: Europe and the Americas*, Oxford University Press, 2001, p. 30; 例如欧盟为其成员身份设定的政治条款是建立民主制度和保护人权，欧洲复兴开发银行规定只有满足某些特定的政治标准，才能予以发放贷款。

② Seva Gunitsky, "From Shocks to Waves: Hegemonic Transitions and Democratization in the Twentieth Century", *International Organization*, Vol. 68, Issue 3, 2014, pp. 567 – 576.

区（如南欧）相比，在东欧地区的政体变迁中，国际因素的作用更为关键。① 谈火生提出国际因素所施加的压力可以通过两种方式改变国内的政治机会结构以及行为主体的行为，从而影响内部的政治过程。这两种方式分别是:②

第一，从结构角度来看，国际因素可以改变国内的政治机会结构，从而为民主化创造条件。国际因素所产生的压力可能导致统治集团的内部分化，特别是温和的政权支持者们的立场可能发生改变，只要温和的政权支持者能和民主派进行联合，民主化的进程就可能启动。与此同时，国际交流和国际援助可以提高国内公民社会的行动能力，并壮大国内反对派的力量，而制裁则增加了威权政体的镇压成本。民主化进程的启动并不需要所有关键政治行为者都变成民主派;相反，只要反对派和统治集团中的温和派能劝说那些死硬派，使他们相信改革能得到更多，民主化进程即可启动。③

第二，从行为主体的角度来看，国际因素可改变国内行为主体的行为（策略和偏好）。这分两种情况:其一，国内行为主体的基本信念未改变，但在国际压力下出于策略的计算而选择民主政体。例如，当胡安·卡洛斯国王启动西班牙民主化进程时，在很大程度上也是策略计算的结果，科尔曼曾用博弈论来分析了这一过程。④ 其二，国内的行为主体的基本信念改变，即国际因素促使了国内行为主体认同民主价值，从而导致其行为改变。一方面，民主观念和规范的扩散主要通过制度性约束、国际交流等方式使得国内行为主体逐步接受民主价值;⑤ 另一方面，西方民主国家成功的榜样示范，使得国内政治精英和广大民众对民主价值的主动学习、接受

---

① See Pridham, "The International Dimension of Democratization: Theory, Practice and Inter-regional Comparisons", in Pridham, Herring and Sanford, eds., *Building Democracy: The International Dimension of Democratization in Eastern Europe*, Leicester: Leicester University Press, 1997.

② 谈火生:《民主化进程中的国际因素》,《经济社会体制比较》2011 年第 4 期。

③ See Adam Przeworski, "Some problems in the study of the transition to democracy," in Guillermo O' Donnell, Philippe C. Schmitter and Laurence Whitehead, eds., *Transitions from authoritarian rule: Prospects for Democracy*, Baltimore and London: The Johns Hopkins University Press, 1986.

④ See Josep M. Colomer, *Game Theory and the Transition to Democracy: The Spanish Model*, England: Edward Elgar, 1995.

⑤ See Jeffrey T. Checkel, *International Institutions and Socialization in Europe*, Cambridge: Cambridge University Press, 2007. 例如南欧和中东欧各国在申请加入欧盟的过程中，由于制度性的约束而逐渐认同自由、民主的欧洲观念。

和内化。

在民主化的国内因素和国际因素的关系上，罗伯特·基欧汉（Robert Keohane）认为，"国际层面的解释不是研究国内政治的替代者，而是对国内政治研究的补充和比较分析的前提"①。怀特黑德认为，民主化的关键是国际支持和内部民主力量的互动，以及这种互动对于内部民主力量成长的影响。② 丛日云认为，一个国家的民主化要依赖于内部条件的发育成熟，但同时外部因素也是影响民主化进程的重要变量，外部影响可以加强或延缓民主化的进程，一些国家外部影响甚至起着决定性作用。③ 尽管国际因素影响的有效性取决于国内状况，外部压力需要通过某种机制转化为一国的国内政策，但国际因素和国内因素无法割裂，应对不同的外部行为者和国内政治变迁的不同层次之间的互动进行深入分析。二者应得到同等对待和重视。

二 军人政权民主转型

20世纪50年代末60年代初，对军人政权的研究存在自由主义和新现实主义的争论，自由主义认为军人政权将随着国家的发展而逐步减少，自由民主将成为时代的潮流；新现实主义认为，军人高度的组织性使得他们形成了政治管理的素质，从长远看，有效的管理将有助于推动国家的发展，从而实现军人政权的政治撤退，并最终促进民主制度的恢复。④

从1974年葡萄牙发生"四·二五革命"，由类似的军人政变产生的威权统治在葡萄牙结束作为序曲，拉开了西南欧民主化的序幕，导致世界出现了民主化的第三次浪潮；20世纪70年代末80年代初，民主化的浪潮涌

---

① Robert Keohane，"The World Political Economy and the Crisis of Embedded Liberalism"，in John Goldthorpe ed.，*Order and Conflict in Contemporary Capitalism*，Oxford：Clarendon Press，1984，p. 16.

② Whitehead，"Three International Dimensions of Democratization"，in Laurence Whitehead ed.，*The International Dimensions of Democratization：Europe and the Americas*，Oxford：Oxford University Press，1996.

③ 丛日云：《当代世界的民主化浪潮》，天津人民出版社1999年版，第92页。

④ 李晨阳：《军人政权与缅甸的现代化》，博士学位论文，云南大学，2006年，第22页。

入拉丁美洲，通过政变上台的各国军人官僚威权政府纷纷还政于民选文人政府。20 世纪 80 年代东亚威权国家和地区也加入到民主化的第三波，民主政权在欧洲、拉丁美洲和亚洲 30 个国家（地区）取代了威权政权。[1] 对于这些现象，学者们就军人政权退出政治提出了内外压力说、动机条件说、出路保障说、组织环境说、成本收益说等几种一般性的分析框架。

（一） 内外压力分析

内外压力分析。乌尔夫·松德豪森（Ulf Sundhaussen）提出军队撤出市民社会通常有三个原因：一是国内压力迫使军队还政于民，由于国内民众反感军政权执政，继续执政可能引发革命的风险，军队不得不放弃政权；二是国际压力，国际社会通过政治、经济和军事干涉等手段迫使军政权还政于民；三是军政权内部主动还政于民，要么是军政权高层领导人选择放弃政权，或者是因继续执政有损军队团结，或是军人精英内部达成统一认识，还政于民能够使其利益得到保证。[2]

（二） 动机与条件分析

塞缪尔·E. 芬纳（Samuel E. Finer）在其《马背上的人：军事力量在政治中的作用》提出军人让位于文人的条件由两组相关的变量所控制：一是军人让位的倾向（dispositions）和社会条件（social conditions）；二是军人脱离政治的动机（motivations）与必要条件（necessary conditions）。让位的动机和倾向包括信仰文官至上、凝聚力受到威胁、缺乏自信；社会条件主要是存在内部威胁和外在因素；而必要条件主要是脱离政治的内部一致意见和共同利益的足够保护，以及有可以交权的文人组织。[3]

---

[1] ［美］亨廷顿：《第三波：20 世纪后期民主化浪潮》，刘军宁译，上海三联书店 1998 年版，第 21—25 页。

[2] Ulf Sundhaussen，"Military Withdrawal from Government Responsibility"，*Armed Force and Society*，Vol. 10，No 4，1984，pp. 543 - 562；Ulf Sundhaussen，"Military Withdrawal from Government Responsibility"，*European Centre for Political Research*（mimeo），1982.

[3] See Samuel Edward Finer，*The Man on Horseback：The Role of Military in Politics*，Boulder：westview press，1988，p. 300.

（三）　组织与环境分析

科思塔·梅沙斯（Kostas Messas）认为，军人脱离政治的原因包括军队组织因素和环境因素两类："军队组织因素包括军事专业伦理改变、具有领袖魅力的军事领导者出现、军队集团利益、军事政权本质和武装力量控制权"，"环境因素包括：一是国内环境因素，主要是文人团体的压力、国内政策恶化、经济危机延长，二是区域因素，主要是部分区域的民主化活动，三是国际因素主要是国际民主化的环境、外国势力的物质诱因减少、外国武装力量的使用等。"①

克劳德·E. 威尔奇（Claude E. Welch）认为，军人回归军营的原因涉及军队内部因素和社会、政治体制方面的因素：第一，军队内部因素，包括角色认知、军费、内部管理、军队使命和部署；第二，社会和体制因素，包括内部斗争的层次、经济发展趋势和政治条件。②

（四）　出路保障分析

亨廷顿在对 20 世纪后期第三波民主化浪潮的研究中发现，在军人政权退出政治、还政于民的转变过程中，军人领袖们几乎是毫无例外地为他们退出权力提出"两项条件"或"出路保障条款"，这两项条件是：第一，军人执政期间的任何行为一概不被起诉、惩罚或报复；第二，尊重军队本身的制度化角色和军队权力体系里的自主性，包括确保军队在国家安全事务和政府部门中与安全相关事务的主导权和领导权，甚至包括其对军工企业、兵器工业和其他传统上受军方控制的企业的控制。③

已经退出权力舞台的军方，其确保文职政府领袖同意履行和遵守这些协定和条件，取决于他们的相对权力。在巴西、秘鲁和其他发生主动转变的情况下，军队首脑掌控这一过程，文职政府首脑除了默认这些军方的要

---

① Kostas Messas，"Democratization of military regimes：contending explanations"，*Journal of political and military sociology*，Vol. 20，No. 2，Winter 1992，pp. 243 – 255.

② 洪陆训：《军人脱离政治之探讨》，《问题与研究》（台北）1998 年第 1 期。

③ ［美］亨廷顿：《第三波：20 世纪后期民主化浪潮》，欧阳景根译，上海三联书店 2013 年版，第 112 页。

求之外，很少有其他选择；而在相对权力更为对等的地方，比如乌拉圭，双方之间的谈判往往是以对军方的要求进行了一些修改而结束。[1]

（五）成本收益分析

达龙·阿塞莫格鲁（Daron Acemoglu）和詹姆士·罗宾逊（James Robinson）运用成本—收益的分析方法，建立了一个博弈模型和英国、阿根廷、新加坡、南非四个案例研究来论证其理论。他们提出专制者选择放弃专制走向民主的原因是：第一，"如果民众有足够强大的力量用示威、骚乱，甚至是革命的方式来威胁专制者的利益时，民主可能会出现，因为这与纯粹的许诺相比，民主化能够带来更为可信的承诺，尤其是有一套制度保障，这允许更多的民众参与，使得承诺逆转更加困难"[2]；第二，"当民主的成本对于精英来说不算太高时，民主化的可能性也会增加，他们采用成本—收益的分析方法，建立博弈模型和进行案例研究来论证其观点，选取的是四个经验迥异的案例，分别是英国、阿根廷、新加坡、南非"[3]。

三　评论、借鉴及启示

民主转型研究贯穿 20 世纪整个西方政治学领域，在 20 世纪 80 年代前结构研究路径在整个民主化理论中占据主导地位，此后行为主体研究路径开始成为主流。在 20 世纪 90 年代之前，关于民主转型研究基本集中于国内因素，90 年代到 21 世纪初，学者们开始关注国际因素在民主转型过程中的作用。民主转型理论经过一个多世纪的发展已经非常庞大，通过对这

---

[1] ［美］亨廷顿：《第三波：20 世纪后期民主化浪潮》，欧阳景根译，上海三联书店 2013 年版，第 112 页。

[2] ［美］达龙·阿塞莫格鲁、［美］詹姆士·罗宾逊：《政治发展的经济分析：专制和民主的经济起源》，马春文等译，上海财经大学出版社 2008 年版，第 10 页。

[3] 参见［美］达龙·阿塞莫格鲁、［美］詹姆士·罗宾逊《政治发展的经济分析：专制和民主的经济起源》，马春文等译，上海财经大学出版社 2008 年版。还可参见 Daron Acemoglu and James Robinson，*Economic Origins of Dictatorship and Democracy*，Cambridge：Cambridge University Press，2005。

些理论的梳理和总结，笔者认为民主转型理论基本因循国内因素和国际因素两个维度出发，沿着结构研究和行为主体研究两个路径展开。不同的维度和变量构成了不同的解释逻辑，发展出了众多丰富的理论。

民主转型理论的结构研究路径认为，"各种结构性因素决定了民主化道路，特定的结构性力量会引导政体朝民主化方向发展"[1]，但在什么才是这种结构性力量的问题上不同的学者有不同的解释逻辑。从结构主义研究路径的国内维度来看有经济、社会、文化、权力、阶级等各种解释变量，这些变量发展出了现代化理论和历史社会学的民主化理论。从结构主义研究路径的国际维度上来看，有国际体系、国际政治格局、地区性地缘政治格局和重大的政治事件等变量，这些变量发展出了"3C""4C"和"国际体系+CIE"的分析框架。

"结构研究路径的共同缺陷是只关注客观的结构条件的决定性作用，它们或是民主化发生的动力，但难以解释结构条件这一作用在何时发生进而促成民主，也难以阐明民主转型的过程。"[2] 事实上，客观的结构条件只在具体的历史情境下对可能发生的事件构成一定的约束，而不能决定这种历史情境的最终结局。对民主化的结构取向研究的质疑和挑战还来自行为主体研究路径，他们认为民主化并非结构取向认为的一旦各种条件具备，民主化就自动产生，民主的规范和表现不是民主化的前提，而是民主转型的结果，转型过程更多的是行为者决断的过程，而不是由各种结构性条件决定的过程。[3]

民主转型理论的行为主体研究路径将行为者作为主要的分析单位。国内维度上的行为性因素主要是政治精英和大众，学者把目光主要聚焦在政治精英及其博弈行为在民主化过程中的作用方面，一大批学者关注政治精英的信念、能力、战略选择、内部关系和互动、利益算计等方面。国际行为主体主要包括西方大国及欧盟等区域性组织或地区性政治力量，政府间国际组织或机构和非政府国际组织等。国际行为主体主要采取国际交流、民主援助、成功示范、制裁、制度性约束、军事干涉和强制性移植等措施影响一个国家民主化方向。其模式主要是通过案例传染、主导大国控制、

① 谈火生：《民主化进程中的国际因素》，《经济社会体制比较》2011 年第 4 期。

② 甘锋：《民主化的理论系谱：从现代化理论到结构化理论》，《理论与改革》2012 年第 5 期。

③ Kitschelt，"Comparative Historical Research and Rational Choice Theory：The Case of Transitions to Democracy"，*Theory and Society*，Vol. 22，1993，pp. 4 – 428.

国际与国内行为者达成共识、多边机制约束性强加和模仿机制等来推动和影响一国的民主转型。

行为主体研究路径的优点在于强调了这些行为主体的政治行动和能力，关注的重点是政治体系中最有影响、最具有能量的动态的人。行为者和国家都处在特定的结构性条件所构成的环境里，那些长期的历史性和结构性因素所发挥的作用无法忽视，而"把行为主体归为不确定环境下民主转型的决定力量，使得行为主体研究路径的缺点显而易见，因为行为主体不是在'真空'中发挥作用，而是处在特定的社会、经济、文化和政治结构之中，这种结构决定了政治行为者的政治空间"①。

两种研究路径各有优势和缺陷，林兹和斯蒂潘试图弥合这种局面，"原有的不同政治体制特征对民主转型的模式有影响，政治精英的战略选择受政体类型和活动领域的限制，这导致了差异的民主转型路径和民主巩固状况"②。

政治精英的选择不是在高度不确定性的偶然环境中发生的，而是依赖于以往社会结构提供的各种"机会"和"空间"，过去的历史影响政治精英的选择和活动范围，政治精英的行动有一定的自主性，同时政治精英也须在特定的结构条件下行动。③

通过梳理 20 世纪以来的民主化转型理论，发现其发展呈现出如下几个特点：第一，方法和数据的推动。无论是量化分析法还是博弈论分析法，抑或是历史比较分析法和案例分析法，这些研究方法的发展和新的数据的出现都在丰富和推进民主转型理论的发展。第二，新案例的推动。旧的民主转型理论不断来自新的案例和经验事实的检验和挑战，这也构成了民主转型理论发展的强大推动力。无论是民主化的第一波、第二波，还是第三波浪潮，几乎每一波的出现都推动着新的民主转型理论的出现。第三，解释有限性的推动。民主转型理论的每一种解释模式的普适性都有限，任何一种单一的变量都无法解释所有的现象，解释的有限性也使得学者们不断去发现和找出民主转型新的解释变量和逻辑关系机制，从而推动了民主转型理论的发展。

---

① 甘锋：《民主化的理论系谱：从现代化理论到结构化理论》，《理论与改革》2012 年第 5 期。

② Juan J. Linz and Alfred Stepan, *Problems of Democratic Transition and Consolidation*, The Johns Hopkins University Press, 1996, pp. 7 – 15.

③ Graeme Gill, *The Dynamics of Democratization*, Macmillan Press, 2000, pp. 89 – 90.

正是因为上述三个发展特点，民主转型理论才不断丰富和进步。当然，无论是民主转型理论研究的国际维度和国内维度，还是结构研究路径或行为主体研究路径，"民主化原因因时因地而异，用一个共同和普遍存在的自变量解释不同国家政治发展有着重要作用，但难以成功，理论的多重性和经验的多样性使得没有单一的因素能够全部解释所有国家或一个国家的民主转型，产生民主的原因因不同国家而不同"①。用单一的变量来解释不同国家的民主化非常困难。

进入 21 世纪，民主转型理论的国际维度方面的研究越来越受到重视，国际维度的研究有成为主流的趋势，但以国际因素为主要解释变量的研究面临理论性欠缺和理论的解释性欠缺两大挑战。虽然冷战结束后产生了一系列颇具开拓性的研究成果，但迄今为止还没有发展出国际维度与民主转型之间关系的核心理论，② 如果有一些的话，那么这些理论的解释性和普遍性都不是很强，它们往往能够解释基于特定案例提出的理论，但对在其他案例的适用性上就明显欠缺。究其原因主要有：

首先，对国际因素概念缺乏清晰、严谨的界定。由于对国际因素概念缺乏清晰、严谨的界定，这样使得以国际维度为研究方向的工作没有边界，作为分析变量的国际因素面临难以操作的现实，学者们无法就其包含的内容、衡量的指标等这些问题达成共识。③

其次，国际因素的复杂和不确定性。由于国际因素本身的复杂性和不确定性，使得无论是理论的解释性和普遍性，还是实证分析都面临巨大困难。④

再次，对国际维度的整体性把握不够。现有的分析模式或理论，无论是"3C""4C"分析模式，还是"国际体系 + CIE"的分析模式，这些研究都没有对结构（条件）、行为主体、机制和措施等进行一定的区分，这些研究存在对于国际维度的整体性把握不够的局限（当然，这与民主转型国际维度方面的研究还处于发展的初期和开拓阶段有关），使得现有研究总体上缺乏清晰的定位和框架。

---

① ［美］亨廷顿：《第三波：20 世纪后期民主化浪潮》，欧阳景根译，上海三联书店 2013 年版，第 97 页。
② 王菲易：《国际因素与民主化：转型学研究的新领域》，《社会科学》2011 年第 2 期。
③ 同上。
④ 同上。

最后，受思维定式的影响。主要体现在两个方面：第一，学者们经常将研究对象的范围不自觉地局限在某一国家内部，忽视或缺乏对一波一波出现的或是对某一类型民主化国家集中出现的情况进行集体性考察。第二，学者们常常将国际因素作为解释民主转型的次要因素或前提条件，往往习惯性地将国内因素作为决定性因素进行考察。思维定式的形成阻碍了以国际因素为主要解释变量的理论的发展。虽然亨廷顿对第三波民主转型国家、普利汉姆对东欧和南欧的民主转型国家和斯瓦·甘里对法西斯国家、共产主义国家和民主转型国家的集体考察是这一方向的可喜变化，但对于摆脱这一思维定式的影响还远不够。

上述这些原因一定程度阻碍了国际维度方面理论的出现、发展和创新，要想在国际维度的理论上取得更进一步发展，学界需要克服上述方面的困难和不足。

对于民主转型研究的国内因素和国际因素的关系方面，笔者认为国际因素和国内因素应该得到同等对待和重视，二者无法割裂。即便如此，笔者也承认国际因素虽然能够很好地解释一波一波出现的非民主国家的转型，但是国际因素本身不能完全解释某一特定国家的民主化"过程"，就如同宏观的结构路径无法解释特定国家的政治和制度变迁一样，应对不同的外部行为者和国内政治变迁的不同层次之间的互动进行分析。究竟什么因素使得行为主体顺从于外部的结构性压力（国际和国内），还需要学界作更深入的探究。

对民主转型理论和军人政权民主转型的一般性分析框架的梳理对本书在解释缅甸政治转型的理论建构上非常重要的启示是：

第一，无论是民主转型理论研究的国际和国内维度，还是结构或行为主体研究路径，民主化的原因因时、因地、因国而异，每个国家的民主化都是各种原因结合的结果。[1] 因此，运用单一的变量，提出一个具有普遍性的解释框架非常难，几乎都不可能。"民主的出现几乎没有什么前提"，"任何单一的因素都不是民主出现的充分或必要条件"，"一国民主的出现是多种原因共同作用的结果"。[2] 因此，本书将采用多变量的解释，重点提

---

[1] ［美］亨廷顿：《第三波：20 世纪后期民主化浪潮》，欧阳景根译，上海三联书店 2013 年版，第 97 页。

[2] ［美］达龙·阿塞莫格鲁、［美］詹姆士·罗宾逊：《政治发展的经济分析：专制和民主的经济起源》，马春文等译，上海财经大学出版社 2008 年版，第 10 页。

出一个适用于缅甸政治转型的合理解释。

第二，随着全球经济的发展，生产、贸易和金融的全球化使得相互依赖不断增长，经济主权不断丧失，政治和经济领域区分愈加模糊。全球交流、技术进步和大众传媒的发展使得民主的价值不断扩散，不断推进的民主化伴随着更多的全球治理，联合国、国际货币基金组织和世界银行等机构的出现也使得国家的自主性被进一步削弱，它们按照西方模式在全球推进民主价值和制度。进入 21 世纪以来，全球的发展和连接，互联网的普及，使得国际因素越来越重要。因此，理论建构需要对国际因素和国内因素同等对待和重视。对于本书研究的缅甸军政权的政治转型来说，需要对军政权转型原因的国际因素进行详细考察，以鉴别国际因素是否对缅甸政治转型产生根本的影响。

第三，学者们提出的军人政权民主转型的一般性分析框架为本书提供了有价值的参考和借鉴。尤其是芬纳的动机条件分析、阿塞莫格鲁和罗宾逊的成本收益分析和亨廷顿发现的退出权力的"出路保障"，这些对本书的理论框架的建构提供了极大的启发。由于它们无法完全适用于解释缅甸这个案例，因而，本书需要在这些分析框架的基础上进行吸收后再进行创新。

第四，旧的民主转型理论不断遭受来自新的案例和经验事实的检验和挑战，这也构成了民主转型理论发展的强大推动力。无论是民主化的第一波、第二波，还是第三波，几乎每一波的出现都推动着新的民主转型理论的出现。2010 年以来的新一波民主转型国家的出现，以及这一波民主转型自身的特点，似乎也预示着新的民主转型理论的出现。笔者期待从对缅甸这个个案的研究中抽象出一般的转型理论，并用此来解释新一波转型国家的转型原因。

第三章 关于缅甸军人政权转型的定义、假设及解释

本章主要是对核心概念——缅甸军人政权转型、利益目标和保障条件——进行界定和定义，其后在理性的假定下建立一个对缅甸军政权拒绝或接受转型的根本原因的成本收益分析框架，解释利益目标改变的原因和保障条件完备的作用，继而对两个变量如何决定和影响缅甸军政权的转型做出说明，最后对主要变量间的逻辑关系进行澄清。

一 核心概念界定及操作化

（一）缅甸军人政权转型的定义

军人政体（military regime）是以军事手段控制政治、以军人统治和管理国家及社会的一种方式，从形态上说是军人以其政策和人员替代文官政府的政策和人员的一种政体。① 军人政权是指国家最高政治决定全部或主要由武装部队成员做出的政权类型。② 塞缪尔·E. 芬纳将军人政权分为间接军人政权、直接军人政权和双重军人政权。③ 军人政权研究属于政治发

---

① 陈明明：《所有的子弹都有归属——发展中国家军人政治研究》，天津人民出版社 2003 年版，第 16 页。
② ［英］戴维·米勒、韦农·波格丹诺主编：《布莱克维尔政治学百科全书》（修订版），邓正来等译，中国政法大学出版社 2002 年版，第 507 页。
③ Samuel Edward Finner, *The man on Horseback*: *The Role of the Military in Politics*, Penguin Books, 1975, pp. 119 – 167.

展或比较政治的范畴。① 军人政府（military government）侧重管理，军人政权侧重统治，但都是以军人为中心的一种政治体制。② 本书中军人政权和军人政府不做区分。

转型是指一个制度与另一个制度的过渡期。③ 一方面转型是威权主义制度开始解体才开始启动，另一方面则是以某种民主制度的建立，或以某种形式的威权统治的回归，或以革命的出现来界定。转型的一个特色是政治规则在当下是不确定的，不只是不断改变，而且还是一直被激烈地挑战；政治参与者们不但为了他们自己或支持者的眼前利益而尝试做出改变，更是为了能够赢得游戏规则而斗争；转型开始的一个典型标志是现任威权主义统治者必须为了个人与集体的权利提供更安全的保障，从而不得不修改他们自己定下的规矩。④

政权转型指从其中一种政权向另一种政权的转换过程。军人政权转型指军人政权以某种途径（或被迫或主动地）将掌握的权力部分或全部交还给文官政府的程序和过程。本书将1988年以来的缅甸政权分为如下四类（见图3—1）：

第一，"纯军人政权"。纯军人政权是指政府部门高层职位都由军官担任，且不是通过选举上台，而是通过军人政变等非选举手段上台。本书研究对象中符合这一类型的政权是苏貌军政权和丹瑞军政权。

第二，"军人为主—文官为辅政权"。这类政权可能是通过选举上台的，但在政府部门的高层官员大多是军官或是脱下军装的退役军人。本书研究对象中符合这一类型的政权是登盛政权。

第三，"文官为主—军人为辅政权"。这类政权是通过选举上台的，在政府部门的高层官员和议会的议员大部分是文官，但也有一部分是军官或者是脱下军装的退役军人。本书研究对象中符合这一类型的政权是昂山素季政权。

第四，"纯文官政权"。这类政权几乎所有政府高官及议会议员都是通

---

① 参见洪陆训《军事政治学——文武关系理论》，（台北）五南图书出版公司2005年版。
② 陈明明：《所有的子弹都有归属——发展中国家军人政治研究》，天津人民出版社2003年版，第2页。
③ ［美］吉列尔莫·奥唐奈、［意］菲利普·施密特：《威权统治的转型——关于不确定民主的试探性结论》，景威、柴绍锦译，新星出版社2012年版，第5页。
④ 同上书，第6页。

过选举产生的。本书的研究对象中目前还没有这一类型的政权。

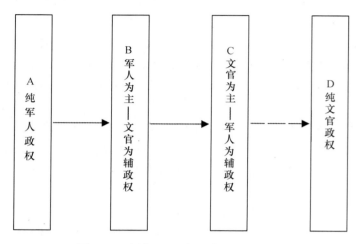

图3—1　缅甸1988年以来的政权类型

注：→表示已发生的转型；--►表示尚未发生的转型。

从"纯军人政权"转向"军人为主—文官为辅政权"（A→B）、从"军人为主—文官为辅政权"转到"文官为主—军人为辅政权"（B→C）、"文官为主—军人为辅政权"转型到"纯文官政权"（C→D），以及从"纯军人政权"直接过渡到"纯文官政权"（A→D），都属于军人政权转型的范畴。

严格来说，从文官政权向军人政权的逆向转型（威权回潮）也属于政权转型，但逆向转型不在本书研究范畴。由于本书的研究对象是缅甸军人政权的转型，从"文官为主—军人为辅政权"向"纯文官政权"转型还尚未发生，因此也不属于本书的研究范畴。本书主要集中研究"纯军人政权"转向"军人为主—文官为辅政权"（A→B）以及"军人为主—文官为辅政权"转向"文官为主—军人为辅政权"（B→C）的转型问题。

（二）利益目标的定义及操作化

《马克思恩格斯选集》将"利益"解释为与个人、集团或社会的需要相关联的好处，利益是人们通过社会关系表现出来的不同需要；人们处在不同性质的生产关系中，或在同一生产关系中处于不同的地位，就会形成不同的利益。利益在本质上属于社会关系范畴，由于人的需要是多方面的，因而有多种多样的利益。从不同的角度还可以对利益作不同的区分：从内容上划分，有物质利益和精神利益；从时间角度来区分，有长远利益和眼前利益等；从整体与局部的角度区分，有整体利益和局部利益；从范围上划分，有个人利益、集体利益和社会利益；从国家、民族、阶级和阶层的角度，又可划分为国家利益、民族利益、阶级利益和阶层利益等。①《马克思主义哲学全书》（下卷）将"利益"定义为社会主体为了维持自身的生存和发展，只有通过对社会劳动产品（即社会资源）的占有和享用才能实现，社会主体与社会劳动产品的这种对立统一关系就是利益。人们的社会地位和在生产关系体系中的地位决定了人们的利益及其满足程度。对利益的追求形成人们活动的动机。物质利益不仅是人们发展生产力的刺激因素，而且也是推动人们改造社会、改革同生产力发展要求不相适应的社会制度的直接动因。②

　　一般来说，能够满足人的物质或精神需要的都可以称为利益。机械唯物主义的利益观只强调利益的物质性，认为满足人类生存和发展的才是利益；唯心主义的利益观则只强调利益的精神性，认为满足人的欲望就是利益；这两种观点都是片面的，实际上人的需要有物质和精神两个方面。③

　　"目标"在动机心理学中指有机体所想达到的最终结果；由于目标能满足个体的需要，因而具有动机的性质，它能推动个体为实现目标而行动。④目标不同会引起行为的不同，目标按领域、内涵、功效、数值表现、特征等可分为多种类型。因领域的不同，可分为农业目标、工业目标等；因内涵不同，可分为生态目标、经济目标、社会目标；因功效不同，可分为效益目标、损耗目标等；因数值表现不同，可分为极大值目标、极小值目标、适中值目标等；因特征不同，可分为正极性目标、负极性目标等。⑤

---

① 《马克思恩格斯选集》（第3卷），人民出版社1995年版，第209页。
② 参见李怀春主编《马克思主义哲学全书》（下卷），中国人民大学出版社1996年版。
③ 阎学通：《中国国家利益分析》，天津人民出版社1996年版，第29页。
④ 车文博主编：《当代西方心理学新词典》，吉林人民出版社2001年版，第234页。
⑤ 萧浩辉主编：《决策科学辞典》，人民出版社1995年版，第359页。

目标是一种期望达到的最终目的或结果；它与人的需要及需要的满足相联系，既是行动的目的，又是成功的尺度；有意义的切实可行的目标是一种外在动力因素，起着激发人的动机、指导人的行为的作用，也可起着增强群体组织凝聚力的作用；它可以是外界的实在对象，如产量、质量指标，也可以是精神对象，如道德、思想水准等。①

本书所指的"利益目标"是指缅甸军政权为获得某种利益而确立的以对国家政权的控制或不控制的这种目标；对政权的控制根据程度的不同，分为完全控制、关键控制、放弃控制和失去控制四个类别。不同的利益目标能够激励或推动行为者采取不同的行动。为达成不同的利益目标，采取的手段和行为也不同，对权力使用的方式和手段也各不相同。对利益目标的操作化可以用权力进行衡量，对政权的控制程度可以用权力的使用方式来衡量。

而"权力"在《当代汉语词典》中的定义是政治上的强制力量，如国家权力，权力机关等及职责范围内的支配力量。"权力"在《社会科学大词典》中的定义是个人按照自己的意志或代表组织的意志去支配和控制他人的力量。"权力"在《现代经济词典》中的定义是一个人或一个组织因其特殊地位和职能而具有的对他人进行管理、支配、控制的强制力。还有学者将权力分为"专制权力"和"基础性权力"，前者与高压政治有关，后者指提供公共物品、照顾公共利益的能力；"好"的国家拥有基础性权力，"坏"的国家利用专制权力。② 罗伯特·基欧汉（Robert O. Keohane）和约瑟夫·奈（Joseph S. Nye）将"权力"定义为"促使其他行为体做出其原本不会去做的事情"③。

权力还可以按照类型分为政治权力、军事权力等。政治权力是"指某一个政治主体凭借一定的政治资源，为实现某种利益或原则而在实际的政治过程中体现出来的对一定政治客体的强制性的制约能力"④。比照政治权力的定义，军事权力是指某一政治主体凭借军事力量，为实现某种利益或

① 谢新观主编：《远距离开放教育词典》，中央广播电视大学出版社1999年版，第142—143页。
② 参见［英］迈克尔·曼《社会权力的来源》（第四卷），郭忠华等译，上海人民出版社2015年版。
③ ［美］罗伯特·基欧汉、约瑟夫·奈：《权力与相互依赖》，门洪华译，北京大学出版社2004年版，第12页。
④ 王沪宁：《政治的逻辑》，上海人民出版社1994年版，第221页。

原则而对政治客体采取的军事手段。

以权力的使用方式和类型来衡量对政权的控制程度，那么利益目标的四个取值的概念及其内涵分别如下：

第一，完全控制。完全控制是指军政权以对国家政权的完全控制为目标，完全控制目标是以绝对军事权力和绝对政治权力为手段，维持对国家政权的完全和绝对的控制，不允许反对派有任何的政治空间。

第二，关键控制。关键控制是指军政权以对国家政权的关键控制为目标，关键控制目标是以绝对的军事权力和部分的政治权力为手段，维持对国家的关键性领域或部门的控制，允许反对派存在一定或较大的政治空间，但军政权的权力相对反对派来说，能够形成较大影响和制衡。

第三，放弃控制。放弃控制是指军政权不动用军事权力和无政治权力，主动放弃对政权控制，完全交权给反对派。军政权的权力相对反对派来说不形成优势，且对国家政权的影响力很小，反对派则拥有全部的政治空间。

第四，失去控制。失去控制是指军政权被迫放弃对国家政权的控制，军政权被反对派或民众以革命的形式推翻。因此，失去对国家政权控制的军政权相对反对派来说无任何优势，相反还处于劣势之中，对国家政权的影响力最小，反对派有全部的政治空间。

由于放弃控制和失去控制这两种情况在本书研究的对象中并不存在，因此本书主要研究完全控制和关键控制这两种情况。具体而言，本书所指的利益目标的改变主要是指缅甸军政权从追求对政权的完全控制为目标到以追求对政权的关键控制为目标的转变。

（三）保障条件的定义及操作化

保障条件是指在权力交换过程中为降低不确定的转型风险而采取的相应保障措施或条件，主要通过制度、组织和维持军事暴力控制，实现对转型风险的逐级保障。

道格拉斯·诺斯等学者（Douglass C. North）提出人类历史上曾存在三种社会秩序：原始社会秩序（the primitive social order）、限制介入社会秩序（the limited access order）和开放介入社会秩序（the open access order）。① 演化的关键一环是从限制介入状态（自然国家）向开放介入状态的跃迁，道格拉斯·诺斯等学者据此提出了实现这种转型所需要的三个门槛条件（three doorstep conditions）：一是精英的治理法则在精英阶层中实行法治；二是持久的社会组织形式，建立包括国家在内的一些精英组织的恒存体制，创生出非人际关系化交易；三是政治对军队的控制。②

伴随着以上"三个门槛条件"的形成，社会中逐渐形成了基于精英身份认同的非个人社会化关系网络，并以持续的社会组织形式为承载，以垄断性的军事力量为社会保障，最终演化为成熟的自然国家，并为向开放介入秩序的转型做好了制度上的准备；伴随着社会的进一步发展，基于非个人的社会关系网络逐渐向全社会扩散，通过持久的社会组织的发展形成了全社会性的社会资源交互整合的竞争性使用机制；在统一军事力量的保证下实现了这些条件之后，精英阶层在总体上获益的前提下逐渐克服自然国家的自我设限性质，逐步扩大政治与经济通路；之后社会才能逐渐实现制度变迁，走向开放介入社会。③

本书提出的保障条件，即制度、组织和军事力量就是受到诺斯等提出的这"三个门槛条件"的概念的启发。本书所涉及的制度、组织和军事力量的定义和操作化的内容如下：

第一，制度的定义及操作化。道格拉斯·诺斯将制度分为正式制度和非正式制度，制度是一系列被制定出来的规则、守法程序和行为的道德伦理规范，它们旨在约束追求自身福利或效用极大化的个人行为。阿夫纳·

---

① See D. C. North, J. J. Wallis, and B. R. Weingast, *Violence and social orders：A conceptual framework for interpreting recorded human history*, Cambridge：Cambridge University Press, 2009；D. C. North, J. J. Wallis, S. B. Webb, and B. R. Weingast, Limited Access Order in the Developing World：A New Approach to the Problems of Development, Policy Research Working Paper 4359, Washington, DC World Bank, Independent Evaluation Group, Country Relations Div. 2007；D. C North, J. J Wallis, and B. R. Weingast, "Violence and the Rise of Open-Access Order", *Journal of Democracy*, Vol. 20, No. 1, 2009. 道格拉斯·诺斯等描述的原始社会秩序是人类以狩猎、捕鱼和采集野生食物为生阶段的早期社会，有限介入社会秩序社会已存在一万多年，目前世界大多数国家仍处于此阶段，至今只有少数国家发展到了开放介入社会秩序，与这种社会相匹配的政制形式是一种稳定的宪政民主政体，接近一种宪政国。

② 何哲：《从诺斯的"开放介入社会"理论到"中国特色社会主义民主"》，《马克思主义与现实》2011年第2期。

③ 同上。

格雷夫（Avner Greif）将制度看作一个系统，他认为制度是规则、信念、规范和组织共同作用并导致（社会）行为秩序产生的一个系统；规则、信念、规范和组织都是制度的要素，这些要素外生地影响人们的行为，激励、引导并促使人们根据社会情景采取某一行为，并产生行为秩序。①

制度是指一套精英的治理法则，精英治理法则的建立是指在政治形式的发展中自然状态下的社会逐渐形成了一种基于精英阶层认同的社会规范。② 韦伯认为组织的合法性可以由两个途径来维持：首先是惯例和习惯，其次是法律，"对特定社会团体的偏差行为能做出整体的、具有实际意义的、反对的反应，规则体系也因此得到保障，从这一意义上说，这一规则体系就可以称之为惯例，当遵守和服从得到维护——通过对偏差行为的肉体和精神惩罚，以强迫人们遵守和服从，并由被赋予了权力来承担这一功能的组织负责实施时，这一规则就可以称之为法律"③。宪法代表了建立一套单一的、凌驾于一切之上的"元规则"的努力，它可以聚合这些局部体制，为其分派任务，并在中间强制规定一种等级关系，从而也就没有出现对现有秩序提出挑战的力量。④ 因为宪法是"基于角色与场景相互关系，规范适当行为的相关规则惯例的集合"⑤。本书制度的操作化指标是指宪法。

第二，组织的定义及操作化。诺斯认为人们是在既有的约束条件下所决定的机会集合下有目的地创立组织的，组织是指拥有持久的社会组织形式，包括国家本身、次国家行为体、政党等，社会组织的发展使其逐渐由基于个人关系的社会组织形式，转变为基于非个人的持久社会组织形式，进一步为这种关系网络形成打下基础，并最终演化为承载这一关系的载体——如政党和国家，确保一个现代性政权的合理和可能的社会组织形式

① ［美］阿夫纳·格雷夫：《大裂变：中世纪贸易制度比较和西方的兴起》，郑江淮译，中信出版社2008年版，第22页。

② 何哲：《从诺斯的"开放介入社会"理论到"中国特色社会主义民主"》，《马克思主义与现实》2011年第2期。

③ See Robert W. Jackman, *Power without Force: The Political Capacity of Nation-States*, Ann Arbor: Michigan University Press, 1993.

④ 欧阳景根：《民主转型与巩固：民主化理论模式的评析与民主巩固的序列分析模式建构》，《比较政治学研究》2012年第1期。

⑤ James G. March and Johan P. Olsen, "The New Institutionalism: Organizational Factors in Political Life", *American Political Science Review*, Vol. 78, No. 3, September, 1984, pp. 734 – 749.

是政党，最高级的社会组织形式是国家。① 本书所指的社会组织操作化指标是政党。

第三，军事力量的定义及操作化。军事保障是对军事力量和暴力机构的垄断性控制。"暴力在人类发展的初期是争夺社会资源的主要竞争手段，但暴力手段不利于社会资源更大程度地利用与整合，原始的自然国家在对暴力的控制中逐渐形成，对军事力量这一暴力的最集中载体和手段的稳固控制，不仅是实现竞争性社会机制的强有力的保障，还进一步削弱了潜在社会暴力出现的可能，从而强化了精英阶层对社会的统治。"② 本书的军事力量的操作化指标是指军队。

二　理性的假定与成本收益分析

（一）理性的假定

一个理论框架的设立，先要确定基本的假定。肯尼思·华尔兹认为几乎所有的理论都要设定前提假定。③ 科学研究中，包括两种假定：一种是技术性假定，一种是命题性假定。技术性假定是研究者为了降低理论分析的复杂程度而做出的某种简化假定（比如国家是理性行为体）；技术性假定无须真实，其是否真实不影响理论推论的正确与否，只会影响理论逻辑推断的复杂程度；命题性假定则是一种判断式的假定，作为后续理论的建构前提，命题性假定需尽量真实，其真实与否将影响后续理论逻辑的正确性，这类假定要么是已被前人的研究所证明，要么有明显的经验事实作为

---

① 何哲：《从诺斯的"开放介入社会"理论到"中国特色社会主义民主"》，《马克思主义与现实》2011 年第 2 期。

② 同上。还可参见 D. C. North, J. J. Wallis, and B. R. Weingast, *Violence and social orders: A conceptual framework for interpreting recorded human history*, Cambridge: Cambridge University Press, 2009; D. C. North, J. J. Wallis, and B. R. Weingast, "Violence and the Rise of Open-Access Order", *Journal of Democracy*, Vol. 20, No. 1, 2009。

③ ［美］肯尼思·华尔兹：《国际政治理论》，信强译，上海世纪出版集团 2003 年版，第 14、156 页。

支撑，否则由其所推断出来的理论观点的正确性就会受到怀疑。① 肯尼思·华尔兹认为假定无所谓真实或虚假，假定因理论的成功而彰显其作用。②

　　当代比较政治中的三大研究范式即理性主义、文化主义和结构主义。③在国际关系研究中，有将国家视为单一行为体的技术性假定。本书主要采取理性主义研究范式，将缅甸军人政权假定为一个单一的理性行为体，将军人政权内部作"黑箱化"处理，即将其作为一个集体的理性行为体，形成统一的集体理性。这一技术性假定不会对结论是否正确产生影响，只会影响理论分析的复杂程度。如果不接受军人政权是单一行为体的假定而打开军人政权内部的"黑箱"，那么就要分析次军人集团之间或军人个人之间的互动及其互动结果。我们知道缅甸军人政权这个单一行为体的假定不是真实的，但是如果不接受这个假定，而把其他次军人团体行为体或军人个人考虑在内，会影响逻辑推理的复杂程度。

　　理性（rationality）一词意味着能够对可知的行为所可能产生的结果以一种具有一致性的方式进行排序，即他们拥有具有完全性和传递性的偏好。④ 理性是指行为者对政策进行成本收益分析，追求利益最大化和成本最小化，并依据成本收益分析对选择进行排序，选择出最优的选项。⑤ 理性假定是指博弈者能够正确计算出各种不同行为组合所带来的不同结局，

①　周建仁：《共同威胁存在情况下弱国为什么退出同盟?》，博士学位论文，清华大学，2014 年，第 40—42 页。

②　同上书，第 40 页。

③　文化主义认为文化群体是构成世界的基本因素，它探讨主体间的和超个体的规范，认为同一群体的成员拥有共同的观念、倾向或看待世界的方式。文化主义主要进行案例研究，认为案例是独特的，个案的特征是由历史偶然性所决定的，个体发展基本上是由不断发生的历史偶然事件所决定的；结构主义研究不同结构之间的联系和互动，关注个体、集体、制度及组织间的关系。结构主义认为，只有当某个事物与其他事物相联系，并且是某个结构中的一部分时，人们才能了解这个事物。结构主义是从人们之间的政治、社会和经济关系来进行观察的。结构主义把结构作为行动的决定因素，结构主义通过把社会结构模式化来观察各结构之间的异同，据此把这些结构模式划分为不同的种类，从而使我们可以对这些特定的结构种类进行分析和概括。结构主义处于理性主义的普遍主义和文化主义的特殊主义之间。它的分析单位通常处于全体与个体、一般与特殊之间，是通过将个案划分为不同的种类并建立起分类框架来达到概括目的的。参见李路曲、杜雁军《比较政治研究中三大范式的兼容趋势评析》，《天津社会科学》2014 年第 6 期。

④　周方银：《国际规范的演化》，博士学位论文，清华大学，2006 年，第 20 页。

⑤　李彬：《军备控制理论与分析》，国防工业出版社 2006 年版，第 26—37 页。

并总是采用效用最大化的行为。① 理性行为体的假定是以个人理性的自利特征为研究集体行动的出发点，强调个人偏好和利益的不一致，并以经济方法分析政治对象和政治过程。理性选择强调对政治结果起决定作用的策略性行为。

理性主义的本体是个体，它认为世界是由个体构成，只有个体行动者才能选择、认知和学习，离开个体，集体就无所适从；理性主义本体论描述了一个由理性的个体与经常非理性的集体组成的世界，即对个体利益的理性追求导致了非常普遍的非理性社会后果；从方法论来看，理性主义企图根据理性及利益来解释所有的行动，其所有推论几乎都基于同一个理性假设，即个体对自身利益最大化的永恒诉求，它认为行为体行为的主要依据和目的是实现自身利益的最大化；相应地，个体行为体的政治行为也可追溯至其对自身利益的追求，理性主义方法论视个体为理智的思考者，将人们的爱好与信念植根于物质世界，将行动者作为思想实验的实施者。②

"理性选择理论采纳了经济学的理性人假定和演绎的方法，将集体行为当成是个体行为的加总，个体行为的动机是自私的（实现自身效用最大化），这派理论强调人与人之间的策略互动，认为政治就是理性人之间的博弈。"③ 这一假定认为政治领域就是市场，政治过程和经济过程一样，其基础是交易动机、交易行为，政治行为者都有一套固定的偏好或口味，行为是偏好最大化的工具。④ 理性行为意味着选择最好的手段，以实现预先确定的目标。因此，理性行为是目标导向的行为，行为者总是试图实现更好的结果。⑤

① 曹金绪：《实力与决心的较量——三方不对称军事威慑博弈分析》，《国际政治科学》2013 年第 2 期。
② 李路曲、杜雁军：《比较政治研究中三大范式的兼容趋势评析》，《天津社会科学》2014 年第 6 期。
③ 陈刚：《个案研究在比较政治中的应用及其意义》，《社会科学战线》2014 年第 5 期。
④ 王菁：《西方民主巩固理论研究》，新华出版社 2012 年版，第 80—83 页。
⑤ Dvid A. Lake and Robert Powell, "International Relations: A Strategic-Choice Approach", in Dvid A. Lake and Robert Powell ed., *Strategic-Choice and International Relations*, Princeton: Princeton University Press, 1994, pp. 7, 17 – 19.

（二） 成本收益分析

成本收益分析方法是典型的从经济学借鉴而来的分析方法；这种方法的基本原理是实现国家利益是国家对外政策的基本原则，对外政策制定要遵循减少最少的国家资源消耗而最大限度地实现国家利益的原则，这种方法强调政策成本和政策收益目标之间的相对获益关系。①

国家利益是多方面的。实现某种国家利益必然要以付出其他方面的利益为代价；任何政策的实施都必然有一定的代价；这种代价可能是经济的，可能是政治的，也可能是安全的；只要实施某种政策的代价小于政策目标所获得的收益，这种政策就具有合理性。②

成本收益分析方法通俗地表述就是"两利相权取其大，两害相衡取其轻"，即一国对外决策遵循用最少的国家资源实现最大的国家利益这个原则；这种方法强调政策成本与国家利益目标之间的比较关系，只有当实施政策的成本小于政策目标收益时这种政策才是合理的。因此，根据利益目标的大小，就可以大致估计该国为实现目标所能承担的政策成本。③ 成本收益分析方法同样适用于分析缅甸国内的政治转型行为。

对于行为者来说，在选择对于自身有利的策略时需要了解不同利益的层次关系，因为在绝大多数情况下每项具体策略选择的影响都有正负两个方面；行为者在做决策时，只有判断了不同利益的效用大小之后才能制定出利于大利益而放弃或牺牲小利益的决策。④ 在经济学中，收益和成本体现在数字上，而政治学中则难以用确切的数字进行量化。由于利益属于社会范畴，对其衡量非常困难，采用效用指数的方法对利益进行比较、判断和衡量是一种具有可操作性的方法，效用分析是一种灰色分析法，它以模糊的数量关系对非量化性事物进行量化分析，而为感性判断事物提供一个

① 阎学通、孙学峰：《国际关系研究实用方法》，人民出版社 2007 年版，第 160 页。

② 同上。

③ 阎学通、阎梁：《国际关系分析》，北京大学出版社 2008 年版，第 141 页。

④ 阎学通：《国际政治与中国》，北京大学出版社 2005 年版，第 87 页。

判断标准。①

　　在经济学中，净收益也叫净利润，是指在利润总额中按规定交纳了所得税以后公司的利润留存，一般也称为税后利润或净收入。如果借鉴净收益的概念，将其运用到本书的分析中，那么净收益就是指所有收益减去所花成本，用公式表示为：净收益 = 收益 – 成本。

三　研究假设及主要变量

（一）研究假设

　　在政治学研究领域，任何一种现象的产生绝大多数情况下都是多种因素影响的结果，单一因素影响的情况极少。如果进行多变量分析甚至是全变量的分析，其好处是极其完整，没有任何缺陷，但缺点是不知道具体是哪一个或几个因素起决定性作用。显然，如果我们对所有产生影响的原因都进行研究，不仅难以具体操作，而且学术意义有限，这无助于我们认识现象的真正因果关系和其背后的本质逻辑。反过来，如果我们只进行单变量的分析，也面临较大的解释局限和逻辑漏洞。因此，在选择研究变量（自变量）时要根据研究问题控制在一个合适的度上，从而对那些我们认为重要的、关键性的因素或变量进行系统性研究，而找到重要的、关键性的变量的方法就需要进行变量控制，以排除那些竞争性变量。

　　本书的分析是以利益目标和保障条件为自变量的双变量分析。利益目标的取值有：对政权的完全控制、对政权的关键控制及放弃对政权的控制，被革命推翻而失去控制。本书主要研究从完全控制到关键控制的情形。保障条件的变量值有：不完备和完备。其中，保障条件的完备是指三项保障条件全部具备和满足的情况，缺失一个或两个条件的情况，其保障条件都是不完备的。变量关系和研究假设如表3—1所示。

---

① 阎学通：《中国国家利益分析》，天津人民出版社1996年版，第2页。

表 3—1　　　　　　　　　　变量关系与研究假设

		利益目标	
		改变	不变
保障条件	完备	转型	拒绝转型
	不完备	拒绝转型	拒绝转型

（二）利益目标改变的原因

第一，军人精英内部的社会成分、文化素质和政治意识形态的变化使得军人内部对利益目标的认识发生了改变。

"二战"结束后，发展中国家的军人政权的特征集中体现出这个阶段的时代特点。一是精英的意识形态。精英的意识形态主要由相互关联的民族主义、发展主义和专家治国论组成。其中，民族主义成了军人政权的合法性基础，加快经济的发展是军人巩固其合法性的重要手段，行政官僚、技术官僚与军人共同组成了精英决策阶层。二是军人精英的动员手段。发展中国家的军人政权建立的新政治体制一般表现为一党动员体制，军人虽然希望通过建立非政治性、非党派的全国性协会等组织去动员大众去实现国家的发展目标，但在实际过程中，军人精英大多建立了某种形式的政党组织。三是军人政权的决策过程。军人政权的决策主要掌握在军人精英手中，军人组织的政党虽然对决策有一定的参与，但它主要是一种贯彻军人精英意志的工具，为了保证决策的有效和可靠，军人精英集团日益依赖并强化领袖的智慧、道德能力以及其他天赋，因而又使精英决策过程具有强烈的人格化特征。四是精英的维持机制。军人精英常利用其直接控制暴力和其专业化水平高、团队精神强和内部联络方便的优势地位来促使其统治长久化，同时强调军人在意识形态中的合法地位。[1]

随着形势的发展，军人集团内部发生着深刻的变化，这种变化表现在三个方面：其一，军人社会成分的变化，部分军人出身于下层社会，军人社会成分的平民化使军人对社会变革运动有了一种亲和力；其二，军人总体素质的变化，即随着经济与社会的发展，军人的教育受到重视，他们除

---

[1]　陈明明：《所有的子弹都有归属——发展中国家军人政治研究》，天津人民出版社 2003 年版，第 39 页。

了学习军事课程外，也研究各种政治、经济和社会学说，探讨各种发展理论，加深了对国内外形势的了解，军人总体素质的提高使军人不同程度地具有了参政的能力；其三，军人政治意识的变化，军人在学习理论和执行任务中不断接触本国实际和外部情况，对于发展民族经济，进行社会革新的必要性有了更深入的认识。①

第二，全球化的发展，国际国内环境的日益开放，军人独裁统治时间的延长，导致军政权的统治成本加大，因而需要对利益目标进行调整，以适应全球化和开放的社会现实需要。

由于社会资源的有限性和排他性，对社会资源的占有成为人们获取自身利益的手段，军人们也不例外。权力是实现占有社会资源的直接途径，军人们不断通过权力追求更大的利益。然而，随着全球化的发展、环境的逐渐开放、信息的扩散速度和能力加强，以及军人独裁统治时间的延长，使得军人政治精英们维持统治的成本越来越高，其维护自身利益的方式和手段也需要相应地发生变化。

第三，军事暴力的作用和使用的局限性，网络发展、全球化加速以及跨国社会组织的"推波助澜"，使得军政府的部分权力向社会分散和转移，军人维持权力的手段不得不进行改进和升级。

把权力静态、封闭、孤立地理解为国家拥有的领土内的重要资源已经落后于当今世界的国际关系实践。② 权力具有目标和手段的双重性质，在不同时代权力争夺的重点内容不同。③ 推及一国国内的政治实践，仅仅将权力理解为军事等硬权力也难以解释复杂的国内政治。全球化加速和网络的发展，以及各种跨国社会组织推动着全球社会的互相联系，更加速了权力的分散和转换，使得权力向社会分散和转移成为一种趋势，这是人类政治权力运行的必然规律，也是社会发展规律的体现，④ 想要避免和阻止这样的权力转移已经很困难。

① 陈明明：《所有的子弹都有归属——发展中国家军人政治研究》，天津人民出版社2003年版，第184—186页。
② 庞洵、权家运：《回归权力的关系语境——国家社会性权力的网络分析与测量》，《世界经济与政治》2015年第6期。
③ 阎学通、阎梁：《国际关系分析》，北京大学出版社2008年版，第86—87页。
④ 刘建华：《论网络社会的政治权力转移》，《广西师范大学学报》（哲学社会科学版）2012年第3期。

"社会经济与政治制度的进一步发展和信息流通速度加快，原有的对社会资源的垄断性控制方式已难以满足社会经济发展的需求，对社会资源的单一垄断更难以满足实际治理的需要，统治阶层不得不考虑扩大统治范围与基础，将这种对社会资源的垄断性机制让渡为一种相对公开、公平和公正的竞争性社会资源使用机制，这就进一步导致了权力的分散。"①

单独地以以往那种通过暴力和强制手段为主的硬权力所能发挥作用的空间正在变小，一种通过劝诱和引导软权力的作用逐渐变大。② 尤其是网络技术的发展和网络社会的出现，只要占有知识、把握信息、适时转变观念并把这一观念落实到具体行动中，人们不仅能够分享权力而且也能够获得权力。③ 这打破了权力持有者对信息的垄断，高度集中的金字塔式纵向权力结构在横向信息传播的影响下转向扁平式网络结构，让位于分权和民主；在权力决策上，占主导的不再是服从和依附，而是互动和共享；信息传播的网络化和全球化使得任何意义上通过封锁信息、控制信息去压制民主和民意，企图通过强硬手段去控制和统治的行为失败的可能性增大。④ 以暴力统治为主要内容的硬权力使用面临着更多的挑战和困难。

硬权力以物质力量为体现，军事力量和经济力量是典型手段。硬权力运作以迫使他者做某事，体现为命令与威胁而让人服从，但长远来看持久性较差。从当今社会发展来看，军方依靠直接掌握和控制的军事暴力为主的硬权力来维持统治，以及采用极权主义式的行政命令和强制控制的方法无法持久地维护军人的统治地位。与硬权力相比，软权力具有非强制性、开放性、非物质性和无形性等特征，随着信息革命的到来，软权力通过吸引和劝服而非强制和收买来获得满意结果的能力在国际政治中的作用越发重要。⑤ 软权力与无形的权力资源，比如文化、意识形

① 何哲：《从诺斯的"开放介入社会"理论到"中国特色社会主义民主"》，《马克思主义与现实》2011 年第 2 期。

② 刘建华：《论网络社会的政治权力转移》，《广西师范大学学报》（哲学社会科学版）2012 年第 3 期。

③ 同上。

④ ［美］约瑟夫·奈：《信息革命与软权力》，张建国、李雪晴译，《国外社会科学文摘》2014 年第 10 期。

⑤ 同上。

态、制度联系在一起，① 制度、价值观、文化和政策是产生软实力的主要资源。②

军政权如果不能具备更多与社会对话的软权力，将是一个缺少信任、缺少吸引力的政府，不仅无法较好地统治社会，还会导致失去治理的正当性和合法性，从而导致政治危机。因此，仅仅依靠强硬手段来压制不满情绪，在长远来看，社会不会因此而屈服。相反，这种手段使用过多反而产生"自杀伤"效果。软权力和硬权力一样，是统治的必不可少的手段，两者结合能够降低治理成本，是统治利益以持续存在和提升的重要保障。

综上所述，当前无论是国内社会，还是国际社会，无不发生着巨大的改变。如果维护利益的手段不进行升级，那么就无法在国内和国际发展的社会中维护其利益，也无法在变迁的政治体制下持续而长久地获利。对于缅甸军政权而言，在维持完全控制目标的预期收益不变的情况下，随着军事独裁统治时间的延长和时代环境的逐渐开放以及信息的自由流通速度的加快，缅甸军政权的统治将面临更大统治成本的挑战。要降低统治成本，获得更大收益，必须改变之前的追求对国家政权完全控制的目标，这将是一种合理的、理性的选择。缅甸军政权利益目标改变的原因如图3—2所示。

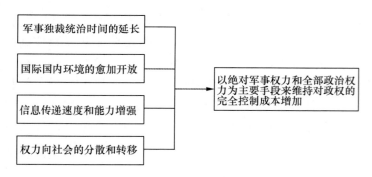

图3—2　缅甸军政权利益目标改变的原因

① Joseph S. Nye, Jr., "Soft Power", *Foreign Policy*, No. 80, Twentieth Anniversary 1990, pp. 166 – 167.

② Joseph S. Nye, Jr., *Soft Power: The Means to Success in World Politics*, New York: Public Affairs, 2004, pp. 5 – 8.

（三）保障条件完备的作用

芬兰学者塔图·温汉南（Tatu Vanhanen）引入达尔文的进化论原则来解释政治和政治结构的演进，认为任何物种都有很强的繁殖能力，而自然资源是有限的，基本上是一个固定量。因此，为生存而进行的斗争是不可避免的，政治就是人类这一物种竞争稀缺资源的特有方式，人们夺取权力的目的是利用权力获得生存资源，当然随着人类社会的发展，生存资源的范畴已经不仅仅局限于物质性资源，而与生存相关的制度性资源和社会性资源也越来越重要。① 社会资源（物质、权力等）具有稀缺性使得行为者各方都为了获取这种社会资源利益而展开博弈，由于社会资源在总量上是有限的，一方的获得意味着另一方的失去，具有使用的排他性，因而竞争激烈。

保障条件就是在军政权转型过程中，保障其调整利益目标时，控制不确定的转型风险而采取相应保障性措施。缅甸军政权利益目标从完全控制到关键控制目标的转变需要三个保障措施，这三个保障条件的作用和特点分别是：

第一，制度保障的作用是降低军政权转型过程中的风险，提高整个转型过程的可控性。在民主政治体制下，制度保障的特点是保障能力较强，制度一旦建立其修改需要符合一定的法律程序。因此，整体上制度保障对转型的抗风险能力较强。

制度分为正式制度和非正式制度，正式制度主要是指宪法、法律规范等，非正式制度主要指行为的习惯性规则、社会关系或规范。② 不同级别的规则——宪法、成文法、基本法结合在一起，界定了存在于特定交换中的正式权利结构。③ 制度是一个社会博弈的规则，它们是人为设计的、形

---

① Tatu Vanhanen, *Prospects of Democracy：A Study of 172 Countries*, London/New York：Routledge, 1997, pp. 22 – 25.
② 崔宝敏：《制度变迁：理论与经验——基于诺斯与格雷夫的比较分析视角》，《经济与管理评论》2014 年第 2 期。
③ ［美］道格拉斯·诺斯：《制度、制度变迁与经济绩效》，杭行译，上海格致出版社、上海三联书店、上海人民出版社 2014 年版，第 3 页。

塑人们互动关系的约束。① 制度作为一种秩序，其主要功能就是约束人们的行为和确保合理的预期，降低个人活动的风险。制度构造了人们在政治、社会或经济领域里交换的激励。② "政治制度，无论是正规的或是非正规的，可以为演进性变迁提供一个周密的框架，如果这一制度框架没有演进，参与交易的双方就没有一个解决争端的框架，从交易中获取潜在收益的目的就无法实现。"③

制度通过妥协和协商而建立，意味着权力的部分分散或分享得到一个大家都共同接受的制度性安排。④ "妥协必须是一种预先确保各种利益集团特殊利益实现可能性的制度，如果和平的民主转型是可能的，那么它首先必须解决的问题就是，在不威胁那些可以改变民主转型过程的利益集团的利益前提下，如何解决政治走向不确定性的制度化，其方法就是民主化的制度性妥协。"⑤

制度在社会中的主要作用是通过建立一个人民互动的稳定结构来减少不确定性。制度能够降低转型风险和提高可控性。制度还规范和保证精英阶层内部成员受到公开、公平和公正的对待。由于人的认知水平的有限性和市场面临的种种不确定性，要消除信息不完全以及市场不确定需要借助规范和正规的制度，制度的功能就是减少交易成本，可以说人类社会的一切制度都旨在应付不确定性。⑥

制度为有限理性设定了条件，是规则和动机的集合。制度因此而形成一个政治空间，那些相互依存的政治行动者在这一政治空间内发挥作用。⑦

---

① D. C. North, *Institutions*, *Institutional Change*, *and Economic Performance*, Cambridge/New York：Cambridge University Press, 1990, p. 1.

② ［美］道格拉斯·诺斯：《制度、制度变迁与经济绩效》，杭行译，上海格致出版社、上海三联书店、上海人民出版社2014年版，第6页。

③ ［美］道格拉斯·诺斯：《制度、制度变迁与经济绩效》，刘守英译，上海格致出版社2008年版，第120页。

④ 刘文沛：《制度设计与民主转型的理论分析》，《理论界》2011年第5期。

⑤ Adam Przeworski, "Some problems in the Study of the Transition to Democracy", in Guillermo O' Donnell, Philippe C. Schmitter and Laurence Whitehead, edited, *Transitions from Authoritarian Rule：Comparative Perspective*, Baltimore：The Johns Hopkins University Press, 1986, p. 60.

⑥ 崔宝敏：《制度变迁：理论与经验——基于诺斯与格雷夫的比较分析视角》，《经济与管理评论》2014年第2期。

⑦ ［美］B. 盖伊·彼得斯：《政治科学中的制度理论："新制度主义"》，王向民等译，上海人民出版社2011年版，第47页。

制度防范机会主义行为，避免集体不理性和促进效率。①

第二，组织保障的作用主要为军政权在转型后的民主政治新秩序下提供参与民主政治运行规则的政治组织。组织保障的灵活性较大，保障能力一般，因为组织本身可能会变强，也可能会变弱。因此，整体上组织保障对转型的抗风险能力居中。

组织是为人们互相交往提供某种结构，为达到某种目标并受到共同目的约束的团队。② 规则的目的是确定比赛的进行方式，而"参赛队"的组织的目标是要在这套规则下赢得比赛。③ 持久的社会组织发展使得社会组织逐渐由基于个人关系（血缘、氏族、友情、地域等）的社会组织形式转变为基于非个人依赖的持久性社会组织形式。持久的含义是组织的存在时间上超过组织创建者本身的生命周期。这种不依赖于个人存在的社会组织形式进一步为非个人的社会关系网络的形成打下基础并最终演化为承载非个人社会关系网络的载体，作为最高级的社会组织形式，稳定持久的国家的出现是进一步实现制度跃迁的重要因素和保证。④

第三，军事保障作用是为军政权转型过程和转型后维持其核心利益提供最强有力军事暴力保障。军事保障的优点是保障能力强，因为军事力量是暴力使用最集中的载体和手段；对军事暴力的稳固控制是实现竞争性社会机制的保障，是强化精英阶层对社会统治的基础，还能进一步削弱潜在的社会暴力。⑤ 军事暴力是最后的"保险"，但军事暴力使用的缺点是灵活性差。现代社会的发展和国际社会的压力使得使用军事暴力手段需要极其谨慎，且不能过于频繁，否则会产生"自杀式"效应，引起社会强烈的反抗和反弹。整体上，军事保障对转型的抗风险能力最强。

组织保障、制度保障和军事保障在政治转型中的抗风险能力方面各有优点和缺陷。三者同时具备能够互为补充，发挥三者最大的作用，从而极大降低转型的风险；若三者缺一或二会使得其抗风险大能力打折扣，能力

① ［美］罗伯特·H. 贝茨：《超越市场奇迹——肯尼亚农业发展的政治经济学》，刘骥、高飞译，吉林出版集团有限责任公司 2009 年版，第 133 页。
② ［美］道格拉斯·诺斯：《制度、制度变迁与经济绩效》，杭行译，上海格致出版社、上海三联书店、上海人民出版社 2014 年版，第 5 页。
③ 同上。
④ 何哲：《从诺斯的"开放介入社会"理论到"中国特色社会主义民主"》，《马克思主义与现实》2011 年第 2 期。
⑤ 同上。

减弱。具体来看，制度的优点是保障能力较强，而且有一定的灵活性，整体抗风险能力较强；对于组织来说，组织的保障能力一般，灵活性大，抗风险能力一般。因此，如果三者同时具备，互为补充和强化，则能够使得保障能力提升到最高，灵活性提升到最强，从而使得整体的抗风险能力最为强大。军事、制度和组织保障与抗风险能力如表3—2所示。

表3—2 　　　　　　　　保障条件与政权转型的抗风险能力

保障条件	保障能力	灵活性	抗风险能力
军事保障	强	小	强
制度保障	较强	一般	较强
组织保障	一般	较大	一般
三项结合	最好	互补	最强

综上所述，缅甸军政权为确保利益目标从完全控制转为关键控制过程中获得最大的收益，军人精英们通常会采取各种措施和保障条件以确保自身获得的收益大、付出的成本小，确保转型方向能够按照军方设定的利益目标进行。这些保障措施或条件互为补充，为政权的关键控制有效地规避了风险和成本。

四　关于主要变量逻辑关系的解释

在塞缪尔·E.芬纳的"动机—条件"分析和亨廷顿的"出路保障"分析及达龙·阿塞莫格鲁和詹姆士·罗宾逊的"成本收益"分析框架的启发下，特别是在道格拉斯·诺斯等学者关于从"有限通路社会"到"开放通路社会"转型的"三个门槛条件"学说（"精英阶层内部实现法治""精英阶层出现永久性组织"和"实现政治对军队控制"）的启发下，本书提出利益目标的改变和保障条件的完备是缅甸军人政权选择放松对权力控制从而实现政权转型的根本原因。

第一，不同利益目标下，预期的净收益不同，关键控制目标下所获得的预期净收益最大。由于缅甸所面临的国际环境和区域环境，以及缅甸国内环境，都从原来的封闭走向半开放和较开放的环境，所以这就意味着缅甸军人政权维持原有的以硬权力为主的完全控制变得更加困难。军人政权从追求利用绝对的军事权力和全部的政治权力对国家政权进行完全控制，转变为追求利用绝对军事权力和一定政治权力（让渡部分政治空间给社会）对国家政权进行关键控制。关键控制更加适应时代的需要，符合自身利益诉求，面临的统治压力和统治成本更小，获得的统治收益更大。

　　以完全控制为目标，虽然军人统治集团所获得的收益很大，但是相应付出的成本却巨大，预期净收益较低；以主动放弃政权为目标，虽然风险极低，但相应的收益为零，甚至为负，预期净收益最低；以关键性控制为目标，虽然反对派有一定的政治空间，但军人能够维持对反对派的优势地位，同时释放了反对派和社会的压力，增加了政权的合法性和减轻了外部压力，增加了道义收益，预期净收益最高。这四种不同利益目标的成本与收益及预期净收益，如图3—3所示。

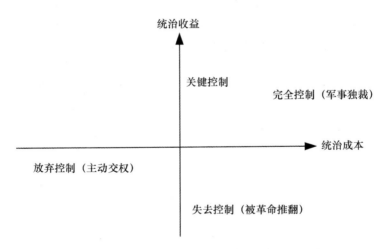

图3—3　缅甸军政权不同利益目标的成本与收益

　　第二，保障条件完备能够规避转型风险。虽然缅甸军政权开启转型的动力源于利益目标的改变，军政权通过让渡一部分政治利益和经济利益给反对派和民众，以达到保持和扩大其利益稳定性、可持续性和可提升性的目的。但在政权转型过程中，会面临政权控制不力以及其他不可控风险，利益的扩大和可持续性也不会轻而易举就能够达到。因此，在转型过程中，成功的政权转型需要有必要的保障条件——军事保障、制度保障和组织保障——来规避转型风险。

军事保障的优点是保障能力强，缺点是灵活性差，使用不能过于频繁，整体来说抗风险能力强；制度保障的优点是保障能力较强，有一定灵活性，整体抗风险能力较强；组织保障的能力一般，灵活性大，整体抗风险能力一般。三者互有优点和缺陷，因此只有三者同时具备，互为补充，才能使得保障能力提升到最高，灵活性提升到最强，从而使得整体的抗风险能力最强。三个保障条件全部具备才能保障转型中以关键控制为目标所获得的预期净收益大于维持军人对政权完全控制的净收益。三项保障条件的完备才可能使缅甸军政权将关键控制的目标变为政治现实。

综上所述，缅甸军政权的目标从追求完全控制转变到追求关键控制。相对于维持完全控制或不控制，关键控制能够使得军政权获得最大的净收益，而制度保障、组织保障和军事保障这三项保障又极大降低了其追求关键控制的风险，因而缅甸军政权才有动力推动转型。如果利益目标不变，那么军人政权就没有转型的动力，而如果保障条件不完备，那么政权转型的风险升高，继而带来的转型成本不可控，导致军人政权即便有动力转型，但也因不敢冒巨大的风险而拒绝转型。利益目标的改变和保障条件的完备共同作用，使得缅甸军人政权理性选择去放松对权力的控制，从而以追求关键控制为目标，实现从纯军人政权，到军人为主—文官为辅政权，再到文官为主—军人为辅政权的转型。利益目标、保障条件与缅甸军政权愿意转型的因果逻辑如图3—4所示。

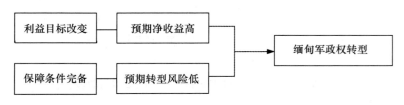

图3—4 利益目标、保障条件与缅甸军政权转型的因果逻辑

五　本章小结

军政权转型是指军人以某种途径（或被迫或主动地）将手中的权力部分或全部交给文官政府的程序和过程。缅甸军政权分为四类："纯军人政权""军人为主—文官为辅政权""文官为主—军人为辅政权"和"纯文官政权"。

本章在理性假定和成本收益分析原理的基础上提出了研究假设，即利益目标的改变和保障条件的完备是缅甸军政权转型的根本原因。利益目标的改变是从追求对政权的完全控制到追求关键控制的改变，关键控制能够使得军政权获得更大的净收益，保障条件的完备使得政权转型风险可控，两者共同推动了缅甸军政权的转型。

缅甸军政权转型过程其实质是缅甸军政权不再以追求对政权的完全控制为目标，而是让渡一部分政治权力和社会空间，以实现在可预见的范围内实现对政权的关键控制，从而可持续地追求净收益的最大化。缅甸军政权转型既有物质基础，又有保障条件，因此，缅甸军政权转型是其理性选择的结果。

第四章 缅甸苏貌军政权拒绝转型
（1988—1992 年）

1988 年苏貌上台，开启了长达 20 年的军人执政历程。1990 年大选后，苏貌军政权不顾国内外强大的压力，仍然选择拒绝交权给在大选中获胜的民盟。本章首先详细地陈述了苏貌执政时期缅甸的政治发展状况、经济增长水平和对外关系的基本情况，其后对 1990 年缅甸大选的结果进行了回顾，最后深入地分析苏貌军政权拒绝转型的原因，从反面验证了本书的假设。

一　苏貌执政时期的缅甸政治、经济与外交

（一）政治状况：苏貌高压统治

奈温执政后期，在经济方面，对外封闭保守，不愿意接受外国投资，对内控制过严，国有化政策使得私人资本受到重创。[①] 在经济方面，通货膨胀严重，物价高涨，民众生活恶化。[②] 在政治方面，"缅甸社会主义纲领党"一党专政，缺乏监督，党内贪腐严重，军人集团内部清除异己，[③] 并设两个情报系统（国家情报局和军队情报局）对各部门、各级官员和人民群众进行监视，实行特务统治。[④] 在言论自由方面，全国只有 6 家报纸且

---

① 毕重群：《缅甸局势动荡的背景》，《当代社会主义问题研究》1989 年第 1 期。
② 赵天宝：《评缅甸新宪法的制度》，《东南亚纵横》2009 年第 1 期。
③ 如副总参谋长昂季、国防部长丁吴、纲领党副总书记（小）丁吴先后被撤职。
④ 毕重群：《缅甸局势动荡的背景》，《当代社会主义问题研究》1989 年第 1 期。

都为官方所办，严格控制宣传舆论和群众言行。① 奈温政权高度集权，领袖、军队、党、国家、社会和经济六位一体化。② 缅甸民众对奈温政权极为不满。

警察在处理1988 年3 月发生在仰光理工大学的学生与社会青年之间的斗殴事件中，与学生发生冲突致使2 名学生死亡，由此引发了仰光学生、工人和农民的示威抗议，时任缅甸国务委员会秘书兼纲领党副总书记盛伦指挥军警镇压，上百人被逮捕，41 人在"因盛监狱"窒息而亡，此事成为缅甸局势恶化的直接原因。③ 全国性游行示威于1988 年开始蔓延，到7—8 月达到高潮，共持续了半年。④

奈温政权出动军警平息混乱，严重流血冲突致使数百人死亡，上千人被捕。⑤ 1988 年7 月23—25 日，面对严重的工潮和学潮危机，缅甸社会主义纲领党召开紧急会议商议对策，奈温不得已辞去了党主席职务。⑥

纲领党和人民议会于1988 年7 月27 日推举盛伦上台执政，盛伦上台后逮捕了昂季等12 名持异见者。民众对其宣布在仰光等27 个城镇实行军管和宵禁更加不满，又激起了更加激烈的反抗，示威和骚乱在几乎所有城镇爆发，各阶层都参与了游行示威，史称"八月风暴"。盛伦政府从8 月8 日起开始镇压群众运动，又有上千人死亡，到8 月12 日，民众发起全国总罢工和总罢课，要求盛伦下台接受审判，执政仅17 天的盛伦辞职。⑦

纲领党和人民议会于1988 年8 月19 日再推貌貌上台，貌貌上台后即采取缓和措施，他宣布由全民公决来决定是否实行多党制，并撤销此前颁布的军管令，释放昂季等一批异见者。⑧ 盛伦下台让民众士气大受鼓舞，更大规模的抗议活动被掀起以彻底推翻现行体制为目标；8 月28 日，仰光

---

① 毕重群：《缅甸局势动荡的背景》，《当代社会主义问题研究》1989 年第1 期。

② 曹云华：《缅甸政治体制：特点、根源及趋势》，《东南亚》1988 年第2 期。

③ 李晨阳、杨详章：《"缅甸问题"的由来、形成、演变与实质》，《印度洋经济体研究》2014 年第3 期。

④ 参见［缅］温佐拉《报刊中的"8888 革命"》，仰光多米出版社2013 年版。

⑤ 林锡星：《试析昂山素季对缅甸军政权态度的转变》，《东南亚研究》2004 年第1 期。

⑥ 赵天宝：《评缅甸新宪法的制度》，《东南亚纵横》2009 年第1 期。

⑦ 李晨阳、杨详章：《"缅甸问题"的由来、形成、演变与实质》，《印度洋经济体研究》2014 年第3 期。

⑧ 参见［缅］温佐拉《报刊中的"8888 革命"》，仰光多米出版社2013 年版，第153 页。

爆发百万人参加的大游行；9 月 8 日又开始全国大罢工要求貌貌下台。[①]

面对奈温、盛伦和貌貌先后下台都依然未能控制乱局的棘手状况，由时任国防军总参谋长兼国防部部长的苏貌率领军队于 1988 年 9 月 16 日接管了政权，[②] 解散了国家权力机构——人民议会，终止了 1974 年宪法。[③] 成立了新的最高权力机构——恢委会，由苏貌任主席。[④] 缅甸联邦社会主义共和国改名"缅甸联邦"，恢委会废除了与纲领党有关的法律。[⑤] 苏貌上台后就宣布将"改善人民生活，保证交通畅通，恢复法律秩序，组织多党大选"。[⑥]

"8888 民主运动"之后，军队于 1988 年 9 月态度强硬申明"将以更为强大的内聚力和新一届军政府，对缅甸实行直接军事统治"。[⑦] 苏貌军政府上台后出台《戒严法令》，在全国实行宵禁，禁止群众集会，对继续抗议者坚决镇压。1988 年 9 月 18—26 日，军警在开展全国范围打击暴徒和破坏分子的行动中，击毙 342 人，受伤 219 人，1107 人被逮捕。[⑧] 1989 年 6 月后，戒严虽有所放松，但在全国重要和敏感的地区仍然实行戒严，民盟又多次举行集会、示威游行，反对军事管制。6 月下旬以来，以学生为主的反政府示威游行又日趋高涨。7 月初，仰光万名学生不顾政府禁令，连续两天举行反政府示威，苏貌军政府用武力对付违禁的集会和示威。7 月中旬，军政府再次发出警告，将对呼喊口号、煽动和强行组织群众等干扰行为采取行动，成立军事法庭，以审讯违反禁令者，截至 1989 年 9 月，有 240 人被捕。[⑨] 1989 年 7 月 17 日，苏貌命令仰光军区司令、中部军区司

① 李晨阳、杨祥章：《"缅甸问题"的由来、形成、演变与实质》，《印度洋经济体研究》2014 年第 3 期。

② 苏貌 21 岁入伍，1976 年被任命为西南军区司令，次年当选缅甸社会主义纲领党中央委员。后先后担任国防部副部长和陆军司令，1985 年当选纲领党中央执行委员会委员，1986 年出任三军总参谋长，1988 年 7 月下旬内阁改组后兼任国防部长。参见林锡星《苏貌与缅甸政治》，《印度支那》1989 年第 3 期。

③ 林锡星：《苏貌与缅甸政治》，《印度支那》1989 年第 3 期。

④ 张锡镇：《当代东南亚政治》，广西人民出版社 1994 年版，第 288 页。

⑤ 例如《1964 年民族团结保护法》《1974 年领导国家的缅甸社会主义纲领党保护法》《1974 年缅甸社会主义纲领党资助法》等。

⑥ 贺圣达：《一九八九年的缅甸》，《东南亚》1990 年第 1 期。

⑦ ［英］保罗·钱伯斯：《东南亚的宪法变迁与安全部队：以泰国和缅甸为鉴》，杜洁、陈欣译，《南洋资料译丛》2015 年第 4 期。

⑧ 参见《缅甸劳动人民日报》1988 年 9 月 28 日。

⑨ 贺圣达：《一九八九年的缅甸》，《东南亚》1990 年第 1 期。

令和西北军区司令所管辖的范围内实行军事戒严。①

苏貌军政府还严控新闻自由，查禁了因 1988 年大规模民主抗议活动而兴起的媒体和报纸（仅曼德勒就创办了 40 多种新报纸）。② 1988 年 9 月以后，军方只允许官方的《劳动人民日报》继续出版，同时在军队内部发行一份叫"Doye doya"（意即"我们的事务"）的报纸，该报的目的是加强军队内部的团结。③

当然，苏貌军政府还采取了一系列措施，以建立良好形象，争取民心和稳定政局。例如，宣布逃往国外的学生如在 1989 年 1 月 31 日前回国，就不追究过去的行为，后来又延长了这一期限。④ 1989 年 7 月 20 日还宣布大赦，释放了 1800 人，经济上宣布废除"缅甸社会主义"经济制度和有关的政策法令，实行对外开放政策，放宽对出国的限制，提高公职人员的经济待遇，实行免税减税政策，扩建居民住房，还表示愿意与少数民族武装组织谈判。⑤ 到 1991 年下半年开始，大规模的反政府运动已得到遏制，军政权基本控制了国内局势。⑥

在奈温执政时期，尽管缅军采取各种手段对少数民族武装进行镇压，以图把政府权威延伸到边远的少数民族反叛地区，最终实现国家的真正统一。但奈温政府最终未能达到既定目标，缅军的进攻虽取得了初步的胜利，特别是在三角洲和中部地区缅共和克伦武装被清除，其他大部分民族武装也处于守势或被迫收缩，少数民族的基本权利变得更少，但是缅军不但未能取得镇压反政府武装的彻底胜利，相反，反政府武装集团有增无减，部分反政府武装力量不但没有被削弱，反而得到了巩固。⑦ 到 1989 年已发展到 33 支，较大的就有 10 多支，战事不断，平均每年耗费 17 亿缅元的军费，占政府开支 1/3。⑧

苏貌上台之时，缅甸各主要反政府武装力量仍然在与缅甸政府进行军

---

① 参见德宏经济研究所《经济研究参考资料》1989 年第 36 期。

② Martin Smith，"State of Fear：Censorship in Burma"，*An Article 19 Country Report*，December 1991，p. 28.

③ 林锡星：《缅甸政治形势探析》，《东南亚研究》2002 年第 3 期。

④ 贺圣达：《一九八九年的缅甸》，《东南亚》1990 年第 1 期。

⑤ 同上。

⑥ 李晨阳：《军人政权与缅甸现代化进程研究》，博士学位论文，云南大学，2006 年，第 160 页。

⑦ 刘务：《缅甸 1988 以来的民族国家建构研究》，博士学位论文，云南大学，2013 年，61 页。

⑧ 林锡星：《评当前缅甸动乱的原因》，《印度支那》1989 年第 1 期。

事对抗，但他们中已经发生一些重大变化，开始新的分化组合；某些反政府武装开始与军政府进行接触或谈判，总体上，缅甸军政府在军事上占有绝对优势。① 由于缅甸国内有大小数十支反政府武装分散在全国广阔的区域范围内，所控制地区又在交通不便的边境山区，不利于大部队作战，因此缅甸政府军也难以完全消灭反政府武装。② 与奈温时期对反政府武装组织残酷镇压相比，苏貌政权开始对少数民族政策进行一些调整和改革；苏貌表示愿意与少数民族反政府武装进行谈判；1989 年 5 月 25 日，军政府成立了以陆军司令丹瑞中将为首的"开发边区中央委员会"。③

1989 年 3 月，缅甸最大的反政府武装缅甸共产党内部开始分裂，5 月缅共瓦解，原来由其领导的 2 万多人的缅甸共产党分裂成 4 支非政府武装组织；经与军政府谈判后，这 4 支武装组织成为缅甸政府承认的合法组织，其统治地区则成为缅甸国内的"特区"。④ 这四个组织分别是彭家声领导的缅甸民族民主同盟军，形成缅甸掸邦第一特区（驻地为果敢）；林明贤领导的掸邦东部同盟军（National Democratic Alliance Army – Eastern Shan State，NDAA-ESS，简称掸邦东同盟军），形成缅甸掸邦第四特区（驻地为勐拉）；鲍有祥领导的佤邦联合军（United Wa State Army，UWSA），形成缅甸掸邦第二特区（驻地为佤邦），还有一支为丁英和泽龙领导的人民解放阵线，也称为克钦邦克钦新民主军。⑤ 其后，克钦独立军第四旅从独立军中分裂出来并于 1991 年 1 月与缅甸政府媾和。

缅甸最大的反政府武装缅甸共产党分裂后，虽然缅甸境内还存在诸多少数民族武装力量，但是力量都较为分散，缅甸其他反政府武装内部虽经过多次谈判进行合作，但实际上并没有形成强大的统一战线，形成不了统

① 贺圣达：《一九八九年的缅甸》，《东南亚》1990 年第 1 期。

② 同上。

③ 同上。

④ 贺圣达：《缅甸：军人执政的 20 年（1988—2008）的政治发展及趋势》，《东南亚纵横》2008 年第 8 期。

⑤ Bertil Lintner, *The Rise and Fall of the Communist Party of Burma*（CPB），New York：Cornell University，1990，p. 47. 有关缅甸共产党的研究还有：Charles B. Smith, *The Burmese Communist Party in the 1980s*；Singapore：Regional Strategic Studies Program, Institute of Southeast Asian Studies, 1984；Maung Aung Myoe, The Counterinsurgency in Myanmar：The Government's Response to the Burma Communist party, Ph. D dissertation, Canberra：Australian National University, 1999；Oliver Hensengerth, The Burmese Communist Party in the State-to-state Relations between China and Burma, University of Leeds, Department of East Asian Studies, 2005。

一的军事力量，缅甸军队作为统一的力量发挥着巨大作用。①

　　苏貌军政权上台之际是缅甸面临最为复杂国际国内形势的时期，苏貌政府一方面采取强硬措施限制反对派的活动，另一方面推行一系列政策争取人心，尽量树立良好形象。② 1988 年至 1992 年是苏貌军政权确立和巩固阶段，主要特征还是以军人政权的军事手段和强硬措施进行高压统治，以维护社会稳定，稳固军人执政基础，军政府的主要目标是"不允许分裂联邦，不允许破坏民族统一，以及主权巩固"③。其政治发展主要围绕着掌握国家政权的军政府、反对派政党缅甸全国民主联盟和少数民族地方武装三者的关系和矛盾进行。④ 缅甸反对派政党民盟的成立和其领导人昂山素季与军政府的互动对缅甸政治发展产生了深远影响，军政府与少数民族武装组织的互动决定了缅甸国家的和平进程。少数民族武装在与军政府的对抗中仍然处于劣势地位。1988 年至 1992 年，先后与缅甸中央政府签署和平协议的武装组织如表4—1 所示。

表4—1　　　　1988—1992 年与缅甸中央政府签订和平协议的武装组织

名称	和解时间	所属特区	领导人	活动区域	备注
缅甸民族民主同盟军	1989.3.31	掸邦第一特区	彭家声	掸邦北部	2008 年被解除武装
佤邦联合军	1989.5.9	掸邦第二特区	鲍友祥、肖明亮、布莱康、鲍有宇、赵忠丹、岩伦、魏学刚、赵文光	掸邦东北部，北部辖区与云南临沧、思茅、西双版纳市接壤，南部辖区靠近泰国边境	佤族岩小石部后加入佤联军

①　贺盛达：《大选后的缅甸政局》，《和平与发展》1990 年第 4 期。

②　贺圣达：《一九八九年的缅甸》，《东南亚》1990 年第 1 期。

③　［澳］芬斯顿主编：《东南亚政府与政治》，张锡镇等译，北京大学出版社 2007 年版，第 213 页。

④　贺圣达：《缅甸：军人执政的 20 年（1988—2008）的政治发展及趋势》，《东南亚纵横》2008 年第 8 期。

续表

名称	和解时间	所属特区	领导人	活动区域	备注
掸邦东民族民主同盟军	1989.6.30	掸邦第四特区	林明贤、林道德、罗保常、桑柏、桑路、明恩	掸邦东部、中缅边境、缅泰边境	—
掸邦军	1989.9.24	掸邦第三特区	吴赛诺、吴雷貌、吴盖帕	掸邦北部，南部泰缅边境	原掸邦进步党右翼
勃欧民族军	1991.2.18	掸邦南部第六特区	昂坎堤、孔桑龙、吴山昂	掸邦南部地区	由勃欧民族组织领导
崩龙邦解放军	1991.4.21	掸邦北部第六特区	吴楷孟、吴尼龙、吴孔尼	掸邦北部中缅边境	崩龙民族解放党领导
克耶人民解放军	1992.2.27	克耶第一特区	吴特哥、吴哥吞	克耶邦缅泰边境	克耶人民解放党领导

资料来源：钟智翔、李晨阳：《缅甸武装力量研究》，军事谊文出版社 2004 年版，第 339—341 页；钟智翔：《缅甸研究》，军事谊文出版社 2001 年版，第 380—382 页；国际危机组织：《中国的缅甸战略：选举、民族政治和经济问题》（中文版），《亚洲简报 N°112》2010 年 9 月 2 日，第 21 页。

（二）经济发展：增长缓慢

苏貌军政权上台后，为从根本上缓解社会矛盾，摆脱经济困境，放弃了"缅甸社会主义"的经济政策，实行经济改革和开放政策，形成了国家、集体和个人等多种经济形式并存的新经济体制，增加了私有经济成分，促使国有化经济向市场经济转变。在稳定物价、加强市场管理的同时，调整产业结构，重点加强交通、能源、通信及电力等基础产业或设施的建设，推行"边境地区与民族发展计划"，积极发展边境地区和少数民族地区的社会经济。① 力求建立以市场为导向的经济体制，改善投资环境

---

① 孙浩泊：《浅析一年来缅甸政治、经济、外交动向》，《东南亚》1992 年第 2 期。

和促使经济长足发展。

1989 年 3 月 31 日，苏貌军政府宣布废除 1965 年《建立社会主义经济制度法》，颁布了《缅甸国营经济企业法》，该法案核心内容是规定政府对于涉及广泛领域的经济控制，规定了政府国营经济企业的专属范围。①

1990 年，苏貌军政府成立了对国有企业实行私有化的专门委员会。在经济方面，允许私人从事外贸，但禁止私人出售大米、柚木、矿产品；在金融方面，1990 年颁布了《中央银行法》，同年又颁布《金融机构法》，确定了银行体系和商业银行的法律框架，并规定只要得到中央银行认可，并有 60 万缅元的注册资金的私人商业银行将被允许开办。② 到 1992 年缅甸共有缅甸联邦银行、缅玛经济银行等 5 家银行。③ 在工业方面，1990 年颁布了《私营工业企业法》，扩大私营企业经营的范围和规模，同时开始对国有经济进行改革，赋予国有企业在生产、价格等方面的自主权，国有企业资金的筹集不再列入国家预算；在农业方面，1991 年颁布了允许农民开垦闲地、荒地的法令，放弃计划种植和强制收购制度，允许农民按市场价出售农产品。④

为充分发挥私有经济的潜力和积极性，缅甸政府还利用广播、电视等舆论工具，加强对私商及业主的思想教育工作，并要求私有经济"以国家和人民利益为重，帮助国家渡过难关"；为提高私有商人和业主的业务水平，政府多次举办训练班、座谈会，以培养人才和交流经验；通过这些举措，在缅甸国民经济中，私有经济的比重和规模得以增加和扩大；到 1991 年底，获准登记的私有企业或公司已达 5400 余家，仅橡胶种植业，私人就占有 7%。⑤

苏貌军政府实行开放政策，宣布边境贸易合法化，此后迅速放开了中缅、缅泰和缅孟边境贸易；1988 年 10 月 3 日，缅甸军政府宣布全面开放中缅边境贸易，11 月将登尼以北 140 平方公里地区划为边境贸易区；12

---

① 贺圣达：《一九八九年的缅甸》，《东南亚》1990 年第 1 期。
② 贺圣达：《缅甸：军人执政十年（1988—1998）的政治经济和外交》，《东南亚》1998 年第 4 期。
③ 董海云、寸永宁：《缅甸投资环境分析》，《东南亚纵横》1992 年第 1 期。
④ 贺圣达：《缅甸：军人执政十年（1988—1998）的政治经济和外交》，《东南亚》1998 年第 4 期。
⑤ 孙浩泊：《浅析一年来缅甸政治、经济、外交动向》，《东南亚》1992 年第 2 期。

月 25 日，又宣布开放泰缅边境的大其力口岸；1989 年 1 月，泰缅边境宣布全面开放；5 月，缅甸政府同孟加拉国政府签订了关于边境贸易的协定。[①]

还借助周边国家在技术、资金和人员等方面的援助，加强公路交通、石油、煤炭和水库电站等基础工业和设施的建设。[②] 边境贸易的放开对活跃缅甸国内市场、增加政府税收、提振经济起到了一定作用。中国、泰国、新加坡、马来西亚、印度、日本和韩国等周边国家成为缅甸最主要的贸易对象国。其中，中国是缅甸最重要的贸易伙伴。1988—1992 年中缅贸易额见表 4—2。

表 4—2　　　　　　　　　　1988—1992 年中缅贸易额　　　　（单位：百万美元）

年份	进口	出口	进出口总额	贸易差额
1988	133.61	137.1	270.71	3.49
1989	187.66	126.06	313.72	−61.6
1990	223.54	104.08	327.62	−119.46
1991	286.17	105.92	392.09	−180.25
1992	259.04	131.27	390.31	−127.77

数据来源：中国各年统计年鉴。

除中缅间大力开展双边贸易外，中国还向缅甸提供大量经济援助，中缅关系的迅速发展，这还表现在双方贸易额的增长上。据海关统计，中缅贸易总额 1988 年为 2.7 亿美元，1989 年为 3.137 亿美元，1990 年为 3.27 亿美元，1991 年为 3.92 亿美元，1992 年为 3.9 亿美元。[③] 1989 年至 1991 年，中缅双边贸易飙升，三年间贸易额增长率分别达到为 699.47%、124.91%、129.29%。[④]

1988 年至 1991 年缅甸经济几近停滞，1991 年底后，缅甸经济基本摆脱了负增长局面，开始缓慢复苏，这三年间平均经济增长率达仅为 2%。[⑤]

① 贺圣达：《一九八九年的缅甸》，《东南亚》1990 年第 1 期。
② 孙浩泊：《浅析一年来缅甸政治、经济、外交动向》，《东南亚》1992 年第 2 期。
③ 刘少华：《论中缅关系》，《武汉大学学报》（人文科学版）2001 年第 3 期。
④ 郑国富：《中缅双边经贸合作发展的历史、现状与挑战》，《对外经贸实务》2014 年第 1 期。
⑤ 姜永仁：《对缅甸投资贸易研究与指南》，德宏民族出版社 2000 年版，第 36 页。

1988—1992 年缅甸的 GDP 增长率见图 4—1。

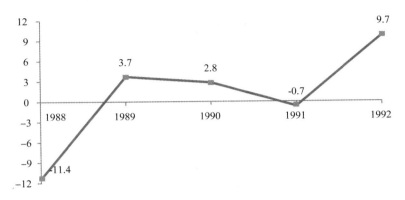

图 4—1 1988—1992 年缅甸 GDP 增长率

数据来源：1988—1989 年数据来源于 Ministry of Planning and Finance 1984/85，Report to the Pyithu Hluttaw；Central Statistical Organisation 1991，Statistical Yearbook；1990—1992 年数据来源于 Central Statistical Organisation 1995，1997 and 2003，Statistical Yearbook，还可参见 Monique Skidmore and Trevor Wilson（eds），*Dictatorship*，*Disorder and Decline in Myanmar*，Canberra：ANUE Press，2008，p. 61。

缅甸在吸引外资方面起步很晚，到 1988 年 11 月 30 日才颁布了《缅甸联邦外国投资法》；同年 12 月 7 日，军政府又颁布了《缅甸联邦外国投资法实施条例》，对实施《外国投资法》的有关事宜作了具体的规定。[①]

《缅甸联邦外国投资法》是 1962 年以来缅甸颁布的第一个外国投资法。《缅甸联邦外国投资法》规定了外国投资的基本办法，允许外国人可按 10% 的外资进行投资，可与本国公民合资经营，对外国投资给予免税和减税；凡经过许可成立的经济企业在合同期内或合同延长期内保证不收归国有，外国投资者的盈利可按现行的官方兑换率汇往国外。[②]

为加强外贸管理和宏观控制能力，军政府还先后颁布了《进口货物进口税法》《禁止畜牧、水产及农产品非法出口》《中缅边境地区进出口贸易经营法》和《继续执行 1947 年的进口临时管理条例》等法规。[③] 此后

---

① 贺圣达：《一九八九年的缅甸》，《东南亚》1990 年第 1 期。
② 同上。
③ 孙浩泊：《浅析一年来缅甸政治、经济、外交动向》，《东南亚》1992 年第 2 期。

外商投资开始陆续进入缅甸。①

到 1992 年，已有 17 个国家和地区与缅甸政府进行了谈判，涉及投资项目达 300 余项，50 多家外国公司与缅甸签订了开发缅甸渔业资源协议，21 家外国公司与缅甸签订了开发石油、天然气协议，其中 9 个近海石油公司已获准在缅沿海地区勘探石油，在缅注册的外国进出口公司达 1000 多家，650 家左右的外国企业已在缅开业，其中 3 家是合资企业，这些国家和地区依次是泰国、日本、韩国、新加坡、马来西亚、中国（主要是边贸）、中国香港、中国台湾、奥地利、荷兰，各国对缅投资的宗旨是推销本国产品，促进资源开发，投资的方向是矿产、能源、水产品、旅游服务、木材、蔗糖等产业。② 1988—1992 年缅甸对外贸易额见表 4—3。

表 4—3　　　　　　　1988—1992 年缅甸对外贸易额　　　（单位：百万缅元）

年份	进口	出口	进出口总额	贸易差额
1988	3443	2169	5612	−1274
1989	3395	2834	6229	−561
1990	5523	2953	8476	−2570
1991	5337	2926	8263	−2411
1992	5365	3590	8955	−1775

数据来源：亚洲开发银行网站国别统计数据。

由于《缅甸联邦外国投资法》及相关涉及投资的法律规定可操作性不强，外资法的规定较为模糊，吸引与引导外国投资的效果不甚理想。亚洲开发银行网站国别统计数据显示，1991 年缅甸外资流入量仅为 10380 万美元，1992 年为 37700 万美元。由于国家工业基础差、底子薄，自 1988 年以来缅甸长期存在贸易逆差，虽然 1988 年后缅甸的对外贸易有了很大提高，但进口和出口的发展不平衡。苏貌军政府上台之后，缅甸经济改革内容广泛。总的趋势是私有经济成分逐步扩大，在一定程度内对经济发展起

---

① 吴努（U Nu）政府于 1955 年颁布过《投资政策声明》，规定允许外商投资除关系国计民生重要行业的其他产业，奈温（Ne Win）上台后禁止了一切外商投资。
② 董海云、寸永宁：《缅甸投资环境分析》，《东南亚纵横》1992 年第 1 期。

到了助推作用，但其改革基本没有触及国营经济部门，农业政策也没有什么变化，改革主要在商业和流通领域内进行，在商业和流通领域，私有经济获得了较迅速的发展。①

总体来说，由于改革力度不大，加上缅甸政治局势未稳，在权力移交问题上各种势力正进行着激烈较量，缅甸各派政治势力关注的中心是政治斗争，军政府的中心工作和首要任务在政治领域，反对派领袖昂山素季也认为，在缅甸政治改革是首要的，经济改革必须放在此后。② 可以说在政局未稳之前，缅甸经济都难以飞跃发展。当然，虽然这一时期缅甸经济没有取得很大的发展，但是改革和开放给缅甸经济注入了一些活跃的因素，带来了诸多积极成果，缅甸经济在困难中缓慢前行。③

（三）对外关系：西方全面封锁

1989 年至 1992 年这一时期，西方全面封锁缅甸，印度和东盟紧随西方国家一道对缅甸压制民主表达关切。缅甸除了与中国交好外，新军政府只与哥伦比亚（Colombia）、秘鲁（Peru）、委内瑞拉（Venezuela）、巴布亚新几内亚（Papua New Guinea）少数几个国家建立了外交关系，如表4—4 所示。

表4—4　　　　　1988—1992 年与苏貌新军政权建立外交关系的国家

国家	地理位置	建交时间
哥伦比亚（Colombia）	美洲	1988. 11. 28
秘鲁（Peru）	美洲	1989. 08. 28
委内瑞拉（Venezuela）	美洲	1990. 11. 20
巴布亚新几内亚（Papua New Guinea）	大洋洲	1991. 07. 24

资料来源：缅甸外交部官方网站，http：//www. mofa. gov. mm/foreignpolicy/Lists% 20of% 20Countries% 20Having% 20Diplomatic% 20 Relations. html；刘必荣：《缅甸外交政策分析（1962—2010）》，博士学位论文，台湾东吴大学，2011 年，第 186 页。

———————————

① 贺圣达：《大选后的缅甸政局》，《和平与发展》1990 年第 4 期。

② 同上。

③ 同上。

1. 与西方全面交恶

1988 年的世界正处于冷战的后期，苏联和东欧各国内部纷纷发生国内暴动，中国发生了"天安门事件"，以美国为首的西方国家开始借助当时形势在东欧、苏联、中国等国家推波助澜，苏联的解体和东欧的剧变使得西方实现其"民主的全面胜利"成为可能。① 1988 年缅甸爆发大规模的全国暴乱，美国借机企图实现缅甸民主化，加上亲西方的昂山素季加入到缅甸国内民主浪潮，并最终获得了全国大选的胜利，这更加提升了美国等西方国家的信心和期待；但缅甸新成立的苏貌军政权不仅成功平息了国内暴乱，还拒绝交权给大选中获胜的民盟，这使得美国等西方国家大受挫折。②

正是在这种背景之下，通过军事政变，苏貌军政权上台执政，美缅关系开始发生重大转向，缅甸甚至成为美国外交议程里的"头号敌人"，克林顿总统宣称："在世界上保卫自由和促进民主不仅仅是我们最深刻的价值观的反映，而且这些对我们国家的利益也是至关重要的，因为民主意味着国家间可以自由地和平相处，思想潮流、经济贸易开放等。"③ 苏貌军政权未能获西方社会承认是必然。

此后，以美国为首的西方国家开始陆续降低，甚至是断绝了与缅甸的外交关系，还出台了对缅经济制裁措施和法令。自此，以美国为首的西方国家开启了长期全面孤立和制裁缅甸的历程，缅甸与西方国家关系几近全面交恶。

1989 年，美英等国驻缅大使离开缅甸，拒绝出席缅甸独立节庆典；1990 年，美国正式撤回了驻缅甸大使，将美缅关系降为代办级，还以活动经费和业务培训等为名暗中支持海外民运分子对抗军政府。④ 1991 年，欧洲议会授予昂山素季"欧洲人权奖"；同年 10 月，瑞典科学院授予昂山素季"诺贝尔和平奖"表彰其在民主人权斗争上的贡献。

1990 年美国开始以缅甸侵犯人权、民主和毒品泛滥为由对缅经济制裁

---

① 朱雄兵：《美国对缅制裁政策及调整（1988—2010）》，硕士学位论文，中国社会科学院，2010 年，第 19 页。

② 同上。

③ ［美］伯姆斯塔德：《克林顿的内政、外交政策》，学群译，《现代外国哲学社会科学文摘》1993 年第 2 期。

④ 李晨阳、杨祥章：《"缅甸问题"的由来、形成、演变与实质》，《印度洋经济体研究》2014 年第 3 期。

和外交孤立。① 美国禁止对缅甸出口商及投资者提供金融支持及服务，阻止国际组织向缅甸提供多边贷款、双边贷款和经济援助；美国的制裁行动还包括撤销军事援助以及反毒计划，关闭了当地开展援助计划的办事处；之后美国开始否认缅甸在各种不同多边金融组织（比如 IMF、World Bank）里的成员国身份，禁止向缅甸出口武器，把缅甸从美国一般最惠国待遇成员国名单中剔除。②

1990 年，美国参议院和众议院通过了《1990 年关税与贸易法》，将对缅甸的制裁上升到法律高度，以此反对缅甸军政府于全国大选后不交出政权和虐待异议人士的行为。1991 年，美国援引《1990 年关税与贸易法》拒绝延长双边纺织品协议议定，1992 年继续执行《1990 年关税与贸易法》，如表4—5 所示。

表4— 5 　　　　　　　1988—1992 年美国对缅甸的制裁措施

年份	制裁文件或政策	制裁理由
1989	撤回驻缅大使	反对缅军政府对民主活动进行压制
1990	出台《1990 年关税与贸易法》	反对缅军政府大选后不交权，虐待异议人士
1991	援引《1990 年关税与贸易法》	反对缅军政府大选后不交权，虐待异议人士
1992	继续执行《1990 年关税与贸易法》	反对缅军政府大选后不交权，虐待异议人士

资料来源：美国制裁缅甸的相关法案，参见 https：//www. congress. gov/search？ q = % 7B "source" % 3A % 5B "legislation" % 5D % 2C "search" % 3A % 5B "Burma + Freedom + and + Democracy + Act" % 2C "Saction + Burma + " % 2C "Burma + " % 5D % 7D&page = 2；刘必荣：《缅甸外交政策分析（1962—2010）》，博士学位论文，台湾东吴大学，2011 年，第 129 页。

由于美国对缅施压政策短时间内没有带来效果，这在美国议会和公共舆论中引起新一轮的政策反弹，紧随美国政府出台孤立缅甸政策后，美国议会里无数否定缅甸军政府、要求制裁缅甸、要求资助反缅计划的决议、修正案、法案纷纷产生，在"美国议会备案记录"里关于缅甸的新闻报

---

① 宋清润：《美缅关系改善的现状、动因及前景》，《亚非纵横》2010 年第 2 期。
② 朱雄兵：《美国对缅制裁政策及调整（1988—2010）》，硕士学位论文，中国社会科学院，2010 年，第 22 页。

道、专栏文章大量涌现，一时间缅甸突然上升为美国外交政策里的重要议题。①

美国的西方盟国，包括欧盟、日本、澳大利亚、加拿大等国家都出台了相应的制裁措施，加拿大和澳大利亚等在缅甸问题上的态度和美国基本一致，例如"加拿大认为缅甸军政府对本国人民骇人听闻的虐待，剥夺了人民的基本人权并且不允许他们对军政府的统治方式提出质疑"②。澳大利亚和美国一道"禁止向缅甸提供除人道主义、促进民主和人权以外的援助，并禁止国际金融机构向缅甸提供援助"③。欧盟以缅甸政府破坏民主法制和违反人权为由驱逐了缅甸在欧盟的外交武官，并对缅甸实行武器禁运。④

日本一直以来都是缅甸最重要的官方发展援助提供国，"1976年至1990年间缅甸收到的ODA总额中，来自日本的占到66.7%"⑤。虽然日本是所有西方国家中对缅甸政策最为灵活和务实的国家，但迫于美国等西方国家的压力，日本对缅甸的政策也采取了一些制裁措施。⑥

在缅甸所面临的西方国家的制裁中，美国的制裁是全面性和强硬性的，其他国家则或迫于美国的压力或响应美国的号召对缅甸实行制裁，其基本目的都是促使缅甸成为西方式的民主国家，因为缅甸政府的反民主行为被认为是对西方国家在冷战刚结束时大力推行的民主价值观的巨大挑战。⑦ 西方国家围绕民主和人权两个主题对缅甸施加了巨大的压力，使得缅甸军政府的外交局面极其困难，缅甸外交处于"四面楚歌"的境地。⑧

2. 与中国和东盟亲近

苏貌军政权上台后，对中国的政策从"战略中立"向"战略结盟"转

---

① 朱雄兵：《美国对缅制裁政策及调整（1988—2010）》，硕士学位论文，中国社会科学院，2010年，第22页。

② Canada's Policy on Burma, October 2008, Government of Canada（http：//www. Canadainternational. gc. ca/thailand-thailande/bilateral_ relations_ bilaterales/canada-burma-birmanie. aspx）.

③ 杜兰：《美国调整对缅甸政策及其制约因素》，《国际问题研究》2012年第2期。

④ 陈建山：《冷战后印（度）缅关系研究》，博士学位论文，暨南大学，2014年，第98页。

⑤ ［日］工藤年博：《缅甸与日本：昔日友邦如何渐行渐远》，张荔烨译，北京外国语大学世界亚洲研究信息中心。

⑥ 陈建山：《冷战后印（度）缅关系研究》，博士学位论文，暨南大学，2014年，第99页。

⑦ 同上。

⑧ 同上书，第98页。

变。① 在1990年"5·27"大选之后，苏貌军政权针对美国等西方国家的严厉封锁和制裁，将对外关系进行了调整，重点发展与中国等邻国和东盟国家的关系以带动其与周边其他亚洲国家关系的全面改善，力求突破西方封锁，将外交损伤降到最低。缅甸军政府称在对外关系上不能舍近求远，搞好与邻近大国的关系十分重要，尤其是中国对亚洲局势的稳定起着重要作用。②

第一，缅甸与中国因共同面对西方封锁而"抱团取暖"，坐实了两国战略结盟政策。由于中国与缅甸有共同的被西方孤立的经历，因此自1950年中缅建交之后，中缅之间经历了1962—1970年关系的恶化，1971—1988年中缅关系的逐渐缓和，到1988—1992年的自然而然的亲近。

苏貌军政权开始了自独立以来的外交政策的重大调整，即放弃坚持近四十年的中立主义外交，转而向中国靠拢，提出与中国结盟，共同抗击美国封锁。③ 这一时期缅甸"一边倒"的亲华政策使得中缅关系给世界留下了两国结盟的印象，以至于这段时期被称为中缅结盟时期。④

在外交上，缅甸高层频繁访华。1989年10月，缅甸军政府副主席丹瑞中将访华；1991年8月，缅甸恢委会主席苏貌大将访华；⑤ 1991年1月，中国国务委员兼国务院秘书长——罗干访问缅甸，1992年中缅双方正式建立外交磋商机制。

在军事上，中缅开展了深度的合作，中国是缅甸唯一的军事援助国。1990年，中缅签订一项高达12亿美元的军售合同，所购武器包括中型坦克、喷气式飞机、快艇，还有AK－47式枪、防空火炮、火箭筒和地面雷达系统；⑥ 中国在云南的军校和基地帮助训练缅方18名排级干部，以及400名海空军干部及技术人员，以便维修和使用中方移交的三军武器系统。⑦ 中国海军派遣70名中级军事和技术人员分别到恒枝岛、兰里岛、查

① 徐本钦：《中缅政治经济关系：战略与经济的层面》，《南洋问题研究》2005年第1期。
② 孙浩泊：《浅析一年来缅甸政治、经济、外交动向》，《东南亚》1992年第2期。
③ 林锡星：《中缅友好关系研究》，暨南大学出版社2000年版，第285—291页。
④ 王介南：《缅中关系与我国周边安全》，《世界经济与政治论坛》2004年第4期。
⑤ 孙浩泊：《浅析一年来缅甸政治、经济、外交动向》，《东南亚》1992年第2期。
⑥ 何平：《缅甸国防力量概述》，《东南亚研究》1992年第6期。
⑦ *Far Eastern Economic Review*，October 2，1991，p. 24；*Far Eastern Economic Review*，December 16，1993，p. 26.

德及可可岛上的海军基地和雷达站，协助训练并操作相关设施。① 1991 年 11 月，中国副总参谋长何其宗访问缅甸，加强中缅军事交流和合作。

第二，缅甸借助自身佛教优势在东盟国家开展"佛教外交"，与东盟国家关系亲近。由于佛教在东南亚地区具有独特影响，加上佛教国家间的信仰、意识形态、价值观具有较大相似性，因此以"弘扬佛教"之名，开展外交和访问，不仅拉近了与东盟佛教国家间的距离，还缓和了与国内大多数佛教徒民众间的矛盾。缅甸先后派多个佛教代表团出访老挝、孟加拉、尼泊尔、柬埔寨等东盟多国，向老挝、柬埔寨、新加坡、孟加拉、马来西亚和印度等国捐赠了价值 7000 余万缅元的佛教用品。佛教外交成效初现。1991 年 5 月，在东盟—欧共体外长联席会议上东盟国家外长一致拒绝了美国提出的《联合对缅实施经济制裁》的决议。②

整体上，这一时期缅甸外交的首要目的是突破西方封锁，营造稳定的周边环境，而缅甸通过与中国结盟，和与东盟亲近，基本实现了这一目标。

3. 与印度关系倒退

1988—1992 年缅印关系倒退。印度对缅甸的政策受到了印度传统外交战略观念的影响，尼赫鲁外交中注重人权、民主等道德原则的理想主义仍在发挥作用。③ 缅甸 1990 年 5 月 27 日大选后，印度基本采取与欧美步调一致的对缅政策，印缅双边关系走向历史低点，国际环境对缅甸军政权的生存极为不利。

印度对缅甸国内民主状况恶化做出强烈反应，印度公开谴责缅甸践踏民主和人权，为缅甸民运人士提供庇护，允许缅甸流亡政府和反政府学生组织在新德里开设办事处。④ 印度还通过公开声明和与其他国家一起推动在联合国第三委员会通过决议，表达对缅甸国内缺乏民主和广泛侵犯人权表示严重关切。⑤ 1992 年 2 月，印度总统——文卡塔拉曼在接受缅甸驻印度大使递交国书时，仍持批评缅甸的态度。⑥ 1992 年 12 月，印度支持联合

---

① Andrew Selth, "The Myanmar Army Since 1988: Acquisitions and Adjustments", *Contemporary Southeast Asia*, 1995, Vol. 17, No. 3, pp. 249 - 250.
② 孙浩泊:《浅析一年来缅甸政治、经济、外交动向》,《东南亚》1992 年第 2 期。
③ 陈建山:《冷战后印（度）缅关系研究》, 博士学位论文, 暨南大学, 2014 年, 第 84 页。
④ 韦健锋:《现实主义视角下的邻国外交——独立后的印缅关系研究》, 博士学位论文, 云南大学, 2013 年, 第 110 页。
⑤ 同上。
⑥ 贺圣达:《缅甸: 军人执政十年（1988—1998）的政治经济和外交》,《东南亚》1998 年第 4 期。

国关于在缅甸恢复民主和人权、立即无条件释放包括昂山素季在内的所有政治犯的决议。[1]

印度通过外交谴责、媒体抨击、为民运人士提供庇护等手段来表达对缅甸新军人集团压制民主的不满，引起两国关系紧张。缅甸军政府和其主导的媒体曾多次指责印度外交官勾结缅甸学生和昂山素季领导的民主派人士，丹瑞将军甚至指控印度为缅甸叛乱提供支持，声称印度鼓励和支持缅甸内乱、干涉缅甸内政。[2] 印度对缅甸打压国内民主运动的强烈反应，决定了印缅关系不仅在政治上走向对立，经济、军事、安全等其他方面的合作也变得冷漠，甚至出现倒退。[3]

二 1990 年大选回顾

恢委会上台宣布了允许解除党禁的规定，颁布允许组建政党及举行大选的法令。[4] "缅甸社会主义纲领党"放弃了唯一合法政党的地位，于1988 年 9 月 24 日更名为"民族团结党"。[5]

---

[1] 韦健锋：《现实主义视角下的邻国外交——独立后的印缅关系研究》，博士学位论文，云南大学，2013 年，第 110 页。

[2] D. Baner Jee, "Myanmar and India Security Concerns", *The Asia Yearbook*, 1992, p. 92.

[3] 韦健锋：《现实主义视角下的邻国外交——独立后的印缅关系研究》，博士学位论文，云南大学，2013 年，第 110 页。

[4] 李晨阳：《军人政权与缅甸现代化进程研究》，博士学位论文，云南大学，2006 年，第 159 页。

[5] 林锡星：《缅甸当前的经济与政治形势》，《世界经济与政治》1990 年第 2 期。1962 年 7 月 4 日，以 20 名军人领导集团成员为核心的"干部党"社会主义纲领党成立，目的是团结全国各族人民，实现国家和平稳定和现代化，1964 年《国家统一法》得以实施，它禁止除军方主导的缅甸社会主义纲领党以外的一切政党，并奠定了缅甸一党制国家的格局。1971 年，奈温在第一次全国党代表大会上宣布，纲领党从干部党过渡为人民党，但党的支柱和核心仍然是军队。1971 年，纲领党建立中央委员会，在 150 名中央委员中有 127 人是军人，在 12 名执行委员会委员中有 1 人是文职人员。1972 年，纲领党共有党员 73000，其中 58% 是现役军人，到了 1977 年已有 18 万正式党员，其中 60% 是军方或警方人员，在纲领党的各级领导和机构中军人占 71%，军队领导人、各军区司令和机动师师长都是中央执行委员或中央委员，到 1983 年 8 月，纲领党中央执行委员会的 15 名成员中，仍有 11 名是军人。See Christina Fink, *Living Silence in Burma: Surviving Under Military Rule*, New York, NY: Zed BooksLtd, 2009, pp. 29, 33；曹云华：《缅甸政治体制：特点、根源及趋势》，《东南亚》1988 年第 2 期。

1988 年恢委会制定了《政党注册法》（*Political Parties Registration Law*）。① 1989 年 2 月 16 日，官方的选举委员会公布了一份时间表，决定 1990 年 5 月举行大选；此后又多次声明，大选将如期举行；3 月 2 日公布了选举法草案，以供民众、党派和社团讨论。② 1989 年 6 月 1 日，又颁布了《人民院选举法》（*People's Assembly Election Law*），这两部法令让 1990 年举行民主大选成为可能。③ 7 月 5 日，苏貌在记者招待会上宣称，军政府将在大选前三个月取消对群众集会的限制。④

军政府颁布允许组建新政党后，反对派政党纷纷成立，迅速发展，全国已注册登记 233 个合法政党，他们绝大多数以"民主"为旗号。⑤ 这些政党尤其以 1988 年 9 月 27 日建立的民盟影响力最大，其创始人是昂季、丁吴和昂山素季。⑥

1988 年，昂山素季因其母中风回国，此后昂山素季留在国内开展反政府活动，大选前，昂山素季到全国各地做竞选演讲，因其为缅甸"国父"——昂山将军之女的特殊身份，以及其本身在国外丰富的求学和国际化就职经历背后所展现出来的优秀个人素质，⑦ 使得全国几乎所有反军方势力，都不分宗教、民族、政见，汇集到民盟麾下。⑧ 民盟迅速壮大，党员人数一度达到 150 万到 200 万，在大选前甚至达到了 250 万人，名副其实地成为缅甸最大反对党。⑨ 而这引起了军政府的高度警惕和重视，提出将她驱逐出境，可获得自由，但昂山素季拒绝了这一条件，于是军政府

① ［英］保罗·钱伯斯：《东南亚的宪法变迁与安全部队：以泰国和缅甸为鉴》，杜洁、陈欣译，《南洋资料译丛》2015 年第 4 期。

② 林锡星：《苏貌与缅甸政治》，《印度支那》1989 年第 3 期。

③ ［英］保罗·钱伯斯：《东南亚的宪法变迁与安全部队：以泰国和缅甸为鉴》，杜洁、陈欣译，《南洋资料译丛》2015 年第 4 期。

④ 贺圣达：《一九八九年的缅甸》，《东南亚》1990 年第 1 期。

⑤ 林锡星：《缅甸当前的经济与政治形势》，《世界经济与政治》1990 年第 2 期。

⑥ 昂季，奈温政府 1962 年成立的革命委员会核心成员，前缅甸陆军副总参谋长，1963 年 2 月辞去军政职务后两次被监禁；丁吴，前国防部长兼陆军总司令，1976 年被解职。

⑦ 昂山素季曾在 1964 年至 1967 年间留学英国，1969 年至 1971 年就职于联合国某办事处，任助理秘书职务，1972 年与英国人阿里斯结婚，1985 年至 1986 年，就职于日本京都大学南亚研究中心，任访问学者。

⑧ 林锡星：《缅甸当前的经济与政治形势》，《世界经济与政治》1990 年第 2 期。

⑨ 李晨阳：《军人政权与缅甸现代化进程研究》，博士学位论文，云南大学，2006 年，第 160 页。

1989 年 7 月 20 日，以"煽动骚乱罪"第一次将昂山素季软禁。[1]

　　1990 年 5 月 27 日，在恢委会主持下缅甸举行大选，最终 93 个政党参加了大选。[2]昂山素季的软禁并未影响民盟大选的"战绩"，最终民盟以 392 个席位和 59.9%的选票取得了压倒性胜利，民族团结党获得 10 个议席和 21.2%的选票，位居第四。[3] 1990 年大选结果统计见表 4—6。

表 4—6　　　　　　　　　　**1990 年缅甸大选结果统计**

政党名称	所获议席	占总议席的比例（%）
全国民主联盟	392	80.8
掸邦民族民主党	23	4.7
若开民主党	11	2.3
民族团结党	10	2.1
孟民族民主阵线	5	1.0
民族民主人权党	4	0.8
民族民主党	3	0.6
钦民族民主党	3	0.6
克钦邦民族民主联盟	3	0.6
勃欧民族组织	3	0.6
其他党派、独立候选人	23	5.9

　　资料来源：Khin Kyaw Han, 1990 Multi-party democracy general elections, in Democratic voice of Burma. MP-NLD, Yenangyaung（2）; Donald M. Seekins, *The Disorder in Order*: *The Army-State in Burma since* 1962, Bangkok: White Lotus Press, 2002, p. 210.

　　然而，当亲近恢委会的政党——民族团结党在选举中遭遇失败时，军政府立即以"先制宪，后交权"为由，否决了这一大选结果，拒绝交权给胜选的民盟，并声称本次选举只是为了组建一个机构负责起草新宪法。事实上，《政党注册法》在选举之后遭遇"转换"，恢委会对其进行了重新

---

① 　林锡星：《试析昂山素季对缅甸军政权态度的转变》，《东南亚研究》2004 年第 1 期。
② 　李晨阳：《军人政权与缅甸现代化进程研究》，博士学位论文，云南大学，2006 年，第 191 页。
③ 　James F. Guyot, "Myanmar in 1990", *Asian Survey*, Vol. XXXI, No 2, February 1991, p. 210.

诠释，那些敌对军政权的政党被取消注册。①

1990 年 6 月 19 日，苏貌连续发表讲话，表达对政权控制的安排，他在讲话中告诫：不要仓促起草宪法，以防止今后出现没完没了的政治问题，移交权力问题不是轻而易举能够实现的，还明确表示，决不允许恢复 1988 年局势的企图得以实现；7 月 3 日，苏貌说在缅甸的政治生活有可能改变之前，需要周密的安排，改革将是缓慢的；7 月 5 日，军政府发言人要求获得席位的 27 个党派的人士讨论起草新宪法；7 月 17 日，恢委会第一秘书钦纽说，现在军政府不释放昂山素季，也不交权，军政府不会容忍没有得到它的批准就建立的政府；7 月 23 日，军政府决定对昂山素季的软禁延长，并重申在成立新政府前，必须制定一部新宪法。②

1990 年 12 月 18 日，以盛温为首的民盟部分成员在缅泰边境成立"临时政府"之后，缅甸朝野双方于大选后围绕"交权与反交权"而展开的斗争变得更加激烈和复杂；民盟采取强硬立场，要求军政府就权力过渡和释放政治犯等问题与民盟对话的同时，还大造国际舆论，争取国际社会及美英等西方国家支持，力图使缅甸国内政治矛盾"国际化"来增加军政府的压力，迫其还政于民。③

由于民盟的少数当选议员对斗争的艰巨性和复杂性认识不足，急于成立"临时政府"与军政府分庭抗礼，于是军政府通过干预改组民盟中央执行委员会，对顺从和妥协的民盟领导成员进行拉拢和扶植，对拒不妥协的议员进行打击、逮捕，致使民盟在军政府拖延交权的情况下，内部出现了严重的分歧。④

在民盟内部发生分裂的危险和军政府的严厉打击的双重压力下，民盟中央为保持实力和合法地位，扭转被动局面，被迫做出重大让步；1991 年初，民盟中央接受了军政府先制宪后交权的主张，声明其与临时政府划清限限；1991 年 4 月，"民盟"改组了中央执行委员会，将坚持不妥协、军政府通缉和拘捕的原民盟领导人昂山素季和丁吴等排斥在领导机构之外，并在军政府控制下安插了部分亲信进入民盟中央；1991 年 12 月，原民盟

---

① K. S. Venkateswaran, Burma Beyond the Law, August 1996, p. 8 (http: //www. ibiblio. org/obl/ docs3/BBTL-ocr. pdf) .

② 贺圣达：《大选后的缅甸政局》，《和平与发展》1990 年第 4 期。

③ 孙浩泊：《浅析一年来缅甸政治、经济、外交动向》，《东南亚》1992 年第 2 期。

④ 同上。

中央总书记昂山素季在 1991 年 10 月获诺贝尔和平奖后，在军政府指使下被新的民盟中央以私通反政府武装和勾结外国组织等罪名开除党籍。① 苏貌军政府还宣布民盟"临时政府"为非法的组织，强迫民盟各地组织断绝与临时政府的联系，取消参加"临时政府"成员的议员资格。②

　　1991 年 3 月 27 日，苏貌在建军节上指责民盟搞分裂活动，破坏国家安定，投靠叛乱组织，并进一步加强对该组织的控制，逮捕了其领导人昂山素季，又判处丁吴徒刑。③ 此后，民盟议员大部分遭到打击，民盟基层组织基本瘫痪。④ 军政府对民盟分化瓦解和持久打压初见成效，民盟日渐衰微。

三　苏貌军政权拒绝转型的原因

（一）　以对政权完全控制为目标

　　由于奈温政权治理不善，高度集权，导致缅甸面临严重的经济危机和政治困境，大规模的反政府示威活动此起彼伏，军警、公务员和缅甸社会主义纲领党成员都纷纷上街游行加入示威队伍，缅甸军方领导人奈温被迫于 1988 年下台。⑤ 苏貌军政权上台后，指挥军警向游行示威队伍开枪，不惜动用武力对付任何可能的动乱，通过强硬的手段来镇压反政府运动，以维持对政权的完全控制。

　　第一，对反对派进行控制。苏貌军政权拒绝交权给在大选中获胜的民盟，逮捕了持反军政府立场的议员，不允许议会召开会议，压制反军政府活动。军政府以"煽动骚乱罪"将反对派领袖昂山素季软禁，开除昂山素季党籍，改组民盟中央执行委员会，打压民盟的政治空间，民盟领导人对形势又缺乏清醒认识，认为依靠国际社会支持和民众对军政府的不满情绪

① 　孙浩泊：《浅析一年来缅甸政治、经济、外交动向》，《东南亚》1992 年第 2 期。

② 　同上。

③ 　钟智翔、李晨阳：《缅甸武装力量研究》，军事谊文出版社 2004 年版，第 71 页。

④ 　李晨阳、陈茵：《影响缅甸民主化进程的主要政治势力》，《当代亚太》2006 年第 4 期。

⑤ 　Michael Charney，*A History of Modern Burma*，London：Cambridge University Press，2009，p. 159.

就能推翻军政府，因而对军政府的打压缺乏充足准备。① 几乎无力反击的民盟日趋衰微，逐渐无力对抗军政府的高压政策，民盟精神领袖昂山素季不断被军政府以各种理由限制外出活动，在军政府持久打压下，大批民盟党员纷纷退党，实力不断被削弱。在大选中当选的持反军政府立场的议员，都被以各种罪名撤销了其议员资格。

第二，取缔或解散政党，对政党进行控制。除了打击民盟外，军政府于1991年颁布了《人民议会选举法修改草案》，限制当选议员的活动，取缔了和平民主组织、新社会民主党和全国学生联合阵线、反法西斯自由同盟、民族民主统一阵线和爱国青年同盟等10余个政党组织。② 大批政党纷纷被迫解散或被取缔。

第三，对军队、公务员和学生等进行控制。苏貌军政府又颁布《禁止国家公务人员参与政党活动》的1991年第1号令，严禁军警人员和国家、政府机关工作人员参与任何党派、团体，以保证对国家职能机构特别是军警部队的控制，维护军队内部的纯洁性，确保军队团结，先后解雇了1.5万余名支持和同情昂山素季及民盟等反对派的军警及公务人员，其中1000余人被追究了刑事责任，③ 处分和解雇同罢工有牵连的公务员和国有企业职工，对政府机构的文职人员，凡持不同政见者进行整肃。④

此外，还逮捕学生运动领袖，禁止学生过问政治，并在学校编配"治安教师"，加强对学生的监视和管理。⑤ 采取把大学从城中心迁移到郊区做法，通过学生分散居住等手段，限制和控制学生参与政治活动。⑥ 此外还关闭了多所著名大学，学生被遣返回家或回乡。⑦

第四，对新闻自由进行控制。苏貌军政府还利用已有法律并制定新法律确立新闻审查制度，大批报刊出版物被查禁，新闻工作者受迫害，军政府严格控制舆论。《戒严法令》限制公共集会、印刷品出版及

---

① 李晨阳、陈茵：《影响缅甸民主化进程的主要政治势力》，《当代亚太》2006年第4期。
② 孙浩泊：《浅析一年来缅甸政治、经济、外交动向》，《东南亚》1992年第2期。
③ 同上。
④ 和劲松：《当代缅甸军人政权研究（1962—2000）》，硕士学位论文，云南师范大学，2001年。
⑤ 孙浩泊：《浅析一年来缅甸政治、经济、外交动向》，《东南亚》1992年第2期。
⑥ 李晨阳：《军人政权与缅甸现代化进程研究》，博士学位论文，云南大学，2006年，第192页。
⑦ 孙浩泊：《浅析一年来缅甸政治、经济、外交动向》，《东南亚》1992年第2期。

言论自由,《印刷商与发行人登记法》对一切文字印刷品进行出版前审查。①

由此可见,缅甸军政权的首要利益目标是利用军事权力和全部政治权力,对政权进行完全控制,军政府为了顺利达成完全控制政权的这一首要利益目标,采取强硬措施,利用军事力量和政治权力控制政权,并最大限度压制政治空间,在舆论上严格控制,加强了对社会和舆论的控制。

(二) 缺乏完备的保障条件

保障条件是指在权力交接过程中为降低不确定的转型风险而采取的相应保障性措施或条件,完备的保障条件能够有效地保障其在政权转型中的不确定风险。保障条件主要是通过建设组织、建立制度和维持军事暴力控制,实现转型对风险的逐级保障,保障条件只有三者同时具备(保障条件完备)才能极大降低转型的风险。保障条件不完备是指缺少其中三项的一项、两项,保障性条件不完备会导致转型中面临不确定和不可控的风险,不完备的程度越大,保障效果就越差。

苏貌军政权缺乏交权的完备保障条件。由于苏貌军政权掌握了绝对的军事权力,因此除了这唯一的军事保障外,苏貌军政权还缺少核心的制度保障和强大的组织保障。保障条件的不完备使得苏貌军人集团在面临交权和不交权两个选项时,没有制度保障和组织保障来确保其未来的收益和规避面临的风险,而只能选择唯一的军事手段为保障措施,来确保其利益不受损害。

由于苏貌军政权已经掌握了绝对的军事权力,因此其保障措施的缺乏主要体现在制度保障和组织保障上,下面将详细论及这三个保障条件的具体情况。

第一,苏貌军政权掌握着绝对的军事权力,拥有军事保障。早在缅甸被殖民时期,与文官精英相比,军方就一直非常强势,缅军在缅甸独立后的政治生活中,一直担当着重要角色。

---

① "Chronology of Burma's Laws Restricting Freedom of Opinion, Expression and the Press", Irrawaddy, May 2004 (http://www.irrawaddy.org/research_ show.php? art_ id = 3534).

缅甸现代国防力量始于英国人统治时期。[①] 英国占领缅甸以后,在缅甸建立了一支以现代武器装备的、服务于英国殖民统治的军队——缅甸殖民地安全部队(Colonial Burma's Security Force)。[②] 太平洋战争前夕,以昂山(Aung San)为首的一部分积极从事反英斗争和民族独立运动的缅甸领导人,即著名的"三十志士",同日本取得了联系。在日本人的支持下,他们经日本教官培训后于泰缅边境地区建立了一支约 1500 人的反殖民游击武装——"缅甸独立军"(the Burma Independence Army)。1941 年底,日本偷袭珍珠港,继而大举侵入东南亚,太平洋战争爆发。1942 年 1 月,"缅甸独立军"随侵缅日军一起越过泰缅边境的峡谷进入缅甸。随着"缅甸独立军"的出现,缅甸许多爱国志士投身反英武装斗争聚集到该军旗下。日军攻占缅甸后,"独立军"即被日军收编为"国防军"(the Burma Defence Army),规模约 5000 人。1945 年 3 月 27 日,"国防军"在"反法西斯人民自由同盟"的领导下,配合盟军向驻缅日军发动全面进攻,与盟军一道把日军赶出了缅甸;同时"国防军"改称"国民军"(the Burma National Army);抗日战争胜利后,"国民军"又改称为"缅甸爱国军"(the Patriotic Burmese Forces)。[③] 1945 年 9 月,缅甸爱国军和英国殖民军的缅甸部队合并为缅甸国防军(the Burmese Armed Forces),成为主要的国家安全机构,约 25000 人,其创建者昂山将军被英国任命为缅甸执行委员会(the Executive Council of Burma)副主席。[④]

1948 年独立初期,缅军编制和各种制度均沿袭英军制;从 1956 年起,缅甸政府不断地对陆军进行改编、扩编,并取消了原陆、海、空三军司令部分体制,形成了总参谋部统一指挥三军的体制;1962 年奈温上台后,把缅甸军事督察部队的 28 个营全部并入陆军,使缅军人数增至 11 万余人;1986 年左右,缅甸国防系统总人数(包括各军事院校、国防工业及警察部

① 在殖民时期,为了维护内部安全,缅甸建立了了强大的安全部队——缅甸殖民地安全部队,1937 年演变为英属缅甸军(the British Burma Army),为了竭力让缅甸归顺于英国的殖民统治,长期以来,安全机构预算不断增加,英属缅甸军规模不断扩张。See Mary Callahan, "State Formation in the Shadow of the Raj: Violence, Warfare and Politics in Colonial Burma", *Southeast Asian Studies*, Vol. 39, No. 4, March 2002, p. 534.

② 何平:《缅甸国防力量概述》,《东南亚研究》1992 年第 6 期。

③ 同上。

④ [英]保罗·钱伯斯:《东南亚的宪法变迁与安全部队:以泰国和缅甸为鉴》,杜洁、陈欣译,《南洋资料译丛》2015 年第 4 期。

队）已达 18 万人。①

1988 年 9 月，苏貌军政府接管政权后，取消了国防安全委员会，设国防总司令部，苏貌兼任总司令和国防部长；苏貌继承了奈温的建军路线和建军思想，进一步扩大了军队对缅甸政治、经济、文化等各领域的影响，加快了扩军的步伐。② 1988 年缅甸军队的人数达 17 万人；③ 1990 年，缅军人数增长到 20 万人。此后，缅军开始实施"军队建设五年规划"（1990—1995 年）；经过 5 年的建设，缅军的编制和实力不断扩大，陆军增加了 3 个军区、1 个机动师、283 个步兵营、170 多个特种兵营和 20 个侦察队，新增兵力 14 万人；此后，缅甸陆军保持了强劲的发展势头，海军和空军也进行了大规模的扩编。④ 自 1990 年以来，缅军先后从波兰、南斯拉夫、俄罗斯和中国等国购买坦克、装甲车、雷达、导航等，这很大程度上提高了军队的装备水平；同时，缅军也十分注重卫星、通信、电子等军工技术，加速国防工业的发展。⑤ 缅甸军方始终牢牢掌握着国家军队。

缅甸每当出现严重政治危机之时，几乎都由军人接管政权而实行军人统治，在军人不直接进行统治时期，军方实际上也是缅甸政治生活的监护者，军方的至高地位和强大实力有其深厚的历史渊源和现实需要。除此之外，缅甸军人集团还拥有强大的经济实力；1990 年 4 月 27 日成立的缅甸经济控股公司（UMEH）成为军政府控制国家经济命脉的工具，军人和退役军人所掌握的资产约达 18 亿美元之巨。⑥

第二，苏貌军政权缺乏制度保障，核心制度——宪法——还处于讨论和协商阶段，其制度保障尚未建立。缅甸从 1948 年独立后，开始实行议会民主制，但经过多年实践，民主制度名存实亡而弊端显见。1974 年重新起草了一部宪法，该宪法以一党制为基础致力于将缅甸建设成社会主义民主国家。而 1988 年该宪法就停止使用，直到 1993 年才召开国民大会讨论制定新宪法。因此，对于军方来说，在 1990 年大选结束后，缅甸国内没有一部基本法——宪法，用以确保各方的行为和准则。如果军方没有相关

① 何平：《缅甸国防力量概述》，《东南亚研究》1992 年第 6 期。
② 钟智翔、李晨阳：《缅甸武装力量研究》，军事谊文出版社 2004 年版，第 3 页。
③ 贺圣达：《大选后的缅甸政局》，《和平与发展》1990 年第 4 期。
④ 钟智翔、李晨阳：《缅甸武装力量研究》，军事谊文出版社 2004 年版，第 12 页。
⑤ 同上书，第 13—14 页。
⑥ 贺圣达：《大选后的缅甸政局》，《和平与发展》1990 年第 4 期。

制度安排来保障其利益，军方就选择交权给民盟无异于自掘坟墓。

第三，苏貌军政权的政治组织保障能力欠缺，尚未建立或扶持起一个军人能够完全控制，并且能与反对派民盟相抗衡和比肩，又能在交权后担当重任的强大政治组织——政党。1988 年 9 月 24 日，缅甸社会主义纲领党改组为民族团结党，9 月 29 日宣布成立新的中央委员会，10 月 12 日，该党向大选委员会注册成为合法政党。[①] 苏貌军政府虽然支持民族团结党，安排利用政府报纸和宣传平台为其宣传政治纲领，但由于从 1988 年到 1990 年仅仅两年时间，民族团结党又经历从缅甸社会主义纲领党的重组，本身的实力极大地被削弱，加之是由前执政党改组而来，在民众中口碑极差；同时，其主要领导人是纲领党时期的"老人"，思维严重老化，缺乏活力和吸引力。[②] 因此，军方缺乏完全信赖和能够担当交权重任的强大政党的支撑。

1990 年大选后，军政府认识到要延续军队在缅甸政治中的地位和作用需要重新成立一个为自己所控的强大政治组织；1993 年 9 月 15 日巩发协因此而成立，该组织事实上就是军政权未来接班人的储备基地，[③] 以适应多党民主政治体制下，政党作为参与核心政治生活的平台和依托。

（三）目标与条件的差距及影响

1988 年大动乱之后的缅甸遭受重创，经济出现负增长率，外汇短缺，财政拮据，出口急剧下降，通货膨胀率高，国内社会动荡，甚至部分政府公职人员和军人都加入到抗议示威队伍中；美国、日本、西德都中止援助，外国势力以侵犯人权为由也试图干涉缅甸内政。[④] 在如此严峻的国际国内形势下，苏貌军政权仍然断然拒绝交权给大选中获胜的民盟而拒绝政权转型。下面将主要论述目标与条件的差距对苏貌军政权拒绝交权的影响。

苏貌军政权在大选后面临两个可选项（主动交权和拒绝交权）。由于

①　时永明：《缅甸民主化转型的特点和影响》，《国际问题研究》2012 年第 2 期。
②　李晨阳：《军人政权与缅甸现代化进程研究》，博士学位论文，云南大学，2006 年，第 191 页。
③　贺圣达：《缅甸：军人执政十年（1988—1998）的政治经济和外交》，《东南亚》1998 年第 4 期。
④　林锡星：《苏貌与缅甸政治》，《印度支那》1989 年第 3 期。

保障条件不完备，使得选择不交权而对政权完全控制作为其利益目标相对交权而放弃对政权的控制来说收益相差巨大。下面分别对这两个选项进行具体分析。

一是放弃控制政权（主动交权）。放弃控制政权是指军人政权主动放弃对国家政权的控制力，对反对派不形成任何优势，对国家政权的影响力小。很显然，在保障条件不具备的情况下主动交权给反对派，按照民盟的态度和想法，民盟上台必将对前军政府成员进行打压、追究责任和进行起诉。若军方主动交权给民盟后，军方连最基本利益都无法确保，甚至还可能因此付出更大代价，净收益为负。

二是完全控制政权（拒绝交权）。完全控制政权是指军人政权以绝对军事权力和绝对政治权力为手段，维持对国家政权的完全和绝对的控制，不允许反对派有任何的政治空间，拒绝交出权力。相对于放弃控制政权的利益目标来说，对政权的完全控制能够使得军方所获的收益更大，尤其是在无保障性条件的情况下主动交权力的收益、风险和后果为负，并且风险不可控，军方不顾一切拒绝交权，维持对政权的完全控制，对军方来说是上策。

对于苏貌军政权而言，选择完全控制政权，其统治的净收益最高，而一旦主动交权给民盟而放弃对政权的完全控制，民盟的强硬和不妥协，以及缺乏完备的保障措施，使得苏貌军政府面临上台后被反对派起诉、追究和打压的残酷结局，这显然对军方来说是下下之策。对于苏貌军政府拒绝交权而维持完全控制来看，关键性制度的缺失和组织保障能力欠缺导致其保障条件不完备，在这种情况下交权，会导致转型中面临巨大的不确定风险。相反，军方选择对政权完全控制，相比放弃控制政权而言，可以使过程可控，最大限度地降低风险和成本，获得最大的净收益。综上所述，苏貌军政权的目标与保障条件的差距，使得在无完备的保障条件下，选择拒绝交权是苏貌政权的理性选择的结果。

四　本章小结

1988年至1992年苏貌军政权执政，缅甸国内政局动荡，经济在负增长边缘徘徊，长期贸易逆差，国外又面临西方的全面封锁和经济制裁，在此种内忧外患的困局之中，苏貌军政权拒绝交权给大选中获胜的反对派——民盟。苏貌军政权不惜动用军事权力和全部政治权力压制反对派，使得民盟无任何政治权力空间，其核心利益目标是取得对政权的完全控制。与此同时，还采取一系列措施限制民众的政治空间、社会参与和新闻舆论，以维持和巩固对政权的完全控制。

苏貌军政权拒绝交权给民盟，其根本原因在于保障条件的不完备（军事保障虽已具备，但制度保障尚未建立，组织保障实力欠缺）。在保障性不完备的条件下交权的收益、风险和后果均不可控，这将使军方交权后，最基本利益无法得到保障，甚至还会因此付出更大的代价，交权所获得的净收益为负；而选择完全控制政权而拒绝交权，军方所获得净收益将更大，尤其是在内忧外患下，军方在实力不够强大时，不交权对于军方来说才是上上之策。苏貌军政权的目标与条件的差距，使得在无完备的保障条件的前提下，选择拒绝交权是苏貌政权的理性选择的结果。此后，随着缅甸经济状况的逐步好转，政局的日渐稳定和外交关系的进一步改善，缅甸军政府的地位得以巩固，大部分民众已开始对军政府实行的内外政策"表示支持""感到满意"，并称"其在各方面都取得了成功，正在以变革时代的革命办法把缅甸建成一个新型的国家"[1]。

---

[1] 孙浩泊：《浅析一年来缅甸政治、经济、外交动向》，《东南亚》1992 年第 2 期。

第五章　缅甸丹瑞军政权开启转型
（1992—2011 年）

1992 年丹瑞开始执掌缅甸政权。1992—2011 年是缅甸转型的准备和开启阶段。本章首先详细陈述丹瑞执政时期缅甸的政治发展状况、经济增长水平和对外关系基本情况；其次对 2010 年缅甸大选结果情况进行了回顾；最后深入地分析丹瑞军政权开启转型的原因，从正面验证了本书的假设。

一　丹瑞执政时期的缅甸政治、经济与外交

（一）政治状况：丹瑞软硬兼施统治

苏貌于 1992 年因健康的原因而退隐，由当时的恢委会副主席丹瑞（Than Shwe）上将接替苏貌出任主席一职，并兼政府总理、三军总司令和国防部长三职。丹瑞在 1997 年又领导成立了国家和平与发展委员会，由自己担任主席、政府总理和国防部长。新生代领导人上台之后，除了着力改善军人集团形象之外，还采取各种软硬兼施的政治手段。一方面多次软禁又多次释放昂山素季，镇压袈裟革命，收紧新闻媒体自由，加强舆论控制；另一方面又促进民族和解，缓和民族矛盾。

第一，丹瑞上台后，调整高层人事，调整后的军政权被新生代军官所掌控。

2001 年 1 月，军政府对军队高层人事进行了大规模调整，原来和发委的 18 名成员中被免职 1 人、被易职 11 人，国防部的 19 个部（署）长被免职 5 个。在军事机构的人事安排方面，抽调 12 个陆军军区司令中的 10 人到国防

部工作，同时晋升他们为中将军衔并继续担任和发委委员，另从机动师和作战指挥部中遴选 10 人升任军区司令，晋升少将军衔；在机构方面，特战局一分为四，分驻东枝、曼德勒、勃固、勃登，管辖除仰光省外的 13 个省/邦，分别由耶敏、貌波、钦貌丹和昂兑等四名新晋升的中将担任局长，同时缅军新设"陆海空三军协调指挥官"一职，由瑞曼中将担任。①

这次缅军的大调整进一步理顺了缅甸军政府的内部关系，由于军区司令不再担任和发委委员，地方势力遭到了削弱，在一定程度上可以防止过去军区司令与中央讨价还价以及干预人事变动事件的发生，以丹瑞为首的中央政府的权威得到了巩固和加强。②

第二，丹瑞执政后，推进各党派对话，制定宪法的基本原则。

丹瑞军政权断断续续推进制宪国民大会和民主路线图，加强同缅甸各个政党团体（包括反对派）和社会各界力量和代表人士的对话，重点着手组织国民大会，酝酿了民主路线图，制定宪法的基本原则。

1993 年缅甸制宪国民大会首次开始讨论制定新宪法，但国民大会在 1996 年又临时中断。2003 年 8 月 30 日，新任命的缅甸军政府总理钦纽上将在接见各部门负责人、军区司令、非政府的社会和经济团体协会代表时，就缅甸国家的未来发展政策走向发表讲话，对外公布了七步民主路线图计划（见表5—1）。

表5—1 缅甸七点民主路线图

步骤	内容
第一步	重新召开国民大会
第二步	探索建立有章可循的民主制度
第三步	起草新宪法
第四步	全民公投通过宪法
第五步	举行公平的大选，组成议会
第六步	按照新宪法召开立法会议
第七步	由议会选举产生国家领导人、政府及其他中央机关，建立现代、发达和民主国家

资料来源：参见《缅甸新光报》（缅文版）2003 年 8 月 31 日。

---

① 李晨阳：《军人政权与缅甸现代化进程研究》，博士学位论文，云南大学，2006 年，第 164 页。
② 同上。

第三，多次软禁和多次释放反对派领袖昂山素季，反对派势力大为削弱，极大巩固和加强了军方的实力和地位。①

昂山素季于 1989 年开始被军政府软禁，直到 1995 年 7 月，昂山素季向军政府承诺以后不再介入任何政治活动，才被解除软禁；其后昂山素季又继续要求军政府承认 1990 年的选举结果；1996 年 11 月，军政府指控她鼓动学生示威从而再次软禁她。② 昂山素季在第二次获释后违背承诺和军政府的禁令，到外地进行政治宣传和活动，军政府于 2000 年 9 月 22 日第三次软禁了她。

从 2000 年 10 月开始，奈温积极推动与民盟谈判和秘密对话；2001 年9 月后，军方高层就加快了谈判速度，以预防奈温离世后局势的失控、谈判的中断和军队的分裂；2002 年 5 月 6 日，昂山素季在被软禁近 2 年后被军政府无条件释放，军政府表示她可自由参与任何政治活动，此后军政府还进一步放宽对民盟的限制，允许民盟组织合法活动。③

民盟在吸取过去坚持决不妥协的强硬立场而遭受惨痛失败的教训后，也意识到在现有的政治格局下进行妥协是必要的，需要改变斗争策略，从直接达成民主转为以渐进方式实现民主。双方在存在严重分歧和对话一度面临破裂的情况下达成了一定程度的妥协，民盟的妥协主要体现在对军方关注的三个核心利益的退让上：一是同意收回要求军政府承认 1990 年大选结果而交权这一一贯核心立场，转而肯定军方在缅甸政治中的重要地位；二是同意与军政府组成联合过渡政府，若民盟在大选中再次获胜确保不运用法律手段追究和起诉军政府此前的行为；三是同意在新宪法中明确军队拥有 25% 的非选举议席，总统与三军总司令的级别保持平级，总司令的继任者和参加议会的军队代表团成员由三军总司令任命和指定，三军总司令可以在授权下直接领导国家安全事务等。④

昂山素季于 2003 年 5 月 30 日在缅甸实皆省的耶乌镇（Ye Oo）发表

① 贺圣达：《1988 年以来的缅甸：发展、稳定和开放》，《东南亚》2001 年第 4 期。
② ［缅］博德·佐纳：《昂山素季关于民主的演讲（1995—1996）》，科科登、福兰柯·丹等译，仰光甘果乌耶文学社 2014 年版。
③ 林锡星：《试析昂山素季对缅甸军政权态度的转变》，《东南亚研究》2004 年第 1 期。
④ 同上。

了抨击政府的讲话，这引发了双方各自支持者间的流血冲突，导致 50 多人死伤。① 军政府因而关闭了民盟仰光总部和全国各地的分部（包括 Mandalay、Moulmein 和 Bassein），并对昂山素季实施"监护"措施。② 昂山素季软禁令应该于 2007 年 5 月 27 日届满，但军方告知她软禁时间将延长。直到 2010 年 11 月 13 日，昂山素季才被最终释放。1989—2010 年缅甸军政府对昂山素季的历次软禁③见表 5—2。

表 5—2　　　　　1989—2010 年缅甸军政权对昂山素季的历次软禁

时间	次数	原因
1989.07—1995.07	第一次	以危害国家罪被软禁
1996.11—2000.09	第二次	被指煽动学生示威被软禁
2000.09—2002.05	第三次	因违反军方禁令被软禁
2003.05—2007.05	第四次	因引发流血冲突被"监护"
2007.05—2010.11	延长第四次软禁	—

资料来源：刘鹏：《缅甸的民主改革与美国的认可》，《国际政治科学》2014 年第 3 期。

第四，暴力镇压"袈裟革命"。2007 年 8 月 15 日，政府大幅提高燃油价格，导致公交车票等许多涉及民生的相关行业和产品涨价，引发群众不满，靠化缘度日的僧侣更是备受压力；8 月 19 日，有民众上街游行要求政府撤回燃油提价决定，在要求未得到满足的情况下，活动升级并蔓延。④ 8 月 22 日，政府逮捕了组织游行的领导者，为防止游行示威不了了之，僧侣开始参与。⑤

8 月 30 日，位于缅甸西北部的实兑市的僧侣首先走上街头；9 月 5 日，

① The New Light of Myanmar, 1 June 2003.
② 蔡建新：《昂山素季又遇麻烦》，《世界新闻报》2003 年 6 月 11 日（http://news.sina.com.cn/w/2003-06-11/12071159141.html）。
③ 关于缅甸的民主斗争研究还可参见温登乌《冒险之途上的昂山素季及相关文章》，仰光未来出版社 2013 年版；［缅］博蒂尔·林特纳《怒火：缅甸民主斗争》，散温貌、敏莫南译，仰光芬芳文学社 2013 年版。
④ 马燕冰：《缅甸政局不稳的深层原因及前景》，《国际资料信息》2007 年第 10 期。
⑤ 王全珍：《略论缅甸僧侣与缅甸政局》，《东南亚之窗》2008 年第 1 期。

位于缅甸中部的帕科库市僧侣大批走上街头；9 月 19 日起，仰光和曼德勒等地的僧侣和市民连续进行游行示威，规模扩大；9 月 24—25 日，仰光游行的僧侣达 2 万人至 3 万人，总人数达到 10 万人；9 月 25 日，缅甸军政府宣布在仰光和曼德勒实行 60 天期限的宵禁，5 人以上的个人集会被禁止。① 缅甸军政府采取软硬兼施的两手策略来应对危机。例如，让政府支持的"巩固与发展协会"与佛教界领袖沟通，为寺院捐赠食物、药物和数千美元，以化解僧侣的对立情绪；政府还于 10 月初释放了一半被捕的游行人士，成功控制住了局势。② 这场上万名僧侣身披黄色袈裟的运动被称为"袈裟革命"。③

第五，加强媒体和舆论控制。丹瑞军政府沿用英国殖民时期于 1923 年颁布的《官方机密法》（*Official Secrets Act*）、1950 年的《紧急条款法》（*Emergency Provisions Act*）作为打压新闻界的工具。此外，1996 年缅甸新军人政府先后颁布了几项压制性法令，用以有效管控舆论，以实现其统治的合法化，阻碍民主人士的反对，如《第五号法令》《电视与视频法》（*the 1996 Television and Video Act*）、《电影法》（*the 1996 Motion Picture Law*）、《计算机科学发展法》（*the 1996 Computer Science Development Law*），2004 年又颁布《电子法案》（*the 2004 Electronic Transactions Act*）和《互联网法》（*the 2004 Internet Law*）等。

丹瑞军政府颁布的《第 5 号法律》第二章表示，"禁止任何有损国家稳定、社会安宁的煽动行为、示威、演讲以及口头或书面陈述"④。《电视与视频法》规定"所有电视、录像机以及卫星电视的拥有者都必须到交通、邮政和电信部注册备案获得执照"，"视频审查委员会负责对所有进口和缅甸自制视频进行审查"。⑤《电影法》规定"所有电影要经过审查才能播出"⑥。《计算机科学发展法》规定，"所有电脑都需到交通、邮政和电

---

① 李晨阳：《"袈裟革命"后看缅甸军人政体》，《世界知识》2007 年 10 月 25 日。

② 马燕冰：《缅甸政局不稳的深层原因及前景》，《国际资料信息》2007 年第 10 期。

③ 同上。

④ "Chronology of Burma's Laws Restricting Freedom of Opinion, Expression and the Press", IRRAWAD-DY, 1 May 2004（http://www2. irrawaddy. org/research_ show. php? art_ id = 3534）.

⑤ Ibid. .

⑥ Ibid. .

信部登记备案"，且"一切分发、散布和获得有害国家安全、统一及民族文化的信息都将触犯法律"。①《电子法案》规定"进口、持有和使用调制解调器必须事先得到官方许可，否则会被判处 15 年有期徒刑"②。《互联网法》规定"禁止在网上发布任何有损联邦利益、政策和安全的作品和内容，违反规定的人会受到处罚"。③ 除了出台法律进行限制外，还通过技术手段对互联网进行管制。④

缅甸广播电视基本发挥着官方的"喉舌"的作用；到 2009 年，缅甸只有两家政府控制的电视台（其中一家为军方控制）和两家公私合营电视台。⑤到 2010 年，缅甸全国性日报有 3 份——*Myanmar Ahlin*（缅文版）、*Kyemon*（缅文版）和 *New Light of Myanmar*（英文版）；缅甸传媒消息的唯一来源几乎就是官方通讯社——Myanmar News Agency（MNA）。⑥

由此可见，丹瑞执政时期的媒体和舆论控制与苏貌军人执政时相比，虽然相对有所松动，但是对舆论和媒体的控制仍然十分严格；丹瑞军政权时期，许多新闻工作者要么被投进监狱，要么被迫流亡海外。⑦ 无国界记者组织（Reporters Without Borders）在其发布的历年世界新闻自由指数（World Press Freedom）排名中，缅甸的新闻自由在世界长期处在倒数前五位的水平。⑧ 2002—2010 年缅甸新闻自由指数排名见表 5—3。

---

① 张子宇：《缅甸放松新闻审查制度》，《时代周报》2012 年 2 月 16 日。

② "Reporter Without Borders. Internet Enemies（2011）"，6 May 2013（http：//march12. rsf. org/i/Internet_ Enemies. pdf. p. 12）.

③ "Chronology of Burma's Laws Restricting Freedom of Opinion，Expression and the Press"，IRRAWAD-DY，1 May 2004（http：//www2. irrawaddy. org/research_ show. php? art_ id＝3534）.

④ "Reporter Without Borders. Internet Enemies（2011）"，6 May 2013（http：//march12. rsf. org/i/Internet_ Enemies. pdf. p. 11）.

⑤ "The World Facebook（Burma）2012"（https：//www. cia. gov/library/publications/the-world-face-book/geos/bm. html）.

⑥ 陈力丹：《缅甸新闻业的历史与面临的制度变化》，《新闻界》2012 年第 12 期。

⑦ 展江、黄晶晶：《开明、威权与自由之光：160 年缅甸新闻法制史管窥》，《杭州师范大学学报》2013 年第 5 期。

⑧ 同上。

表 5—3　　　　　　　　2002—2010 年缅甸新闻自由指数排名

年份	新闻自由指数	排名	国家总数
2002	96.83	137	139
2003	95.50	164	166
2004	103.63	165	167
2005	88.83	163	167
2006	94.75	164	168
2007	93.75	164	169
2008	94.38	170	173
2009	102.67	171	175
2010	94.50	174	178

资料来源：1992—2001 年数据缺失。展江、黄晶晶：《开明、威权与自由之光：160 年缅甸新闻法制史管窥》，《杭州师范大学学报》2013 年第 5 期。新闻自由指数越高，表示新闻自由度越低。参见世界新闻自由指数网站：http://en.rsf.org/spip.php?page=classement&id_rubrique=1034。

　　第六，丹瑞执政时期军政府改变了对主要武装反对派单纯依靠军事镇压的手段，而是采取各个击破、分化瓦解的策略。丹瑞政府除采用军事手段外，还从政治、经济、社会等多方面入手，使复杂、紧张的民族关系暂时得以缓和，不单与多支少数民族武装达成和解，还瓦解了非政府武装组织中的典型代表果敢同盟军。① 尤其是丹瑞政府于 2005 年将首都从仰光迁至距离仰光以北 400 公里山区彬马那，后称为内比都（Nay Pyi Daw），② 大大地压缩了北方非政府武装组织的生存空间和战略纵深，有效地加强了对北方边远地区的控制。虽然，缅甸国内仍有十来支反政府武装未与缅甸中央政府签订和平协议，但力量分散、所据地盘小，反政府武装从总体上看，对缅甸政府难以构成大的威胁。③ 1992—2011 年与缅甸中央政府签订和平协议的武装组织如表 5—4 所示。

① 钟智翔、李晨阳：《缅甸武装力量研究》，军事谊文出版社 2004 年版，第 3 页。
② 丹温莱：《丹瑞：内比都之王》，仰光伦吴文学社 2014 年版。
③ 贺圣达：《缅甸：军人执政十年（1988—1998）的政治经济和外交》，《东南亚》1998 年第 4 期。

表5—4 1992—2011年与缅甸中央政府签订
和平协议的武装组织

名称	和解时间	所属特区	领导人	活动区域	备注
克钦独立军	1994.2.24	克钦邦第二特区	英般腊、宗卡、都甲	克钦邦、掸邦北部中缅边境	克钦独立组织领导
克耶民族解放军	1994.5.9	克耶邦第二特区	吴山达、吴吞觉	克耶邦、掸邦南部地区	—
新克洋邦党	1994.7.26	克耶邦第三特区	吴瑞埃、丹梭奈	克耶邦缅泰边境	克耶民族进步党分裂部
掸邦各民族人民解放组织	1994.10.9	—	达格莱、赛门楠、吴盛瑞	掸邦南部、克耶部分地区	原掸邦民主进步党右翼
克耶民族进步党	1995.3.21	克耶邦第四特区	吴昂丹莱、吴库特布伯	克耶邦、缅泰边境地区	原称克伦尼民族进步党
民主克伦佛教徒军	1995.3.2	—	达图觉、特达伯	克伦邦、孟邦梭曼诺等地	1995年从克伦民族联盟分裂
新孟邦党	1995.6.29	—	奈瑞金、奈梭敏、吴奈廷	孟邦、德林达益省	—

资料来源：钟智翔、李晨阳：《缅甸武装力量研究》，军事谊文出版社2004年版，第339—341页；国际危机组织：《中国的缅甸战略：选举、民族政治和经济问题》，《亚洲简报 N°112》2010年9月2日。

一方面，缅共分裂后形成的武装力量多成为缅甸政府承认的合法组织，其统治地区成为缅甸国内的"特区"，多数反政府武装已同政府达成和解，国内基本上实现了和平。例如，克钦独立军在多次谈判后于1994年2月与政府达成和解，国内主要反政府武装除了克伦民族武装外都已停止武装反政府活动。

表5—5　　　　　1992—2011 年继续与缅甸中央政府
对抗的非政府武装组织

名称	领导人	活动区域	备注
克伦民族联盟	苏巴丁、波妙、梭瑞赛	克伦邦、缅泰边境及德林达益省、勃固省	—
全缅学生民主阵线	博钦貌、奈昂博士、莫迪松、吴龙提	缅泰、中缅边境，在缅甸设有中央分局	2010 年 4 月，缅甸泼水节恐怖袭击系该组织所为
佤民族组织	麻哈三、觉西山蒙	掸邦南部、东部、缅泰边境	原属坤沙残部
掸邦民族军	甘约、吴赛楠、吴孔色	掸邦北部及缅中边境地区	原掸邦进步党左翼，曾投靠坤沙，后又分裂出来
若开民族联合解放军	山瑞昂、坎貌基、突都昂	若开邦中部，缅孟边境	原称若开解放军
若开民族联合军	吴干钦新、吴坎	若开中部地区	原称阿拉干民族解放组织
全缅穆斯林组织	达突却、吴胡盛	孟邦、勃固山区、若开邦缅孟边境	与穆斯林解放组织有联系
穆斯林解放军	穆罕默德·扎菲尔、穆罕默德·尤努斯	若开邦缅孟边境	又称罗兴加穆斯林团结组织
缅甸共产党德林达益军区	吴梭伦、吴瑞却、吴敏瑞	德林达依省缅泰边境地区	—
钦解放组织	吴貌钦	钦邦、实皆省缅印边境地区	与印度"米佐"、那加武装有联系

　　资料来源：钟智翔、李晨阳：《缅甸武装力量研究》，军事谊文出版社 2004 年版，第 339—341 页；钟智翔：《缅甸研究》，军事谊文出版社 2001 年版，第 380—382 页；国际危机组织：《中国的缅甸战略：选举、民族政治和经济问题》（中文版），《亚洲简报 N°112》2010 年 9 月 2 日。

　　另一方面，缅甸军政权分化瓦解和打击一些民族武装组织。例如，一度自立"掸邦共和国"的坤沙武装集团，在遭到政府军几次大规模围剿和内部分裂后，于 1996 年 1 月向军政府投降而彻底瓦解；克伦民族武装，在政府的多次围剿和打击下，也趋于衰落。① 尤其是掸邦第一特区的果敢同盟军于 2009 年 8 月 8 日被缅甸中央政府解除武装而遭受重大打击，濒于瓦解；果敢特区彭家声政府被缅甸果敢特区临时治安委员会接管。② 缅甸国内仍有十来支反政府武装未与缅甸中央政府签订和平协议（见表 5—5）。

（二）经济发展：高水平增长

虽然缅甸受到来自西方的孤立和制裁，但总体上保持甚至发展了与周边国家关系，与东盟、中国和印度等国家的良好关系，赢得了有利于其生存的较好周边环境。西方的孤立和制裁影响了缅甸国内政局的稳定，支持和鼓励反对派，延缓了缅甸经济社会发展，也影响了普通民众收入的增加和生活水平的提高，但难以动摇缅甸军政府统治的经济和社会基础，影响不了缅甸军人统治的继续存在。③ 缅甸在去殖民化推行缅甸化，以及在解决族群冲突中，反而使得军政权的权威统治更加稳固。

---

① 贺圣达：《缅甸：军人执政十年（1988—1998）的政治经济和外交》，《东南亚》1998 年第 4 期。

② 2009 年 4 月，缅甸政府首次宣布将非政府武装组织整编为中央控制的边防军的计划，要求地方指挥官听命于中央，并放弃对族群日常事务的管理权。中央政府军事安全局局长耶敏中将专职负责与缅甸北部非政府武装组织谈判。2009 年 6 月 5 日，果敢同盟军拒绝了中央政府的整编计划。2009 年 8 月 8 日，缅甸政府军以查毒品和枪械厂为由与果敢同盟军交火。8 月 23 日，果敢同盟军分裂，副司令白所成和果敢县长明学昌率众投靠缅甸中央政府，追随彭家声二十余年的特警大队长赵凯也率部投靠了白所成，希望推翻彭家声政权。8 月 25 日，白所成等人与中央政府达成协议成立缅甸果敢特区临时治安委员会，白所成出任主席兼总司令。8 月 27 日，缅甸中央政府军在杨龙寨和老象塘等多个方向对果敢同盟军进攻，大批难民逃往中国。8 月 28 日，缅甸中央政府军继续对果敢同盟军进行炮击。8 月 29 日，杨龙寨后山上最后一场战斗结束后，彭家声所率部队四散，彭家声不知去向。30 日，缅甸中央政府全面控制果敢，果敢战斗结束。2009 年 12 月 4 日，果敢同盟军被正式改编为由缅甸中央政府控制的边防军，实质性自治的果敢同盟军政权正式瓦解。2011 年 3 月 25 日，果敢地区正式更名为"果敢自治特区政府"，缅甸中央政府正式掌管果敢地区。参见张伟玉《政治身份认同与缅甸缅甸果敢同盟军的瓦解》，《当代亚太》2012 年第 2 期；周宇、吴海云《缅甸内战波及中国边境》，《凤凰周刊》2009 年第 29 期；《缅甸新光报》（缅文版）2009 年 12 月 4 日。

③ 贺圣达：《缅甸：军人执政的 20 年（1988—2008）的政治发展趋势》，《东南亚纵横》2008 年第 8 期。

丹瑞执政后还加强了与周边国家的经济贸易往来与技术交流，缓解了因西方国家经济制裁带来的压力；缅甸先后同 30 多个国家和地区加强了经济、贸易、农业、工业和矿业领域的合作与交流，并先后与日本、中国、泰国、韩国、新加坡和马来西亚等国展开经济合作。缅甸与周边国家保持了良好经济交流，特别注重与中国、印度、日本三个大国保持合作关系。①

从经济上看，从 1992 年后，缅甸经济摆脱了此前的负增长局面。但1992 年至 1998 年缅甸经济仍处于较低速增长期。跟其他东南亚国家一样，1997 年亚洲金融危机之后缅甸经济跌入低谷。直到 2010 年，国际形势平稳，缅甸国内稳定，缅甸经济才处于高速增长期，平均增长率维持在 10%左右。直到 2011 年缅甸政治转型之际，缅甸经济才有所放缓。1992—2011 年缅甸 GDP 增长曲线如图 5—1 所示。

图 5—1　1992—2011 年缅甸 GDP 增长率

资料来源：1992—1999 年数据参见 Central Statistical Organisation 1995，1997，2003，Statistical Yearbook。其他数据来自缅甸经济与计划发展部、全球宏观经济数据库和 EIU。2011—2012 财年数据参看中华人民共和国驻缅甸经济商务参赞处网站 http：//mm. mofcom. gov. cn/article/jmxw/201402/20140200501841. shtml。

在 20 世纪 90 年代，缅甸进口增长的速度快于出口增长速度；由于缅甸需要进口大量的消费品和轻工业产品，而大宗出口商品多集中在农产

———————————————

① 刘新生：《缅甸大变革及其对中缅关系的影响》，《东南亚纵横》2013 年第 1 期。

品、水产品、林产品和珍稀矿产品等初级产品，这直接导致了缅甸出现大规模的贸易逆差，同时缅甸的双汇率体制加快了其贸易逆差的形成；自1988年以来缅甸长期存在贸易逆差，这种状况直到2000年之后才得到改变。[①] 2003—2011财年缅甸对外贸易额见表5—6。

表5—6　　　　　　　2003—2011年缅甸对外贸易额　　　（单位：亿美元）

年份	进口	出口	进出口总额	贸易差额
2003/04	22.35	23.35	45.70	1.00
2004/05	19.73	29.28	49.01	9.55
2005/06	19.84	35.58	55.42	15.74
2006/07	29.37	53.22	82.59	23.85
2007/08	33.51	64.01	97.52	30.5
2008/09	45.43	67.79	113.22	22.36
2009/10	41.81	75.87	117.68	34.06
2010/11	64.13	88.61	152.74	24.48
2011/12	90.35	91.36	181.71	1.01

资料来源：缅甸商务部数据，还可参见中华人民共和国驻缅甸联邦大使馆网站 http://mm.china-embassy.org/chn/ljmd/zzjj/t924655.htm。

在吸引外资上，缅甸在1992年到1997年是外资流入量缓慢增加的时期，到1997年达到第一个峰值，但总体仍处于低增长水平上。此后，随着1997年亚洲金融危机爆发，东南亚国家对缅甸的投资锐减，缅甸在外资流入上迅速减少。直到2006年后才开始缓慢增加，到2009年后外资流入快速增加，吴登盛政府采取改革开放政策，使得外资流入量迅速增加，在2011年达到第二个峰值。1992—2011年缅甸FDI流入量如图5—2所示。

[①] 陶程：《缅甸对外经济关系研究（1988—2009）》，硕士学位论文，云南大学，2010年，第16页。

图 5—2　1992—2011 年缅甸 FDI 流入量

资料来源：1992—1993 年数据参考刘务《当代缅甸军人政权研究（1962—2000 年）》，硕士学位论文，云南师范大学，2001 年，第 62 页；1994—2010 年数据根据联合国贸易与发展会议（United Nations Conference on Trade and Development）；2000—2014 年数据根据《世界投资报告》（World Investment Report）整理，参见薛紫臣、谢闻歌《缅甸国际直接投资环境分析》，《现代国际关系》2015 年第 6 期。

20 世纪 90 年代，缅甸最大的贸易伙伴是新加坡；2000 年后，因缅甸出口泰国的天然气激增，泰国取代新加坡成为缅甸最大的贸易伙伴。缅甸的主要贸易伙伴是中国、泰国、新加坡、印度和日本等国家，缅甸与这些国家的贸易额占了缅甸全部对外贸易的很大份额。[1] 1992—2011 年中缅贸易额见表 5—7。

表 5—7　　　　　　　　　**1992—2011 年中缅贸易额**　　　（单位：百万美元）

年份	出口	进口	进出口总额	贸易差额
1992	131.27	259.04	390.31	−127.77
1993	324.7	164.83	489.53	159.87
1994	369.11	143.34	512.45	225.77
1995	617.85	149.55	767.4	468.3
1996	521.12	137.41	658.53	383.71

---

① 陶程：《缅甸对外经济关系研究（1988—2009）》，硕士学位论文，云南大学，2010 年，第 17 页。

年份	出口	进口	进出口总额	贸易差额
1997	570.09	73.41	643.50	496.68
1998	518.86	62.04	580.9	456.82
1999	406.53	101.68	508.21	304.85
2000	496.44	124.82	621.26	371.62
2001	497.35	134.19	631.54	363.16
2002	724.75	136.89	861.64	587.86
2003	910.22	169.52	1079.74	740.7
2004	938.85	206.94	1145.38	731.5
2005	934.85	274.4	1209.25	660.45
2006	1207	253	1460	954
2007	1686	371	2057	1315
2008	1978	648	2626	1330
2009	2261	646	2907	1615
2010	3480	964	4444	2516
2011	4820	1680	6500	3140

数据来源：1992—1999 年中国各年统计年鉴，2000—2010 年数据根据中国外交部亚洲司网站各年度统计数据。参见卢光胜《中国与大陆东南亚国家经济关系研究》，社会科学文献出版社2014 年版。

（三）对外关系：注重周边和区域外交

缅甸外交政策的传统理念——中立主义传统根深蒂固。苏貌军政权建立之初，由于国内局势不稳，加上国际社会制裁、孤立和封锁，面临腹背受敌的艰难处境，彼时的缅甸军政权不得不选择对中国"一边倒"的"结盟"政策，来确保其政权合法性和突破西方外交封锁以稳定国内局势。从1992 年起，丹瑞军政权时期，缅甸国内局势趋稳，政权已固。丹瑞政府重新调整外交政策，这一时期缅甸的外交总体特点是："通过扩大在国际社会的活动来拓展国际活动空间，通过向地区靠拢来加大在东南亚、南亚地区事务的参与，通过与中国长期的友好关系来成为解除国际压力的基础。"[1]

---

[1] 闫德华：《缅甸政治转型以来的对外关系》，博士学位论文，云南大学，2015 年，第57—59 页。

1992 年，缅甸开始改善与印度的关系。1997 年缅甸加入东盟，以此为标志缅甸军政府的"区域外交"取得重大突破。此外，缅甸还积极参与国际事务，提高其在国际社会中的地位和作用。1992 年 6 月，缅甸签署《地区性禁毒协定》，向毒品宣战；8 月，缅甸又加入《日内瓦公约》等都是其想积极地拓展国际空间的表现。

1. 与西方关系继续交恶

丹瑞执政时期，美国等西方大国继续全面孤立、制裁和封锁缅甸。这一时期美国以自身的价值观为标准，对缅甸的制裁视缅甸的人权、民主等状况发展逐步升级，缅甸与西方的关系全面交恶，1992—2011 年美国对缅甸制裁的原因、措施及相关文件如表5—8 所示。

表5—8　　　　　　　1992—2011 年美国对缅甸的制裁

年份	制裁文件	制裁理由
1992	继续执行《1990 年关税与贸易法》	反对缅政府大选后不交权，虐待异议人士
1995	提出《1995 年自由缅甸法案》	—
1996	提出《缅甸自由和民主法案》	缅政府对民主活动压制
1997	颁布《第 13047 号行政命令》	缅政府对美国家安全与对外政策机构威胁
2003	颁布《第 13310 号行政命令》，通过《2003 年缅甸自由与民主法案》	反对缅政府软禁昂山
2005	延长《2003 年缅甸自由与民主法案》	人权问题尚未改善
2007	颁布《第 13448 号行政命令》	反对缅政府用武力封锁和压制袈裟革命
2008.4	颁布《第 13464 号行政命令》	反对缅政府继续压制反对派
2008.7	通过《2008 年汤姆·兰托斯禁运缅甸玉石法案》	对缅政府施压直到有民主化改变

资料来源：刘必荣：《缅甸外交政策分析 (1962—2010)》，博士学位论文，台湾东吴大学，2011 年，第 131 页。美国制裁缅甸的相关法案，参见 https://www. congress. gov/search？ q = % 7B "source"% 3A% 5B " legislation"% 5D% 2C " search"% 3A% 5B " Burma + Freedom + and + Democracy + Act"% 2C "Saction + Burma + "% 2C " Burma + "% 5D% 7D&page = 2；美国制裁缅甸相关的行政命令，参见 https：//www. treasury. gov/resource-center/sanctions/Programs/pages/burma. aspx。

丹瑞执政时期美国对缅甸的制裁主要分为三个阶段：第一阶段为1993—1997 年。美国对缅甸政策主要体现为美国开始从各个方面孤立缅甸，撤销各种经济政治援助。

这个阶段主要是通过了对缅制裁的三部重要法案。① 第一部法案是《1995 年自由缅甸法案》。这部法案由共和党议员圣·米克·麦克康奈尔（Sen. Mitch McConnel）提交，这部法案不仅要求对缅甸实施新的更严厉的经济和贸易制裁，还要求对与缅有贸易联系、对缅提供援助的国家实施制裁。第二部法案是《缅甸自由和民主法案》，于 1996 年 1 月通过。这部法案由共和党议员达纳·罗拉巴彻儿（Dana Rohrabacher）提交，1996 年民主党议员森·迪安妮·菲因斯坦（Sen Dianne Feinstein）又在此法案基础上提交了一个修正案，并且成功通过，其措施是禁止向缅军政府官员及其家属发放签证；1997 年 5 月克林顿总统签署了《13047 号行政法案》，禁止美国投资进入"缅甸资源的经济发展领域"②，禁止美国人和美国公司在缅甸进行新投资。第三部法案是由共和党议员威廉姆·科恩（Willianm Cohen）在 1997 年财政年度提交的《外交政策运用指南法案》，这部法案赋予总统决定是否以及在什么情况下对缅实施制裁的权力。

第二阶段为 1998—2003 年。美国对缅制裁政策在第一阶段的基础上有所升级。美国议会通过了一系列对缅制裁法案，在国内议员、人权主义者、公共舆论等一系列因素推动下美国总统启动制裁措施，在联邦政府的政策示范下，美国州和地方政府也迅速掀起了对缅制裁的立法浪潮。

由于昂山素季在 2003 年再次被捕，美国总统小布什颁布了新的制裁缅甸法案——《2003 年缅甸自由与民主法案》和《13310 号行政法案》。这些法案禁止从缅甸进口产品，冻结缅政府在美资产，禁止缅高官及家属、政府公务员入境，禁止到缅投资和向缅提供贷款和技术援助，与此同时，美缅外交关系也降到了代办级。③ 对列入美财政部的缅政府和机构与协会高级官员在美财产和收益被冻结，禁止进口美产品，禁止美国人提供对缅出口和再出口金融服务，禁止美国人或公司批准、援助或支持缅投资。

第三阶段为 2004—2011 年。美缅关系继续恶化，美国对缅制裁达到顶点。

---

① Congressional Record 141, 104th, Cong, 1st, Sess., Daily ed. July 28, 1995, S10892－95.

② Executive Order No. 13047, "Prohibiting new investment in Burma", 22 May 1997.

③ Doug Bandow, "Suu kyi's plight prompts U. S. sanctions against Burma", *The Guardian*, Washington, Wednesday 16, July, 2003.

2005 年 1 月，美国政府宣称缅甸为"暴政前哨和边远的暴政"，并试图推动联合国安理会通过制裁缅甸的决议；同年 7 月，美国副国务卿佐利克批评缅甸是"民主的肿瘤"。①

2007 年，针对缅甸政府镇压"袈裟革命"，压制反政府示威活动，美国先后出台两项制裁文件——《第 13448 号行政命令》和《2008 年汤姆·兰托斯禁运缅甸玉石法案》，以反对缅甸军政府用武力封锁和压制民主活动。

2008 年 4 月，美国出台的《第 13464 号行政命令》，冻结了缅甸官员在美国的资产，禁止美公司与三类缅公司进行贸易。同年 8 月，出台的《2008 年汤姆·兰托斯禁运缅甸玉石法案》，禁止缅甸红宝石与玉石进口，宣布对 10 家与军政府有关的公司的经济制裁，对缅甸施压。2009 年基于人权状况，继续延长对缅甸的经济制裁，直到美国为配合"重返亚太"战略的实施才宣布部分减轻对缅甸制裁。

2. 周边和区域外交突破

丹瑞军政权注重与东盟、印度、日本等周边区域大国或组织加强友好关系，周边外交和区域外交取得重大突破。随着缅甸新军人政权逐渐巩固，政局趋于稳定，缅甸军方开始减轻对华依赖，缅甸外交政策开始从"一边倒"转向"大国平衡"。② 与此同时，东盟各国、印度、日本等在这一地区有着重大利益的国家对缅甸"一边倒"的对华政策表示担忧，这些国家也急切希望发展与缅甸的关系，以遏制中国对缅甸的影响，遏制中国在东南亚、南亚的影响。③

1992 年下半年开始，印度基于推行东向政策、打击东北地区叛乱组织、抗衡中国在缅影响力、确保能源安全等现实的需要，开始主动调整和修复与缅甸的双边关系。④ 尤其是印度推出"东向"政策后，⑤ 缅甸由于

①　Vijay Joshi, "US official likens Burma to cancer", *Irrawaddy*, July 29, 2005（http：//www. irrawaddy. org/article. php？art_ id = 4856）.

②　刘务：《缅甸独立后外交政策的演变与中缅关系的发展》，《当代亚太》2010 年第 1 期。

③　Christina Fink, *Living Silence：Burma under Military Rule*, Bangkok：White Lotus Press, 2001, p. 233.

④　韦健锋：《现实主义视角下的邻国外交——独立后的印缅关系研究》，博士学位论文，云南大学，2013 年，第 119—121 页。

⑤　杜朝平：《论印度"东进"政策》，《国际论坛》2001 年第 6 期。1991 年 9 月，拉奥政府通过一项外交政策决议，称一直以来印度主要面向西方，现在该是转向注重东方，发展与东南亚、远东国家间投资贸易关系、政治对话和文化联系之时了。

其所处的地理位置，自然成为印度外交优先考虑的对象。① 印度调整对缅政策，与其对缅甸地缘价值的重新认知密切相关，此后印度逐渐缓和和提升了与缅甸的关系，双边高层往来开始增多。

第一，丹瑞政府开始与印度改善关系。1992 年 8 月，缅甸外交部副部长级高官访印，拉奥政府新经济政策出台后，印度国内对缅甸民主状况的攻击明显减少。1993 年，印度重新评估对缅甸的"不接触"政策，以求改善与缅甸的关系，印度还表示缅甸的民主进程和与之相关的"昂山素季问题"都是缅甸的内政，这些不应是印缅关系前进的阻碍。② 1993 年 3 月，印度外交秘书 J. N. 迪克西特（J. N. Dixit）访缅，成为两国恢复全面接触的标志性事件，迪克西特访缅时表示，"我们热爱自己的民主制度，但我们不应对别国进行布道"③。

此后双方官方交流增多，1994 年 1 月，缅甸副外长访印，缅印双方签订了贸易协定，并形成了地方级、国家级会晤机制。④ 2000 年缅甸二号人物、和发委副主席貌埃访问印度，标志着印缅关系取得突破性进展；2004 年和 2010 年，缅甸和发委主席丹瑞大将两度访印，印缅关系呈现出持续升温势头。⑤ 冷战后印缅双边关系呈现出上升态势，双方政治、经济、军事、文化联系不断加强，在清剿反政府武装、交通运输、贸易、能源、经济技术等广泛领域内的合作日益密切。⑥

第二，缅甸加入东盟，与东盟关系取得重大突破。1993 年 2 月，印尼协调部长访问了缅甸；1993 年 12 月 20 日，缅甸国家恢委会第一秘书钦纽中将率团出访印尼；1994 年 3 月，新加坡总理吴作栋访问缅甸，这是缅甸新的军人政府执政以来东盟国家领导人第一次访缅；⑦ 1994 年 6 月，越南总理武文杰访问缅甸；缅甸与东盟的高层互访，使得缅甸同东盟的政

---

① 马燕冰：《印缅关系的发展及对中国的影响》，《亚非纵横》2009 年第 6 期。

② Sanjeev Pillay, "Indo-Myanmar Relations: Ideology vs Realism", *IPCS Article*, # 2944. 17 August, 2009（http://www. ipcs. org/anicie/southeast-asiayindo-myanmar-relalions-ideologv-vs-realism-2944. html）.

③ India Musi Review Myanmar Policy, *The Hindu*, 13 June 2003.

④ 韦健锋：《现实主义视角下的邻国外交——独立后的印缅关系研究》，博士学位论文，云南大学，2013 年。

⑤ 同上。

⑥ 同上。

⑦ 同上。

治、经济关系开始突破;1994 年 7 月,东盟邀请缅甸外长以贵宾身份参加在曼谷举行的第 27 届东盟外长会议;1995 年 7 月,缅甸又应邀参加第 28 届东盟外长会议,并签署了《东南亚友好条约》;1997 年 7 月 23 日,缅甸正式成为东盟的一员,取得了 1988 年军人执政以来最为重大的一个外交上的胜利和突破。① 缅甸加入东盟,表明缅甸开始融入东南亚区域合作体系。

缅甸加入东盟符合双方的战略利益。冷战结束后,缅甸加入东盟的愿望日渐强烈,军政府非常希望得到国际社会认可。同时,东盟在国际格局大变动的背景下,出于政治、经济和安全的全方位考虑,也希望吸纳缅甸加入东盟,构建更为强大的地区性国际组织。在这种背景下,东盟抵挡住了西方国家的压力正式接纳缅甸为成员国。东盟通过对缅甸的建设性接触政策,在东盟峰会、东盟部长会议、东盟地区论坛及东盟常务委员会等多边平台上,推动缅甸问题的解决,如释放昂山素季等反对派人士、抵制缅甸遭西方歧视、督促缅甸加速民主进程,这一定程度使得缅甸保持了对周边开放的格局。

1992 年至 2010 年间,缅甸军政府还积极拓展外交关系,与 29 个国家分别建立或恢复外交关系,其中亚洲国家 13 个、欧洲国家 8 个、非洲国家 5 个、美洲国家 2 个和大洋洲国家 1 个(见附录 B)。

3. 亲华但"一边倒"程度减弱

西方对缅甸的持续封锁,使得缅甸希望打破外交困局,不仅加大与中国的外交关系,继续奉行对华友好政策,还出于自身发展的考虑,积极向外拓展外交渠道,这一时期的中缅关系亲密,但是缅甸向中国"一边倒"的程度减弱。缅甸对中外交政策从"战略结盟"转为"大国平衡"战略。

1992 年缅甸改善与印度的关系是其外交转向的开端,1997 缅甸加入东盟则是外交转向的标志性事件;丹瑞军政权的外交政策逐渐从对中国"一边倒"的对华友好政策转变为在继续维持与中国良好关系的同时努力发展与本地区的重要力量——东盟、印度及日本——的关系的"大国平衡"外交政策。②

---

① 贺圣达:《缅甸:军人执政十年(1988—1998)的政治经济和外交》,《东南亚》1998 年第 4 期。

② 刘务:《缅甸独立后外交政策的演变与中缅关系的发展》,《当代亚太》2010 年第 1 期。

事实上，缅甸外交政策的传统理念本就是"中立主义"。苏貌军政权上台后面对国际社会的种种压力，寻求与中国的"结盟"政策是为确保其政权合法性和稳定国内局势的权宜之计；而随着丹瑞政权逐渐巩固了政权和稳定了局势，缅甸意识到对中国的过度依赖有些危险，① 且这一政策对缅甸长期国家利益不利，更难以获得民众支持。② 因此，缅甸决定"通过外交多边化实行'反避险'战略（Counter-Hedging Strategy），亲近印度、巩固与东盟的关系以及鼓励日本和其他工业化国家如新加坡、欧盟到缅甸投资"③。

总体上，这一时期的中缅友好关系仍处于较为亲密的状态，这主要体现在三个方面：一是中缅双方高层领导人互访频繁。④ 1994 年 12 月，中国总理李鹏访缅；1996 年 1 月，缅甸恢委会主席丹瑞访华；2001 年12 月，中国江泽民主席访缅；2003 年 1 月，缅甸和发委主席丹瑞第二次访华；2006 年 2 月，缅甸总理梭温访华；2010 年，缅甸国家和平与发展委员会主席丹瑞第三次访华。二是两国军事往来密切。⑤ 丹瑞军政权上台后，中缅进行了密切的军事合作，包括两军高层互访，人员交流、武器交易、情报与训练合作等内容。1995 年，中国国防部长迟浩田访缅；1996 年中央军委主席张万年访缅；2001 年中国人民解放军总参谋长傅全有访缅；而缅方有 1994 年缅甸陆军参谋长丁吴中将访华；1996年缅甸三军副总司令貌埃上将访华；2000 年缅甸陆军参谋长丁吴再次访华。三是两国经济关系强化。中方向缅方多次提供无息贷款和贴息贷款，两国签署了数十项经济合作协议，涉及经济、投资、边贸、科技、旅游、渔业、边防管理、动植物检验检疫等各个领域。1992—2011 年中缅高层互访情况如表 5—9 所示。

---

① See Donald M. Seekins, "Burma-China Relations: Playing with Fire", *Asian Survey*, Vol. 37, No. 6, Jun. 1997, pp. 525 –539.

② 刘务：《缅甸独立后外交政策的演变与中缅关系的发展》，《当代亚太》2010 年第 1 期。

③ 徐本钦：《中缅政治经济关系：战略与经济的层面》，《南洋问题研究》2005 年第 1 期。

④ 卢光盛：《中缅政治经济关系的发展、现状及其意义》，《国际关系学院学报》2009 年第 2期。

⑤ 同上。

表 5—9 1992—2011 年中缅高层互访一览

时间	中缅高层互访
1993 年	中国国务委员兼外长钱其琛访缅
1994 年	缅甸和发委秘书长钦纽、第二秘书长丁吴访华；中国总理李鹏访缅
1995 年	中国政协主席李瑞环、国防部长迟浩田访缅
1996 年	缅甸丹瑞主席首次访华、貌埃副主席访华；中共中央军委主席张万年访缅
1997 年	中国吴邦国副总理、国务委员兼国务院秘书长罗干访缅
1998 年	中国外交部副部长唐家璇访缅
1999 年	钦纽秘书长、吴温昂外长访华
2000 年	缅甸和发委副主席貌埃、第二秘书长丁吴、第三秘书长温敏访华；中国国家副主席胡锦涛访缅
2001 年	中国国家主席江泽民对缅甸进行国事访问、总参谋长傅全有访缅
2002 年	中国国务委员兼国务院秘书长王忠禹访缅
2003 年	缅甸和发委主席丹瑞执政后第二次访华；中国国务院副总理李岚清访缅
2004 年	中国国务院副总理吴仪访缅
2006 年	缅甸梭温总理访华
2007 年	缅甸三军总参谋长杜拉瑞曼访华、和发委第一秘书长吴登盛访华；中国国务委员唐家璇访缅
2009 年	中共中央政治局常委李长春访缅
2010 年	缅甸和发委主席丹瑞第三次访华

　　虽然缅甸对华依赖和"一边倒"的程度有所减弱，但总体上缅甸继续奉行对华友好政策。缅甸"大国平衡"外交政策主要服务于两个目的：第一，保持缅甸所在区域间大国力量的平衡，缅甸在保持与中国友好关系的基础上，发展与印度、东盟以及日本的关系，来制衡中国，达到区域内各种力量的相对均衡；第二，通过发展与区域内中国、印度、东盟和日本的友好关系，来实现对美欧西方势力的平衡。①

---

① 刘务：《缅甸外交政策的新调整：从对华友好到大国平衡外交》，《东南亚研究》2007 年第 2 期。

二　2010 年缅甸大选回顾

2010 年 2 月，缅甸完成新宪法草案起草工作；3 月，成立了联邦选举委员会，和发委颁布了五部法律——《联邦选举委员会法》《政党注册法》《人民院选举法》《民族院选举法》和《省/邦议会选举法》；5 月，缅甸举行新宪法草案的全民公投，最终以 92.48% 的赞成票得以顺利通过。① 缅甸在 2010 年 11 月 7 日顺利举行了 20 年以来的首次大选，大选中共 4 万多个投票站被开放，参加投票的选民达 2900 万人。据联邦大选委员会公布的数据，参选的有 37 个政党的 3000 多名候选人和 82 名独立候选人。

缅甸联邦选举委员会公布的大选结果显示（选举结果见表 5—10），巩发党（USDP）获人民院 259 个席位，获民族院 129 个席位，获省/邦议会 495 个席位，民族团结党（NUP）共获 63 个席位，掸邦民族民主党（SNDP）获 57 个席位。选举结果表明，吴登盛领导的巩发党取得压倒性的胜利，拥有单独组阁的权力，吴瑞曼、吴登盛、吴丁昂敏乌作为巩发党候选人，顺理成章成为联邦议会人民院议员。② 民族团结党和掸邦民族民主党公开承认失败，接受大选结果。③

在大选前，因昂山素季领导的民盟拒绝重新注册政党，不符合《选举法》的规定而失去合法政党资格，不能参加大选。民盟领导人意识到拒绝大选已无真正意义，需要调整策略与缅甸军队和现任政府合作，采取包容、务实灵活的态度才是现实的选择。④ 2011 年 8 月 19 日，缅甸议会修改了 2010 年颁布的《政党注册法》。2011 年 11 月 18 日，民盟向联邦选举委员会申请重新注册为合法政党。2012 年 1 月 5 日，民盟在联邦选举委员会

---

① 《缅甸国家概况》，2015 年 3 月，中华人民共和国外交部网站（http://www.fmprc.gov.cn/web/gjhdq_ 676201/gj_ 676203/yz_ 676205/1206_ 676788/1206x0_ 676790/）。
② 《缅甸大选点票结束巩固党与发展党获近八成议席》，2010 年 11 月 18 日（http://news.ifeng.com/world/special/2010miandiandaxuan/content-2/ detail_ 2010_ 11/18/3153642_ 0.shtml）。
③ 《缅甸亲军政府政党称已赢八成议席》，《联合早报》2010 年 11 月 10 日。
④ 郭继光：《全国民主联盟与缅甸的政治转型》，《当代世界》2015 年 9 月。

正式批准其申请后重新成为合法政党。2012 年 4 月 1 日，民盟参加议会补选，获得了 43 席（共 44 席，巩发党获得另外 1 席），昂山素季在补选中成为人民院议员。

表 5—10　　　　　　　2010 年缅甸大选结果统计

政党	民族院	人民院	省/邦	合计	百分比（%）
联邦巩固与发展党	129	258	496	883	76.5
民族团结党	5	12	45	62	5.4
掸邦民族民主党	3	18	36	57	4.9
若开民族发展党	7	9	19	35	3
全孟地区民主党	4	3	9	16	1.4
国家民主力量党	4	8	4	16	1.4
钦族进步党	4	2	6	12	1
勃欧民族组织	1	3	6	10	0.9
钦族党	2	2	5	9	0.8
帕隆—萨沃民主党	3	2	4	9	0.8
克伦人民党	1	1	4	6	0.5
德昂（崩龙）民族党	1	1	4	6	0.5
佤民主党	1	2	3	6	0.5
克钦团结与民主党	1	2	2	5	0.4
茵民族发展党	0	1	3	4	0.3
民主党（缅甸）	0	0	3	3	0.3
克耶民族党	0	0	2	2	0.2
克伦邦民主发展党	1	0	1	2	0.2
民族民主发展党	0	0	2	2	0.2
88 世代学生组织	0	0	1	1	0.1
少数民族发展党	0	0	1	1	0.1
拉祜民族发展党	0	0	1	1	0.1
独立候选人	1	1	4	6	0.5

　　资料来源：参见 Transnational Institute，" A Changing Ethnic Landscape：Analysis of Burma's 2010 Polls"，*Burma Policy Briefing*，No. 4，December 2010，p. 3；李晨阳：《缅甸：2010—2011 年回顾与展望》，《东南亚纵横》2011 年第 4 期。

2011 年 1 月 31 日，缅甸新宪法正式生效。缅甸联邦议会召开第一次会议，选举吴瑞曼为人民院议长，吴钦昂敏为民族院议长；2月4日，联邦议会的全体会议上，选举吴登盛为总统，丁昂敏乌和赛貌康为副总统。① 2月11日，国会一致通过吴登盛总统提名的30名内阁部长人选，② 组成新一届内阁成员。2011年3月30日，丹瑞大将签署和发委2011年5号声明，宣布撤销从中央到地方的各级"国家和平与发展委员会"办公室，将权力正式移交给新政府，原任最高权力机关和发委主席丹瑞和副主席貌埃退休，缅甸新政府宣誓就职，吴登盛就任新总统。③ 丹瑞交权和新政府上台，完成了缅甸"七点民主路线图"中的第七步，这标志着缅甸军政权开始从"纯军人政权"转变为"军人为主—文官为辅"政权，缅甸开启了政治转型。缅甸"七点民主路线图"的完成详细情况见表5—11。

表5—11　　　　　　　　缅甸七点民主路线图完成情况④

步骤	内容	完成情况
第一步	重新召开国民大会	2004年5—7月，缅甸恢复举行中断8年的制宪国民大会，讨论制定新宪法
第二步	探索建立有章可循的民主制度	2005年2—3月，缅甸再次召开国民大会讨论制宪事宜，2005年底再次召开国民大会，2007年9月，国民大会完成制宪原则
第三步	起草新宪法	2007年10月，组成宪法起草委员会，2008年2月，宣布完成新宪法的起草工作
第四步	全民公投通过宪法	2008年5月10日，举行新宪法全民公投，最后以92.4%的支持率通过新宪法，⑤ 5月28日，和发委主席丹瑞签署生效

---

① 《登盛出任缅甸主席》，《联合早报》2011年2月5日。
② 《缅甸国会通过总统指定内阁》，《联合早报》2011年2月12日。
③ 张云飞：《缅甸军政府向民选政府移交权力》，2011年3月30日（http://news. xinhuanet. com/world/2011-03/30/c_ 121249913. htm）。
④ 缅甸军政府于2003年对外公布七点民主路线图计划。
⑤ 新宪法全民公投原定于5月10日，后由于5月3日缅甸爆发严重风灾，重灾区的新宪法公投推迟到5月24日。

续表

步骤	内容	完成情况
第五步	举行公平的大选,组成议会	2010 年 11 月 7 日举行大选,巩发党获得联邦议会人民院、民族院及各省/邦议会的八成议席①
第六步	按照新宪法召开立法会议	2011 年 1 月 31 日,联邦议会举行第一次会议,分别选举吴瑞曼为人民院议长,吴钦昂敏为民族院议长②
第七步	议会选举国家领导人、政府及其他中央机关,建立现代、发达和民主国家	2011 年 2 月 4 日,选举吴登盛为总统,丁昂敏乌和赛貌康为副总统,并组建新政府,2011 年 3 月 30 日,新政府宣誓就职

　　资料来源:http://www.takungpao.com/world/content/2012-06/26/content_565422.htm;http://news.qq.com/a/20110204/000497.htm;http://news.ifeng.com/world/special/2010miandiandaxuan/content-2/detail_2011_03/30/5461213_0.shtml;http://news.ifeng.com/world/special/2010miandiandaxuan/content-2/detail_2010_11/18/3153642_0.shtml.

三　丹瑞军政权转型开启的原因

(一)　以对政权关键控制为目标

　　1990 年,苏貌军政权拒绝交权后,很多西方国家以此为由对缅甸实行严厉的经济制裁,以此期望加重缅甸积贫积弱的困境,但丹瑞上台后采取了灵活的政策,加强与周边国家的关系以缓解西方经济制裁的压力,主动

---

① 《缅甸现任总理吴登盛当选为总统》,2011 年 2 月 4 日 (http://news.qq.com/a/20110204/000497.htm);《缅甸大选点票结束巩固党与发展党获近八成议席》,2010 年 11 月 18 日 (http://news.ifeng.com/world/special/2010miandiandaxuan/content-2/detail_2010_11/18/3153642_0.shtml)。
② 《缅甸现任总理吴登盛当选为总统》,2011 年 2 月 4 日 (http://news.qq.com/a/20110204/000497.htm)。

与反政府武装和解以促进国内和平。① 与苏貌军政权相比，在丹瑞执政时期，缅甸已经形成了较为稳定的社会环境，丹瑞政权为适应不断变迁的现代社会，对自己的角色进行重新界定，通过宪法的制定，使其军事影响和政治角色制度化，以规范和稳定军人与文人之间的长久关系，保持军人在政治中的权力。在此稳定的国内国际环境下，缅甸军政权的利益目标从对政权的完全控制转变为对政权的关键性控制。

缅甸国家和平与发展委员会从 1993 年开始召开国民大会，参加国民大会的代表涵盖了政治、安全、行政、经济、社会和法律等各界的经验丰富人士，也包括来自全国所有镇区的国民代表。1993 年 1 月，缅甸如期召开国民大会，代表人数接近 1000 人，包括政党代表、1990 年选出的议员、各民族代表、工农代表、知识分子和一些治国理论研究人才等方面的代表人物；缅甸军方任命了 18 人组成指导委员会，其中绝大多数为军人，以负责筹备国民大会。② 军政府在筹备国民大会的声明中强调，国民大会制定新宪法的原则必须确保"武装部队继续参与未来国家政治及扮演领导角色"③。

从丹瑞执政以来，在制定新宪法的基本原则过程中，其主线都是紧紧围绕军人的地位和军方在缅甸政治舞台上的作用，④ 保证军人在国家政治中的关键性地位和作用。

军方多次表明，必须在通过新宪法后才能交权，缅甸官方发表文章进行了阐述："军方最有经验，传统最悠久，是维护国家统一的最强大的机构"，"在过去的 50 年左右的时间里，没有任何组织或机构比军方更致力于国家的统一"，"由于这一原因，军方必须担当领导角色和参与今后的政治生活"。⑤

新宪法草案制定完成后于 2008 年 5 月获得高票通过。2011 年 1 月 31 日，缅甸新宪法——《缅甸联邦共和国宪法》正式生效。根据《缅甸联邦

① 邓沛沛：《"虚弱国家"的形态和起源：以 1988—2010 年的缅甸为例》，《昆明理工大学学报》（社会科学版）2014 年第 5 期。

② 刘务：《当代缅甸军人政权研究（1962—2000 年）》，硕士学位论文，云南师范大学，2001 年，第 48 页。

③ 《缅甸劳动人民日报》（英文版）1993 年 11 月 1 日。

④ 刘务：《当代缅甸军人政权研究（1962—2000 年）》，硕士学位论文，云南师范大学，2001 年，第 48 页。

⑤ 《缅甸劳动人民日报》（英文版）1992 年 10 月 9 日。

共和国宪法》的基本原则中的第 14、17、20 和 40 条的内容，明确了军方参与国家政治的原则和底线。这些重要条款和制度安排，确保了交权后的军人集团在政治领域能够发挥独特的关键性作用和实现其利益目标。

该宪法规定，由国防军总司令提名不超过 110 名军队人民院代表和 56 名军队民族院代表与选举产生的 330 人民院代表和 168 名民族院代表共同组成议会。① 确保军人在议会人民院和民族院各获得 1/4 的非选举席位。新宪法第 17 条规定，"联邦、省和邦、联邦直辖区、民族自治地方和自治县应有国防军总司令提名的军人参与国防、安全和边境管理等行政工作"②。新宪法第 20 条规定，"缅甸国防军享有独立处理所有与军队有关事务的权力，军队有权动员全国人民参与国家的安全与国防事务"③。新宪法第 40 条规定，"省、邦和民族自治地方，如果出现危害人民生命财产安全的紧急状况时，或有将发生此类情况的足够证据时，军队有权依据本宪法的规定采取预防、制止和保护措施，如果发生以暴乱、使用武力等暴力方式夺取国家权力或做此种努力，导致联邦分裂、民族团结破裂和国家主权丧失的紧急状况时，国防军总司令有权根据本宪法的规定接管和行使国家权力"④。

同时，新宪法还确立了国防部长、内政部长和边境事务部长等政府关键职位必须由军人担任，被任命为国防部长、内政部长、边境事务部长的军人无须退出现役的规定。⑤ 国家国防与安全委员会委员由 11 人担任，⑥其中有 6 名为军方人员（国防军总司令、国防军副总司令、国防部长、内政部长、边境事务部长、一名副总统）。⑦ 这些制度安排，表明内阁与武装部队之间关系甚密，新宪法以法律的形式确立了缅甸国家元首和军队首脑

---

① 李晨阳、全洪涛：《缅甸法律法规汇编（2008—2013 年)》，经济管理出版社 2014 年版，第 5 页。

② 同上书，第 3 页。

③ 同上。

④ 同上书，第 5 页。

⑤ 同上书，第 33 页。

⑥ 这 11 人是总统、副总统、副总统、人民院主席、民族院主席、国防军总司令、国防军副总司令、国防部长、外交部长、内政部长、边境事务部长。

⑦ 李晨阳、全洪涛：《缅甸法律法规汇编（2008—2013 年)》，经济管理出版社 2014 年版，第 29 页。

在政治上平起平坐的格局。①《缅甸联邦共和国宪法》基本原则中军方关键作用的条款见表5—12。②

表5—12　　　**《缅甸联邦共和国宪法》基本原则**
中军方关键作用的条款

条款	内容
基本原则第14条	国防军总司令依据本宪法规定数量提名的军人作为议员参加联邦议会、省和邦议会
基本原则第17条	联邦、省和邦、联邦直辖区、民族自治地方和自治县应有国防军总司令提名的军人参与国防、安全和边境管理等行政工作
基本原则第20条	国防军是国内唯一的力量强大、能力卓越、现代化的爱国军队；缅甸国防军享有独立处理所有与军队有关事务的权力；国防军总司令是国家一切武装力量的统帅；军队有权动员全国人民参与国家的安全与国防事务军队的主要职责是捍卫宪法
基本原则第40条	不论是在省、邦，还是在民族自治地方，如果出现危害人民生命财产安全的紧急状况时，或有将发生此类情况的足够证据时，军队有权依据本宪法的规定采取预防、制止和保护措施。 如果发生以暴乱、使用武力等暴力方式夺取国家权力或做此种努力，导致联邦分裂、民族团结破裂和国家主权丧失的紧急状况时，国防军总司令有权根据本宪法的规定接管和行使国家权力

资料来源：李晨阳、全洪涛主编：《缅甸法律法规汇编（2008—2013年)》，经济管理出版社2014年版，第3—5页。

缅甸社会中组织化水平、现代化水平和受教育程度较高、此前掌握着国家机器和国内资源的军人集团，通过《缅甸联邦共和国宪法》的诸多条款，从法律上延续和保存了其在民选政治新秩序下的关键性作用和地位。军方的特殊地位的合理性来自：自独立以来在抵御外部威胁而建立起来的

---

① Robert H. Taylor, *The state in myanmar*, Singapore：NUS Press，2009，p. 228.

② 宪法第48条规定了"国家基本原则"的含义："国家基本原则为议会在制定颁行法律时，或有关方面在解释本宪法及其他法律条文时必须遵从的指南。"参见李晨阳、全洪涛《缅甸法律法规汇编（2008—2013年)》，经济管理出版社2014年版，第6页。

威望和确保民族团结及国家发展而做出的诸多努力。[①]

（二）　建设完备的保障条件

通过近 20 年的建设，丹瑞军政府已建立起绝对的军事保障、核心的制度保障和强大的组织保障，这三重保障的作用使得军人集团能够在面临不同的外部情况下选择其中一项或两项或全部的保障措施确保其利益不受损害。由于军政权掌握了绝对的军事权力，因此其保障措施的建设主要体现在制度保障建设和组织保障建设上。下面将详细论述这三项保障条件的建设和发展。

第一，丹瑞军政府建立起绝对的军事保障。丹瑞军政府通过制度保证了军方高层对军队的绝对权威和完全控制。通过精神力量建设调动军队的政治责任感和历史使命感；通过对官兵的思想道德、法律法规的教育建设了一支纪律严明的队伍；通过引入利益机制兼顾官兵的物质、精神需求，激励官兵的进取精神；重视军官队伍的建设，培养了一批军政议一体的指挥官。[②] 通过近 20 年的建军和治军，军队已成为全缅甸最有组织、纪律和战斗力，拥有较高文化素质的队伍。[③] 丹瑞军政权的军事能力大为提升，军方对自身的军事保障水平也更加自信。

缅军先后两次调整国防体制，建立了军种司令部和三军总司令部，[④]改革建军思想，扩充军队实力，加强意识形态教育，健全完善指挥机构，引进外国先进技术，积极更新武器装备，提高军人福利待遇，加强军队的战斗力和凝聚力。[⑤] 缅甸军队从 1988 年的 17 万人发展到 1996 年的 32.1 万人。2001 年缅军制订第二个五年扩军计划（2001—2005 年），2004 年

① ［法］大卫·卡穆卢：《两个缅甸，精神分裂的转型》，观察者网（http：//www. guancha. cn/ DaWei-KaMuLu/2014_ 08_ 27_ 260865. shtml）。

② 钟智翔、李晨阳：《缅甸武装力量研究》，军事谊文出版社 2004 年版，第 85—89 页。

③ 据 1998 年数据显示，61.1% 的缅军军官接受过大学教育，其中 57.8% 的陆军军官、96.6% 的海军军官和 87.9% 的空军军官是大学毕业生。See Office of Strategic Studies（Ministry of defence of Myanmar），Human Resource Development and Nation Building in Myanmar，Yangon，1998，p. 156. 钟智翔、李晨阳：《缅甸武装力量研究》，军事谊文出版社 2004 年版，第 45 页。

④ 贺圣达：《大选后的缅甸政局》，《和平与发展》1990 年第 4 期。

⑤ 钟智翔、李晨阳：《缅甸武装力量研究》，军事谊文出版社 2004 年版，第 11—14 页。

军队人数增加到 42.9 万人（陆军 38 万人，海军和空军各 2 万人，另外约有 7 万人的警察部队），陆军编成 12 个军区，10 个机动师，海军设有 5 个海军军区，空军设有 8 个空军基地。[①]

2010 年，缅甸军队的总兵力已接近 50 万人，分配在各个战略要点；缅军还非常重视军备建设，仅 2009 年就花费了 20 亿美元（超过当年 GDP 的 6%），用于购买各式战斗机和防空武器，并陆续从中国、俄罗斯、朝鲜、乌克兰、塞尔维亚、印度、保加利亚等国进口军火和采购重武器以装备军队，使得军队的战斗力力大大提升。[②]

丹瑞政府还重点加强海军和空军建设，积极发展与周边国家的友好关系，利用东盟的整体力量改善自身安全环境，积极发展与中国和印度的防务合作，防御重点从缅甸北部向南部的伊洛瓦底江三角洲地区和沿海地区转移。[③] 缅军的防务重点原来一直放在维护社会稳定、防止国家分裂和巩固军人政权上；丹瑞上台后，缅军政府经受住了内外压力的各种挑战已牢牢控制了政权，缅甸国内局势也趋于稳定。[④] 国内社会局势的稳定，缅军的军事能力已经超出了原来的以维护社会稳定、防止国家分裂和巩固军人政权这一基本防务目的，拓展到更宽范围和更高水平的目标上。

第二，在核心制度保障上，缅甸军方用将近 20 年时间筹备宪法，成功制定了缅甸新宪法的基本原则，并最后全民公决高票通过了《缅甸联邦共和国宪法》即新宪法，2011 年该宪法正式生效。

丹瑞军政权于 1993 年组织召开了缅甸国民代表大会，启动了缅甸新宪法制定的进程。军政府要求把"武装部队继续参与未来国家政治及扮演领导角色"的条款写进宪法草案，但民盟强烈反对，[⑤] 国民代表大会会议曾一度中止。国民大会在 1993 年 9 月 16 日，以"大多数赞成"通过了制定新宪法的基本原则，包括：保证军队在国家政治生活中的"领导作用"；承认军队在全部军事事务中的独立行动权；允许"在国家处于紧急状态

---

① 钟智翔、李晨阳：《缅甸武装力量研究》，军事谊文出版社 2004 年版，第 3 页。

② 毕晓普：《缅甸政府军实力几何》，《青年参考》2010 年 12 月 31 日。

③ 钟智翔、李晨阳：《缅甸武装力量研究》，军事谊文出版社 2004 年版，第 19 页。

④ 同上书，第 17 页。

⑤ 《缅甸劳动人民日报》（英文版）1993 年 11 月 1 日。

时，由武装部队总司令行使权力"。① 1994 年，国民代表大会再次复会，讨论新宪法的具体条款；1996 年，以军政府限制昂山素季的自由为导火索，民盟与军政府矛盾再度激化，民盟宣布退出国民大会；国民大会从 1996 年 3 月开始长期休会，但在三年间国民会议最终制定并通过了 104 项新宪法基本原则。② 国民大会在举行过程中虽遇到不少困难与阻力，但仍然按照 2003 年制定的国家前进的七条政策路线；缅甸军方一方面在政治控制上有些松动，为召开制定新宪法的国民大会做准备；另一方面加强宣传，传播"缅甸军方是唯一能够担当领导这个国家的角色"的舆论。③ 1996 年 6 月 7 日，缅甸军政府第 5 号法律颁布，该法第二章对任何有损国家稳定、社会安宁的煽动行为、示威、演讲以及口头或书面陈述做出了明令禁止，④ "保护国家责任和平和系统转移以及国民会议成功履行其功能而不被扰乱或反对"⑤。

缅甸于 2004 年重新召开国民大会，国民大会在制定完宪法的基本原则和细则后于 2007 年 9 月 3 日胜利闭幕。⑥ 2008 年 2 月 9 日，和发委发表两项声明：国民大会于 2007 年成功闭会，制宪原则已经全部确定，2008 年 5 月将举行新宪法的全民公决，2010 年将举行多党制大选⑦。

2008 年 2 月 19 日，军政府宣布新宪法的起草工作已经全部完成；5 月 10 日，全国（除部分灾区外）就新宪法草案举行全民公投；5 月 15 日，新宪法全民公决委员会宣布新宪法草案通过；5 月 26 日，宪法草案公投筹办委员会宣布新宪法获得高票通过。⑧ 2011 年 1 月 31 日，《缅甸联邦共和

① 刘务：《当代缅甸军人政权研究（1962—2000 年）》，硕士学位论文，云南师范大学，2001 年，第 48 页。

② 《国家报告：缅甸 1996/97》，第 5—6 页。

③ 《缅甸劳动人民日报》（英文版）1992 年 10 月 9 日。

④ Chronology of Burma's Laws Restricting Freedom of Opinion, Expression and the Press. IRRAWADDY, 5 January 2004（http：//www2. irrawaddy. org/research_ show. php? art_ id＝3534）.

⑤ The World Facebook（Burma）2012（https：//www. cia. gov/library/publications/the-world-face-book/geos/bm. html）.

⑥ 李晨阳、全洪涛：《缅甸法律法规汇编（2008—2013 年）》，经济管理出版社 2014 年版，第 1 页。

⑦ 《缅甸宣布该国民主路线图时间表引发全世界关注》，2008 年 5 月 10 日（http：//news. 163. com/08/0214/11/44LK5KRR000120GU. html）。

⑧ 赵天宝：《评缅甸新宪法的制度》，《东南亚纵横》2009 年第 1 期。

国宪法》正式生效,新宪法首先确立了议会选举民主的政治体制。新宪法的通过和生效不仅反映了缅甸的未来政治架构和政策走向,① 还标志着缅甸军政权的制度建设取得了重大胜利。

新宪法以法律和制度的形式,确保军方交权给民选政府之后,新政府不得对国家治安委员会和国家和平与发展委员会的委员和政府成员们的行为提起诉讼和责任追究,保障了军方在交权后,军方的行为不被追究和利益不受损害。

新宪法第 445 条规定:"缅甸联邦共和国继承国家治安建设委员会和国家和平与发展委员会的方针政策、法律法规、规章制度、命令、公告,继承国家治安建设委员会和国家和平与发展委员会的措施、职责和权限。不得以上述委员会委员或政府成员的职务行为为由对其提起诉讼或追究责任。"②

新宪法的基本原则和涉及军人相关的条款时,③ 设置了极为严格的修改条件,以确保宪法对军方利益的制度保障的延续性和稳定性。该宪法第 435 条规定,"如有 20% 的联邦议会代表提交宪法修改提案,联邦议会应予以接受并加以讨论",对在涉及宪法基本原则(第 1—40 条,其中第 14、17、20 和 40 条与军人相关)和其他有关军方权益的关键条款(即第 74、109、141、161、201、276、410—432、436 条等,这些条款主要关于军方的非选举议员的比例安排、国防委员会的设置,紧急情况下军方接收政权的具体细节,以及宪法的修改条件等核心内容)修改时,依据新宪法第 436 条规定,"上述条款需经 75% 以上的联邦议会代表同意后,举行全民

---

① 新宪法规定国家的目标是"始终坚定不移地固守和维护联邦不分裂、民族团结不破裂、主权稳固""始终坚持在我国宣扬以公平、自由、平等为内涵的社会思想,巩固和维护全国各族人民和平富足的生活""在我国培养和巩固贯穿民族平等思想的、是真正爱国主义的联邦精神,各族人民永远团结在一起,共同生活""始终努力维护以世界和平、各国之间的友好合作与交流为目标的和平共处原则"。缅甸国名为"缅甸联邦共和国",实行总统制、多党制,总统由议会选举产生,议会分为民族院和人民院,总统是国家元首和政府首脑。参见李晨阳《缅甸联邦共和国宪法(2008 年)》,《南洋资料译丛》2009 年第 1 期。

② 李晨阳、全洪涛:《缅甸法律法规汇编(2008—2013 年)》,经济管理出版社 2014 年版,第 68 页。

③ 这些条款是:第 1—40 条,第 49—56 条,第 59—60 条,第 74、109、141、161、200、201、248、276、293、294、305、314、320、410—432、436 条。李晨阳、全洪涛:《缅甸法律法规汇编(2008—2013 年)》,经济管理出版社 2014 年版,第 66 页。

公投，并获得投票者过半支持后方可修改"①。这些条款成为有效确保军方权益的制度保障。

第三，在加强组织建设保障方面，丹瑞军政府大力建设巩发党，为军人未来在"民主体制"下争取非军方议席（占 3/4）提供了强有力的组织保障。

军方支持和扶植联邦巩固发展协会（以下简称巩发协）作为拥护军人政权的社会基础。该协会成立于 1993 年 9 月 15 日，发展极为迅速，该协会作为军政府未来移交政权的政党组织，其主要特点是：1. 它是一个官方支持的组织，由丹瑞任名誉主席，三军司令、各军区司令、各省（邦）治安建设委员会要员为名誉成员，中央委员会由 8 名文官部长组成。2. 它是全国性的组织，在中央领导机构之下，有省（邦）、县、镇区、居民区和村各级协会。3. 它是个政党性的组织。协会章程规定，凡参加该组织者，不得加入其他任何政党。

1993 年 12 月底，该协会成员已达 40 余万人；1994 年 1 月 15 日，该协会在仰光举行集会庆祝其成立四个月，表示完全支持新宪法基本原则，参加者达 50 余万人；1994 年 1—2 月，缅甸各省、邦的巩发协分会陆续举行了有数万人到数十万人不等的大规模集会，并通过了六项决议，其中五项决议是：1. 支持国民大会 1993 年 9 月通过的制宪基本原则；2. 呼吁地下组织放弃武装斗争；3. 要阻止来自国内外一切损害国家主权的行动和危险；4. 以建设一个"发展、和平与繁荣的现代化联邦国家"作为民族义务和奋斗目标；5. 使协会"发展为坚强的组织"；巩发协继续在扩展，其人数众多、力量更大，已与各政党并存，将在缅甸的政治发展中发挥重大作用，甚至成为一个能接受军政府移交权力的组织。②

1997 年，军政府联邦巩固发展协会作为其政治外围组织，号召组织成员接受训练，成为下一代领导人；该协会主要职能是参加筑路、修建医院等义务劳动，作为社会基层组织，在政治上支持军政府；军政府于 1997

---

① 李晨阳、全洪涛：《缅甸法律法规汇编（2008—2013 年）》，经济管理出版社 2014 年版，第 66 页。需要遵循这条规定的条款是：第 1—40 条，第 49—56 条，第 59—60 条，第 74、109、141、161、200、201、248、276、293、294、305、314、320 条，第 410—432 条，第 436 条。而宪法规定的其他条款，则只需要 75% 以上联邦议会代表投票支持后即可进行修改。

② 刘务：《当代缅甸军人政权研究（1962—2000 年）》，硕士学位论文，云南师范大学，2001 年，第 84 页。

年明确承认该协会为政治组织。①

军政府为联邦巩固发展协会制定指导原则，军政府首脑丹瑞大将亲自兼任领导人；巩发协从 1997 年开始，多次召开群众大会，吸收了大量新成员，以公务员和学生居多；到 1998 年巩发协已在全国建立了 16 个省（邦）协会，扩展基层组织，成员多达 780 万人；到 1999 年成员人数超过 1100 万人，巩发协的地方性组织遍布缅甸全境，协会除培养其成员军事素质外，还培养其政治与经济管理能力。② 到 2001 年，军政府扶植的联邦巩固发展协会的人数已达 1600 万人。③

该协会的中央执行委员会总书记还曾由教育部长吴丹昂担任，中央执行委员会副主席则由国家和平与发展委员会第三书记、国防部军务部部长温敏中将担任。国家和平与发展委员会的全部 18 名成员，都是该协会名誉主席团的成员，丹瑞大将兼任名誉主席团的主席。④

联邦巩固发展协会于 2010 年 5 月正式注册为联邦巩发党，内比都为其总部所在地，共有党员约 1800 万人；"实现国家永固，主权独立，民族团结，和平稳定，繁荣发展，保护百姓的安全、改善民生，维护人权，实现民主，奉行多党民主制度、市场经济制度和独立、积极的外交政策"是该党的宗旨。⑤ 通过 20 年的培养和建设，联邦巩固与发展党已经成长为影响力大、基层组织密布、组织领导力强、政治过硬的政党。

（三）目标与条件的一致性及影响

与苏貌军政权在 1990 年大选结束后拒绝交权相比，2010 年大选后丹瑞军政权将权力平稳地交给了吴登盛政权，这标志着缅甸已从"纯军人政权"转型为"军人为主—文官为辅"的政权，从而开启了缅甸政治转型。下面将主要论述目标与条件的一致性对丹瑞军政权愿意交权而开启转型的

① 贺圣达：《缅甸：军人执政十年（1988—1998）的政治经济和外交》，《东南亚》1998 年第 4 期。
② 参见德宏州人民政府经济研究所《缅甸政治经济动态》1997 年第 816 期。
③ 贺圣达：《1988 年以来的缅甸：发展、稳定和开放》，《东南亚》2001 年第 4 期。
④ 贺圣达：《缅甸：军人执政十年（1988—1998）的政治经济和外交》，《东南亚》1998 年第 4 期。
⑤ 《缅甸国家概况》，2015 年 3 月，中华人民共和国外交部网站（http://www.fmprc.gov.cn/web/gjhdq_ 676201/gj_ 676203/yz_ 676205/1206_ 676788/1206x0_ 676790/）。

影响。

丹瑞军政权大选后面临两个选项：一是拒绝交权（完全控制）。即循 1990 年大选后拒绝交权的前例，继续对政权进行完全控制。随着军事独裁统治时间的逐渐延长，缅甸所面临的国际环境、区域环境和缅甸国内环境从原来的封闭走向半开放和较开放的环境，信息传递速度和能力的增强，以及权力向社会的分散和转移，意味着缅甸军人政权维持原有的以军事权力和全部政治权力为主的完全控制变得更加困难，其统治成本将越来越大。军方意识到他们不再能单纯依靠镇压和暴力来维持对权力的持久掌控。

二是交权（关键性控制）。若交权给民选政府，目标从对政权的完全控制转为对政权的关键控制，在军方各项保障条件（制度保障、组织保障和军事保障）都已经准备完备的情况下，这使得维持关键控制更能够适应时代的需要和自身利益的长久诉求，其面临的统治压力、风险和成本也小得多。关键控制还能够起到排解统治压力的作用，有利于军方长久地维持对政治的影响。

丹瑞军政权开启转型的根本原因在于，军政权的利益目标从对政权的完全控制到关键性控制的改变，保障条件的完备能够逐级地、最大限度地确保军人集团的利益和管制转型风险，从而最大限度地获得收益。《缅甸联邦共和国宪法》，保障了军方在缅甸政治中的关键性作用，在国家处于动乱或紧急状态时，军队随时可以接管政权；缅甸国内没有任何一支力量能与军队抗衡，缅甸军队是缅甸国内最有组织和纪律的一支庞大队伍；缅甸军政府的地位也比 1988 年 9 月以来的任何时期都更为巩固，由军方支持的"联邦巩固和发展党"组织领导能力强大，其基层组织和动员网络发达。[1]

如果丹瑞军政权在长达 20 年的统治后继续对政权进行完全控制，虽然军人统治集团所获得的收益很大，但是相应付出的成本也非常大；而在关键性控制的情况下，虽然反对派有一定的政治空间，但军人能够维持对反对派的优势地位，同时释放了反对派和社会的压力，其所获得的净收益比完全控制更多。缅甸军政权的政治转型具有直接且明确的政治目的，不

---

[1] 和劲松：《当代缅甸军人政权研究（1962—2000）》，硕士学位论文，云南师范大学，2001 年，第 85 页。

仅增强了统治合法性，还缓解了执政压力，以使其快速融入地区与国际社会。①

综上所述，丹瑞政权目标与条件的一致性使得军方在保障条件完备的情况下选择交权以开启转型，这个是丹瑞政权进行理性选择的结果。

四　本章小结

在丹瑞军政权时期，缅甸外交政策在继续维持对华友好的基础上在"区域外交"上取得重大突破。缅甸的外交政策从对中国"一边倒"的对华友好政策转变为在继续维持与中国良好关系的同时努力发展与本地区的重要力量——东盟、印度及日本——的关系，以期利用中国的支持为支撑，以周边国家为重点，削弱和突破西方国家的封锁带来的政治压力。

2010 年大选之后，丹瑞军政府撤销国家和平与发展委员会，丹瑞主席宣布退休，并将权力顺利交给大选中获胜的巩发党。这意味着缅甸已从"纯军人政治体制"转变为"军人为主—文官为辅"的政治体制，完成了民主路线图中的第七步，缅甸军政权开启了转型之路。

大选后，丹瑞军政权顺利交权给民选的新政府而开启政治转型的根本原因在于，其利益目标已从对政权的完全控制到关键性控制的改变，在保障条件完备的前提下，关键控制能够逐级地、最大限度地确保军人集团的利益和管制转型风险，最大限度地获得收益。在完全控制下，虽然军人统治集团所获得的收益很大，但是相应付出的成本也非常大；而在关键性控制的情况下，虽然反对派有一定的政治空间，但军人能够维持对反对派的优势地位，同时释放了反对派和社会的压力，增加了政权的合法性和减轻了西方压力和东盟的压力，增加了道义收益。丹瑞政权目标与条件的一致性使得在保障条件完备的情况下开启转型。这个是他们理性选择的结果。

---

① 肖克：《亚洲威权国家民主转型的可行路径选择：基于西班牙与缅甸的比较》，《比较政治学研究》2014 年第 1 期。

第六章　缅甸吴登盛政权深化转型
（2011—2015 年）

从 2011 年吴登盛开始执政到 2015 年，此期间是缅甸转型的深化阶段。本章首先详细陈述吴登盛执政时期缅甸的政治发展状况、经济增长水平和对外关系发展，其后对 2015 年缅甸大选的情况进行回顾，最后深入地分析吴登盛政权深化转型的原因。再次从正面验证了本书的假设。

一　吴登盛执政时期的缅甸政治、经济与外交

（一）政治状况：吴登盛开启自由化和民主化

吴登盛接任新政府领导人后，新政府的政权组织形式也已经发生改变：联邦议会替代前和发委成为最高权力机关；议长、总统和副总统都不是军方任命而是经由联邦议会选举产生；部长须由总统提名并经联邦议会批准方能有效；各省邦首席部长须由地方议会选举产生，并经总统批准生效。①

即便如此，吴登盛领导的新政府，其实际构成还是多为脱下军装的前军人。吴登盛总统本身是前军政府的总理、和发委成员和刚退役的将军；副总统丁昂敏乌为退伍高级将领及前最高领导人丹瑞的亲信；议会中 25% 的非选举议席是由现役军人担任；内政部长、国防部长和边境事务部长均为现役军人；在各省（邦）政府中，安全与边境事务负责人皆为军人担

---

① 参见李晨阳《2010 年以来的缅甸政治转型评析》，《领导者》2012 年第 47 期。

任；缅甸最大党——巩发党是军人打造和支持的政党；因此军方在新政府中保留了很大的权力。相比其他国家的军政权，缅甸现政权非常特殊，时至今日，缅甸军人仍掌握着极大的权力。

可以看出，通过选举上台的吴登盛政权其实质是从丹瑞的"纯军人政权"转变为如今的"军人为主—文官为辅"的政权。吴登盛执政为缅甸带来了极大的改变，做出了巨大的贡献。① 领导的新政府，在国内开放党禁、报禁，昂山素季领导的民盟和"88世代学生组织"等民主反对党登上政治舞台，议会出现多种声音，国际和本土的NGO活跃，新闻自由度提升。②

第一，吴登盛执政时期政党活跃，政治自由度提高。2010年11月13日，民盟书记昂山素季软禁期满而获释；昂山素季于2012年1月28日开始出席竞选活动，参加议会补选；5月2日，缅甸联邦选举委员会发表公告，在44个补选的议会议席中，民盟赢得43个议会席位，昂山素季也顺理成章地当选议员。

昂山素季当选议员后，立即开始多项出国访问活动。2012年5月29日，昂山素季访问泰国，参加曼谷举行的世界经济论坛东亚会议，与泰国总理英拉会晤，争取泰国政府和民间加强对缅投资。③ 2012年6月13日，昂山素季出访欧洲，分别访问瑞士、挪威、英国、法国和爱尔兰。④ 2015年6月10—14日，昂山素季率民盟代表团历史性地访华，与中国国家主席习近平进行会谈。⑤

第二，吴登盛执政后，原本受军政权管控的新闻界变得更为开放。媒体自由度迅速从东南亚的末位跃升至前列，政府对媒体的功能和作用更加重视，并把媒体比作与立法、司法和行政同等重要的国家"第四支柱"，

① 参见《新政府之缅甸春天序言——国家总统之贡献（第一年）》，曼德勒碧颂书店2014年版；《新政府之缅甸春天序言——国家总统之贡献（第二年）》，仰光杜丁丁诶书店2014年版。
② 贺圣达：《缅甸政局发展态势（2014—2015）与中国对缅外交》，《印度洋经济体研究》2015年第1期。
③ 《昂山素季访问泰国引关注》，2012年5月31日（http://news.xinhuanet.com/world/2012-05/31/c_123216729.htm）。
④ 《昂山素季24年首访欧洲》，2012年6月15日（http://news.sina.com.cn/o/2012-06-15/023924593874.shtml）。
⑤ 《习近平会见缅甸全国民主联盟代表团》，2015年6月11日（http://news.xinhuanet.com/politics/2015-06/11/c_1115590688.htm）。

政府还尽力减少对私营媒体的管控，给予其更大的话语空间。①

　　无国界记者组织公布的新闻自由指数显示，2011 年以来缅甸的新闻自由度呈现上升趋势（如表6—1 所示）。

表6—1　　　　　　　　　2011—2015 年缅甸新闻自由指数排名

年份	新闻自由指数	排名	国家总数
2011	—	—	—
2012	100.00	169	179
2013	44.71	151	178
2014	41.43	145	179
2015	42.08	144	179

　　资料来源：2011 年数据缺失。无国界记者组织（Reporters Without Borders）世界新闻自由指数（World Wide Press Freedom Index）http://en.rsf.org/spip.php? page = classement&id_ rubrique = 1034；展江、黄晶晶：《开明、威权与自由之光——160 年缅甸新闻法制史管窥》，《杭州师范大学学报》2013 年第 5 期。

　　2011 年 9 月，吴登盛政府解禁了包括 Facebook、Twitter 和 YouTube 等国际影响力大的媒体网站和海外反对派网站等共计 3 万个被封网站，民众浏览任何网站基本不受限制；2012 年 8 月 20 日，政府宣布终止《1962 年书报审查制度》，结束了有关政治与宗教方面出版物需提前送审的制度，这是缅甸民主化和自由化历程中的一个重要标志。②

　　2013 年 4 月 1 日起允许社会人士和团体创办报纸。缅甸媒体从官方主导变为私人媒体居多，公开发行的报刊数量从军政府时期的十几种猛增到今天的数百种。电台、电视台节目从军政府时期的单调特色转变为现在的日益多样化、娱乐化。以前被禁止的《缅甸民主之声》等反政府媒体均可自由播出③（如表6—2 所示）。

① 周雷：《缅甸媒体进入激变时代》，《联合早报》2012 年 10 月 3 日。
② 同上。
③ 参见宋清润《缅甸民主转型的进展与挑战》，《国际研究参考》2014 年第 5 期。

表6—2　　　　　　　　吴登盛政府上台后的新闻变革举措

时间	新闻变革措施
2011.06	解除对体育、娱乐和彩票等期刊的审核
2011.09	解除BBC、VOA和YouTube等外国网站的禁令，表示将解除新闻网站封锁
2011.10	吴登盛签署特赦令，陆续释放6000多名囚犯，其中政治犯里有新闻工作者
2011.12	54种期刊及书籍获准出版，但是其他新闻出版还需事先审核
2012.02	准备推出新传媒法，解除新闻审查制度，一些新闻机构已应邀提出意见
2012.08	宣布取消新闻审查制度，记者即日起不必在发稿前交由国家部门审核
2012.08	解除黑名单中约2000人的入境禁令，其中包括一些新闻记者
2012.09	改革新闻委员会，解除审核外国刊物和对记者刑事及民事起诉的权力
2012.10	吴登盛首次在国内举办新闻发布会，国内外记者都被邀在内
2012.12	缅甸信息部宣布将允许私人办报，可在2013年2月前提交申请
2013.01	缅甸联邦政府召开内阁会议，同意解散媒体审查和注册局
2013.04	宣布缅甸公民申请办报的规定生效，有16个新报获准每日发行
2013.04	批准总部设在巴黎的美国《国际先驱论坛报》按原版在缅印刷并出版发行，这是首次批准外国英文报纸在缅出版发行

资料来源：展江、黄晶晶：《开明、威权与自由之光——160年缅甸新闻法制史管窥》，《杭州师范大学学报》2013年第5期。

吴登盛政府在2012年上半年废除了国内媒体的审查制度，年末再次宣布民众可以申请办任何语言（缅文、英文、印度文和华文）报纸，并准许于2013年4月1日开始发行；同时还批准美国《国际先驱论坛报》可在缅甸原版发行；这是缅甸首次批准外国英文报纸在国内出版，表明其对西方媒体持开放政策；到2014年，共有26家私营日报获准出版，包括24家缅文报纸和2家英文报纸，其中6家报纸已正式出版上市。①

第三，吴登盛执政时期，缅甸非政府组织（NGO）发展较快。早在殖

① 马燕冰：《缅甸政治改革的进展与问题》，《和平与发展》2014年第1期。当然，放松对国内新闻媒体的管理也带来新问题，一些刊物刊登了不符合传统文化规范的文章，如鼓励赌博，引起佛教团体不满。2013年3月，缅甸政府拟定了新媒体法草案，规定媒体刊登任何"反对和触犯"现行宪法以及会"影响法律和秩序及挑起动乱"的文章、未登记的新闻媒体人可能被判处6个月徒刑，但该议案在征求意见时遭到媒体的抗议，被迫暂时搁置。马燕冰：《缅甸政治改革的进展与问题》，《和平与发展》2014年第1期。

民时期,宗教性质的非正式的社会团体就已经出现了;缅甸最早的 NGO 成立于 19 世纪后期。① 1948 年至 1988 年的 40 年间,受到政府严格控制,缅甸本土 NGO 发展缓慢,被政府容忍的仅是以宗教、文化、福利和慈善活动为主要内容的 NGO。② 1988 年新军人政府上台后,批准成立了不少 NGO,这一时期 NGO 数量增长较快。

1988 年以来缅甸本土 NGO 经历了三个快速发展时期:一是 1990 年大选,昂山素季领导的全国民主联盟在大选中获胜却未能掌握政权;军政府为表示其转变以及安抚国际及国内社会在结社方面放宽了限制。二是 2008 年的纳尔吉斯风灾的爆发,客观上给缅甸本土 NGO 迅速发展提供了契机;风灾后出现的本土 NGO 数量占 2001 年至 2010 年成立的本土 NGO 总数的大半。③ 三是吴登盛新政府执政后,缅甸 NGO 迎来第三次大发展时期;缅甸社会自由化提升,政治自由度加大,对外开放加快,与西方国家关系趋于缓和,这些都为 NGO 迎来更为宽松的发展环境。据缅甸本土资源中心记载的 126 个缅甸本土 NGO 的发展状况,我们发现,④ 缅甸本土 NGO 呈现翻倍增长,与此同时在缅甸的国际 NGO 也发展迅猛;早在 20 世纪 80 年代,就有国际 NGO 进入缅甸,这些组织为缅甸老百姓提供安全饮用水、医疗设备、教育、卫生保健、社区发展项目、小额贷款、艾滋病关怀等支持。⑤

第四,吴登盛政府积极改善人权,释放政治犯。吴登盛新政府不仅允许专门成立国家人权委员会,独立于政府运作,还允许其调查并平反了数百起政府侵犯人权的案件;吴登盛总统甚至邀请流亡海外人士回国,不少异议人士,包括"88 世代学生组织"在美领导人和缅甸民主之声等海外反政府媒体编辑都相继回国探访。⑥ 吴登盛政府执政以来,还先后进行了多次大赦,有近 3 万名犯人被释放,仅仅 2015 年 7 月,就有 6966 名犯人被释放,包括 210 名外国人。

①　段然、梁晨:《政府组织在缅甸政治转型与对外关系中的作用》,载李晨阳《缅甸蓝皮书:缅甸国情报告 (2012—2013)》,社会科学文献出版社 2014 年版,第 40 页。

②　同上书,第 45 页。

③　同上。

④　缅甸本土资源中心网站:http://lrcmyanmar.org/en。

⑤　段然、梁晨:《政府组织在缅甸政治转型与对外关系中的作用》,载李晨阳《缅甸蓝皮书:缅甸国情报告 (2012—2013)》,社会科学文献出版社 2014 年版,第 44—45 页。

⑥　宋清润:《缅甸改革两周年成就与挑战》,《国际研究参考》2013 年第 3 期。

（二）经济发展：全面改革和外资流入

2011 年 3 月吴登盛上台后就对经济全面改革，将经济发展目标从"以农业为基础，全面发展其他领域经济"调整为"进一步发展农业、建设现代化工业国家和全面发展其他领域经济"。[①] 新政府注重调整经济结构，加快构建和完善外国投资法体系，大力吸引外资流入，并通过加强首脑外交，寻求外部援助和债务减免。这一时期，缅甸经济总体上平稳向前发展，缅甸对外更加开放，外资流入增加。开启政治转型后的缅甸，2011 年以后的 GDP 增长率平均维持在 8% 以上。2011—2015 年缅甸各年 GDP 增长率曲线如图 6—1 所示。

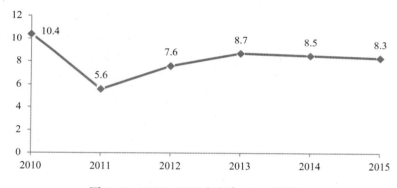

图 6—1　2011—2015 年缅甸 GDP 增长率

数据来源：EIU 和 DICA、亚洲开发银行。

吴登盛政府开启了缅甸政治经济改革的春天。包括三个方面：

第一，推出一系列具体的经济改革举措。一是"注重一、二、三产业全面、协调发展，推动不同地区均衡发展，确保改革惠及百姓，重视推进

[①] 李艳君：《西方国家放宽经济制裁背景下的缅甸经济发展前景》，《东南亚纵横》2012 年第 1 期。

民生工程建设，消除农村贫困，建设少数民族边疆地区，稳定粮食价格等"。① 二是"改组落后的经济管理机构，新设服务机构，提高政府决策科学性和官员服务意识，提高办事效率"。② 三是"推行国企私有化，打破国企对电信、能源和金融等领域的垄断，增强经济活力"。③ 四是"充分利用内脑、外脑两种资源，按照国际标准改革金融体制与汇率体系，提高缅甸经济与国际经济的接轨程度"。④ 五是重视吸引外资，政府派团赴中国、日本等国举办招商引资说明会。⑤ 招商引资已初见成效，例如仰光迪洛瓦特区初具雏形，土瓦特区正推进建设，皎漂特区建设招标基本完成。

　　第二，注重构建和完善外国投资法体系，外国对缅直接投资（FDI）规模稳步扩大，投资来源和领域更加多元化。《缅甸外国投资法》于 2012 年顺利通过，加上同时通过的由国民计划与经济发展部颁布的《缅甸外国投资法实施细则》第五十六条，由缅甸投资委员会公布的《外国投资经济活动类型规定》实施细则第五条，以及国内其他相关投资法规、法令，如《特殊经济区法》（2011）、《商业税法修正案》（2011）、《土瓦特殊经济区法》（2011）、《劳动组织法》（2011）、《外资监管法》（2012）、《中央银行法》（2013）、《缅甸公民投资法》（2013）、《环境保护法》（2012）、《缅甸公司法》（1914）、《国有经济企业法》（1989）、《缅甸金融机构法》（1990）等，这些共同构成了缅甸外资法体系。⑥ 缅甸新《外国投资法》

---

① 宋清润：《缅甸改革两周年成就与挑战》，《国际研究参考》2013 年第 3 期。2012 年 6 月 19 日，吴登盛总统指出，政府将未来 5 个财年年均经济增长率定为 7.7%，实现农业产值占 GDP 的比重从基础年的 36.4% 降至 29.2%，工业产值从 26% 提升到 32.1%，服务业产值从 37.6% 提升至 38.7%，快速提升经济发展质量。参见 "President Invites Successful Economists, Experts, Businessmen Doing Well Overseas to Join Hands with Government for National Development", *The New Light of Myanmar*, 20 June 2012。

② 宋清润：《缅甸改革两周年成就与挑战》，《国际研究参考》2013 年第 3 期。新政府组建经济特区中央委员会和中央工作委员会，委员会主席、副主席为总统和副总统，成员包括 24 位联邦部长，总统还牵头组建促进中小企业发展的委员会，议会通过《缅甸小型金融业法》，商务部对公司注册手续提供一站式服务，加快贸易许可证审批。

③ 宋清润：《缅甸改革两周年成就与挑战》，《国际研究参考》2013 年第 3 期。

④ 同上。

⑤ 例如，总统等各级官员在出访欧、美、日、韩、澳等国家和地区时，举办专门的招商引资宣传会，缅甸外合资企业从正式运营起可享受 5 年免税待遇，比原有政策延长 2 年。参见 Aung Hla Tun, Myanmar state media details new foreign investment law, 3 November 2012（http://www.reuters.com/article/2012/11/03/us-myanmar-investment-idUSBRE8A204F20121103）。

⑥ 王晟峰：《缅甸外国投资法研究》，硕士学位论文，西南政法大学，2014 年，第 11 页。

较 1988 年投资法有了较大的改动，在投资项目可行性研究、投资形式、投资领域及条件、投资审批、土地使用、员工雇佣等多方面更加规范与明确。① 缅甸议会于 2015 年 12 月又通过《外国投资法（修正案）》《缅甸公民投资法（修正案）》等六项法律修正案。② 这些修正案共同规范缅甸的外国投资。

缅甸自吴登盛政府实行改革开放以来，外国对缅直接投资（FDI）规模稳步扩大，投资来源和领域更加多元化。当然，缅甸在引进 FDI 方面还存在诸多障碍，一是宏观经济环境不稳定，存在政府和国际收支赤字，外债水平较高；二是基础设施落后，例如交通、通信、电力、水资源使用和金融服务等跟不上；三是外汇管制，虽然缅政府已实施了放松外汇管制等一系列政策，但管制仍然存在；四是投资政策实施和合同落实存在风险，受政治因素影响，存在投资风险。

虽然面临上述种种困难，但缅甸外国直接投资出现了良好发展态势，主要体现在：一是缅甸政府批准的外国直接投资急剧增加。据联合国贸易与发展会议（United Nations Conference on Trade and Development，UNCTAD）统计，缅甸新建外国投资项目的价值在 2011—2013 年高达 161.85 亿美元，而 2008—2010 年仅为 37.72 亿美元。③ 据缅甸投资与公司管理局（DICA）公布的数据，缅甸政府批准的外国直接投资在 2012—2013 财年为 14.19 亿美元，2013—2014 财年为 41.07 亿美元，2014—2015 财年则高达 80.10 亿美元，2015—2016 财年第一个月高达 22 亿美元。④ 二是缅甸外国直接投资流入量增长较快。从 2010 年起缅甸外国直接投资流入量持续增长，2013 年比 2010 年增加 104%，达 26.21 亿美元。⑤ 三是缅甸外国直接投资流入存量稳步增加，2010 年为 82.73 亿美元，2011 年为 91.23 亿美元，

---

① 王晟峰：《缅甸外国投资法研究》，硕士学位论文，西南政法大学，2014 年，第 32 页。

② 《缅甸颁布外国投资法等六项法律修正案》，2015 年 12 月 24 日，中华人民共和国商务部网站（http：//smfws. mofcom. gov. cn/article/i/jyjl/j/201512/20151201218003. shtml）。

③ UNCTAD，World Investment Report 2014，Investing in the SDGs：An Action Plan，United Nations，New York and Geneva，2014，p. 219.

④ DICA，Yearly Approved Amount Foreign Investment（by Country）（http：//dicagov. Mm. x-aas. Net/）；"Singapore Top Foreign Investor in First Month of 2015—2016FY"，*The Global New Light of Myanmar*，26 May 2015.

⑤ UNCTAD，World Investment Report 2014，Investing in the SDGs：An Action Plan，p. 206.

2012 年为 119.10 亿美元，2013 年增至 141.71 亿美元。[①] 四是在世界最不发达国家中缅甸外国直接投资流入量增速快。在亚洲最不发达的 9 个国家中 2010 年缅甸外国直接投资流入量不及孟加拉和柬埔寨，但是 2012 年和 2013 年跃居首位；缅甸还成为世界最不发达国家中外国直接投资流入量超过 20 亿美元的少数几个国家之一；2013 年缅甸外国直接投资流入量仅次于莫桑比克和苏丹。[②] 2011—2015 财年缅甸 FDI 流入增长曲线如图 6—2 所示。

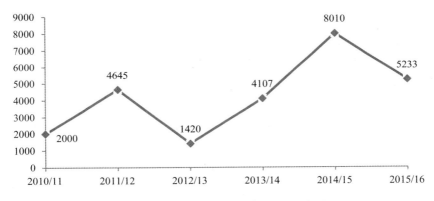

图6—2　2011—2015 年缅甸 FDI 流入量

数据来源：缅甸投资与公司管理局（DICA），参见 DICA，Yearly approved amount foreign investment（By country）（http：//www.dica.gov.mm/sites/dica.gov.mm/files/document-files/approved_country_jan_2016_1.pdf），其中 2015/2016 年数据截至 2016 年 1 月 31 日。

---

① UNCTAD, World Investment Report, Non-Equity Modes of International production and Development 2011, United Nations, New York and Geneva, 2011, p.193；UNCTAD, World Investment Report 2012, Towards A New Generation of Investment Policies, United Nations, New York and Geneva, 2012, p.174；UNCTAD, World Investment Report 2013, Global Value Chains：Investment and Trade for Development, United Nations, New York and Geneva, 2013, p.218；UNCTAD, World Investment Report 2014, Investing in the SDGs：An Action Plan, p.210.

② UNCTAD, World Investment Report 2011, Non-Equity Modes of International Production and Development, p.74；UNCTAD, World Investment Report 2012, Towards A New Generation of Investment Policies, p.64；UNCTAD, World Investment Report 2013, Global Value Chains：Investment and Trade for Development, p.73；UNCTAD, World Investment Report 2014, Investing in the SDGs：An Action Plan, p.82.

　　第三，吴登盛政府对外积极游走，争取经济援助、债务免除和减轻制裁，以取得外部支持。以美国为首的西方经济对缅制裁的松动使得众多经济体及跨国企业纷纷迈入缅甸国门，美国政府多名高官访问缅甸商讨关系正常化及经济援助计划，奥巴马于2012年11月19日历史性地访问缅甸并宣布将提供一笔1.7亿美元的援助。[①] 2012年4月，欧盟暂停其对缅甸的所有限制性措施（武器禁运除外），2013年4月除武器禁运外的其他限制性措施永久停止。[②] 自此，缅甸快速成为全球投资商竞相角逐之地，西方国家各大国家公司纷纷将目光扫向了消费市场日益扩大的缅甸；2013年6月两家全球知名企业可口可乐和联合利华宣布将在未来10年里投资缅甸10亿美元，这是经济制裁放松后西方跨国公司做出的最大投资计划。[③]

　　第四，吴登盛执政后，中缅双边贸易额在经历几年的持续增长后于2014年出现下降。根据中国商务部数据，2014年中缅双边贸易额达249.7亿美元，中方出口额93.7亿美元，进口额156亿美元。[④] 中国对缅贸易曾经长期顺差，但是2014年对缅甸贸易出现较大逆差；由于中缅加快贸易便利化、两国边贸增长快、中国扩大对缅农产品和天然气进口等因素的综合作用，2014年中国对缅贸易在十多年来首次出现较大逆差，达62.33亿美元，创历史新高；中国成为缅甸最大贸易伙伴国和顺差国，对缅甸外贸和经济的拉动作用明显，一定程度缓解了缅甸在贸易方面的对华不满情绪。[⑤] 2011—2014年中缅贸易额见表6—3。

表6—3　　　　　　　　　　2011—2014年中缅贸易额　　　　（单位：百万美元）

年份	出口	进口	进出口总额	贸易差额
2011	4820	1680	6500	3140
2012	5670	1300	6970	4370

---

① 《奥巴马"历史性访问"　为缅甸送1.7亿美元援助》，2012年11月19日（http：//world，huanqiu. com/exclusive/2Q12-l 1/3290477. Html）。

② Victoria Bruce，Easing of sanctions offers mixed encouragement for investors，A Myanmar Times Special Feature，September 2012，p. 14.

③ 《西方巨头斥巨资在缅投资真正打入缅甸任重道远》，2013年6月5日（http：//mon-ey. 163. com/13/0605/17/90KFK4HB00254TI5. html）。

④ 张菲：《中企投资缅甸重视环境评估更需注意民意调研》，《中国经济导报》2015年7月24日。

⑤ 《"一带一路"缅甸风险评估报告》，2015年。

续表

年份	出口	进口	进出口总额	贸易差额
2013	2910	4105	7060	− 1195
2014	937	1560	2497	− 623

数据来源：根据中国外交部亚洲司网站各年度统计数据统计。参见卢光胜《中国与大陆东南亚国家经济关系研究》，社会科学文献出版社 2014 年版。其中，2014 年为中国商务部数据。

（三）对外关系：与西方关系全面解冻

1. 与西方的关系开始缓和

缅甸新政府执政后就立即着手调整对外政策，把打破西方制裁、拓展外交空间视作一个重要外交目标，也将其作为推进民主进程、实现民族和解、发展国家经济的良好外部环境。[①] 美国多名官员和国会议员相继访缅，其他西方国家也跟随其后陆续访缅，缅甸与西方关系全面破冰和缓和。

美国总统、英国首相、意大利外长，澳大利亚、英国、新西兰、加拿大、欧盟外交与安全政策高级代表，联合国秘书长等西方国家官员和国际组织领导人相继访问缅甸，除美欧外，澳大利亚、加拿大等国也陆续宣布部分或大部分解除对缅制裁，缅甸政治改革的深化，使缅甸成为投资热点，美、英、德等国商业代表团的投资项目纷纷前往缅甸投资。

第一，缅甸与美国的关系缓和。美国国务卿希拉里于 2011 年 11 月 30 日开启访缅的"破冰之旅"，成为 50 年来首位访缅的美国国务卿。[②] 2012 年 7 月 11 日，德里克·米切尔以美国新任驻缅大使的身份向缅甸总统吴

---

① 陈霞枫：《缅甸改革对中缅关系的影响及中国的对策》，《东南亚研究》2013 年第 1 期。
② 2009 年 9 月，奥巴马政府公布对缅新政策，在维持现有制裁同时，恢复与缅直接接触并有条件扩大对缅人道援助，吉姆·韦布在纽约会见前来参加联合国大会的缅甸总理吴登盛；11 月，奥巴马在新加坡与包括缅甸总理吴登盛在内的东盟国家领导人举行会晤，美国务院助理国务卿坎贝尔访缅；2010 年 5 月，美国务院助理国务卿坎贝尔再次访缅，12 月，美国务院帮办约瑟夫·云访缅；2011 年 5 月，约瑟夫·云再次访缅，6 月，美共和党参议员麦凯恩访缅，8 月，美参议院批准关于米德伟（Derek Mitchell）担任美国缅甸事务特使，米德伟先后于 9 月和 10 月访问缅甸，9 月 29 日，美助理国务卿坎贝尔、助理国务卿波斯纳和缅甸事务特使米德伟分别在华盛顿会见缅外长温纳貌伦。

登盛递交了国书，成为 22 年后美国首任驻缅大使，标志着美缅正式恢复大使级外交关系。[①] 2012 年 11 月 19 日，美国总统奥巴马访问缅甸，成为在位期间访缅的首位美国总统。[②] 2013 年 5 月，吴登盛访问美国，双方长达半个世纪的"冰冻"关系融解，此次访美是缅甸最高领导人时隔 47 年来的首次访美，而最近一次是 1966 年缅甸领导人奈温访美。[③]

第二，缅甸与欧洲国家间关系改善。2012 年 12 月，吴登盛访问瑞士，瑞士拟在仰光开设瑞士驻缅大使馆，还承诺向缅甸提供 800 万美元的人道主义援助。2013 年 2 月 26—28 日，吴登盛访问挪威和芬兰，挪威决定在仰光设立挪威驻缅甸大使馆，芬兰表示将向缅甸提供超过 600 万欧元的援助。[④] 2013 年 7 月 15 日，吴登盛访问英国，英国表示将为缅提供近 3000 万英镑的发展援助，英国外交部还将通过其全球繁荣基金向缅甸提供 45 万英镑支持"能够促进缅甸经济透明和公平进行改革"的项目，英方还将为缅甸军队提供相关培训。7 月 17 日，吴登盛访问法国，法总统奥朗德期望与缅甸开展卫生和教育合作项目。[⑤] 2012 年 4 月 23 日，欧盟宣布暂缓对缅部分制裁措施，保留军事制裁。4 月 28 日，欧盟在仰光的"驻缅甸办事处"正式开设。11 月 4 日，欧洲宣布将为缅提供超过 1 亿美元的援助贷款。2013 年 2 月 26 日至 3 月 5 日，欧盟宣布暂停对缅非军事制裁（为期一年），并向缅甸提供 1 亿美元发展基金。[⑥]

---

① 1948 年两国建交，缅军方接管政权后，美把驻缅使馆降为代办级，停止对缅提供经援和禁毒援助，撤销给缅的贸易普惠制（GSP），对缅实行武器禁运，阻止国际金融机构向缅提供援助，不向缅高官及其家属发放入境签证。参见《缅甸国家概况》，2015 年 3 月，中华人民共和国外交部网站（http：//www. fmprc. gov. cn/web/gjhdq_ 676201/gj_ 676203/yz_ 676205/1206_ 676788/1206x0_ 676790/）。

② 《美国总统首次访问缅甸》（http：//news. xinhuanet. com/world/2012 – 11/20/c_ 123973014. htm）。

③ 《缅甸总统吴登盛首访美，奥巴马鼓励其推进改革》（http：//world. people. com. cn/n/2013/ 0521/c159300-21559026. html）。

④ 《缅甸总统首次欧洲之行初现成果，能否达成所愿有待观察》，2013 年 3 月 2 日（http：// gb. cri. cn/27824/2013/03/02/5892s4035795. htm）。参见《缅甸国家概况》，2015 年 3 月，中华人民共和国外交部网站（http：//www. fmprc. gov. cn/web/gjhdq_ 676201/gj_ 676203/ yz_ 676205/1206_ 676788/1206x0_ 676790/）。

⑤ 《缅甸总统 25 年来首访英国，英承诺提供近 3000 万英镑援助》，《人民日报》2013 年 7 月 17 日。

⑥ 《缅甸总统吴登盛首次访问欧盟》，2013 年 3 月 5 日（http：//world. people. com. cn/n/ 2013/0305/c1002-20686882. html）。

第三，缅甸与大洋洲国家关系改善。2013 年 3 月 17—19 日，吴登盛访问澳大利亚，澳表示将向缅甸提供 2070 万美元的援助，澳还宣布将在武器禁令尚存的情况下放宽与缅甸在国防领域的合作限制，其中包括人道主义援助、救灾活动以及维和任务。① 2014 年，澳大利亚外长毕晓普访缅。② 2013 年 3 月 14—17 日，吴登盛访问新西兰，新表示将向缅提供援助，方式包括资金援助、教育支持和农业技术支持等。③

第四，缅甸与日本的关系加强。2012 年 4 月 20—24 日，缅甸吴登盛总统是 28 年来首次访日的缅甸最高领导人，日计划恢复日元贷款，放弃约 5000 亿日元（约合 61 亿美元）拖欠债务的大部分。④ 2012 年 5 月 24 日，日本首相安倍访缅，两国发表"构筑永久持续的友好合作关系"的联合声明，这是日本在 36 年后访缅的最高元首。⑤

综上所述，吴登盛领导的文官政府获权后，加强"首脑外交"的力度，与美、日、欧盟等西方国家高层交往密切，缅甸外交表现得更为开放积极和奋发有为，可以说这一时期，缅甸与西方国家关系取得了重大突破。

2. 在国际组织和周边发力

吴登盛新政府执政以来，缅甸积极参与各种国际和地区性会议，在各种国际场合发声和发力，在国际组织和区域组织里的影响力、话语权和地位都显著得到提升。

第一，积极参与、组织和承办各种国际会议和地区会议，努力提升

---

① 《缅甸总统吴登盛将出访澳大利亚及新西兰》，2013 年 3 月 12 日（http://gb. cri. cn/27824/2013/03/12/5892s4049580）。

② 《缅甸国家概况》，2015 年 3 月，中华人民共和国外交部网站（http://www. fmprc. gov. cn/web/gjhdq_ 676201/gj_ 676203/yz_ 676205/1206_ 676788/1206x0_ 676790/）。

③ 《缅甸总统吴登盛与新西兰总理举行会谈》，2013 月 16 日（http://www. dzwww. com/xinwen/xinwenzhuanti/2008/ggkf30zn/201303/t20130316_ 8267195. htm）。

④ 《缅甸总统 28 年来首次访问日本》，2012 年 4 月 22 日（http://world. people. com. cn/GB/17714543. html）。

⑤ 自以吴登盛总统为首的缅甸民选政府成立后，日本基于地缘政治和地缘经济以及制衡中国等方面的考量，重开对缅大规模援助和投资，日本将缅甸纳入"价值观外交"体系，以日本首相安倍晋三为首的政商学考察团频繁访问缅甸，开始全方位介入缅甸，除了提供大量援助以外，日本还借机介入缅甸民族和解进程，日本企业也大举重返缅甸，日缅关系迅速升温。参见毕世鸿《缅甸民选政府上台后日缅关系的发展》，《印度洋经济体研究》2014 年第 3 期。

缅甸在国际上和区域内的影响力。缅甸承办了多个地区性会议，例如2014 年东盟外长会议、第 24 届东盟峰会、东盟国防部长会议、环孟加拉湾多领域经济技术合作倡议第 3 次领导人会议、东盟央行行长第 22 次会议、第 11 届东盟国家武装部队首脑非正式会议、东盟财长第 18 次会议等陆续在缅甸成功举办。①

除此之外，缅甸各高层领导人还赴世界各国出席国际性会议。例如，吴登盛赴意大利出席第 10 次亚欧首脑会议，还以东盟轮值主席国领导人身份出席在澳大利亚举办的二十国集团领导人峰会，其外长温纳貌伦赴越南出席湄公河委员会第 2 次峰会，联邦议会议长吴瑞曼赴意大利出席第 8 次亚欧议会伙伴会议，国防部长韦伦在夏威夷出席东盟—美国国防部长对话会议等等。②

第二，重视发展与周边国家，尤其是东盟国家的关系，注重融入东南亚地区事务。吴登盛出任总统后，先后访问了印尼、新加坡、越南、老挝和柬埔寨等东盟国家。"2012 年 8 月 8 日，东盟成立 45 周年，吴登盛在官方媒体《缅甸新光报》发表声明，对东盟的成就表示祝贺，对建设一个和平、稳定、繁荣与和谐的东盟共同体寄予厚望，他呼吁缅甸为东盟的繁荣与发展做出努力。"③

东盟对缅甸的努力做出积极回应，也尽力帮助缅甸获得国际认可和国际地位。例如，2011 年 11 月的东盟峰会上，东盟 10 国领导人一致同意缅甸成为 2014 年东盟轮值主席国，促使美国和欧盟更快地修补与缅甸关系。④ 东盟帮助缅甸推进改革和恢复国际地位，也是出于服务东盟建设"政治和安全、经济以及社会文化共同体"的整体目标。⑤ "东盟对缅甸的支持，凸显了其整合内部、争取提升国际和地区事务参与权与发言权的努力。"⑥ 双方各取所需，互利共赢。

---

① 《缅甸国家概况》，2015 年 3 月，中华人民共和国外交部网站（http：//www. fmprc. gov. cn/web/gjhdq_ 676201/gj_ 676203/yz_ 676205/1206_ 676788/1206x0_ 676790/）。
② 《缅甸国家概况》，2015 年 3 月，中华人民共和国外交部网站（http：//www. fmprc. gov. cn/web/gjhdq_ 676201/gj_ 676203/yz_ 676205/1206_ 676788/1206x0_ 676790/）。
③ 《缅甸积极融入东盟出成效》，《光明日报》2012 年 8 月 13 日。
④ 《东盟一体化强化内部整合，积极促进缅甸改革进程》，《人民日报》2012 年 3 月 22 日。
⑤ 《缅甸积极融入东盟出成效》，《光明日报》2012 年 8 月 13 日。
⑥ 《东盟一体化强化内部整合，积极促进缅甸改革进程》，《人民日报》2012 年 3 月 22 日。

3. 中缅关系在友好中遇挫

吴登盛执政时期，中缅关系总体友好，但是在友好中经受了较大的挫折。密松水坝停建、莱比塘铜矿风波、中缅边境边民死伤、中国伐木人员被缅甸方面判刑等一系列事件让中缅关系政治和经济关系紧张，中缅之间时有摩擦。

第一，吴登盛政权时期，缅方高度重视中缅关系，其总统吴登盛多次来华访问或出席会议，中缅关系提升为"全面战略合作伙伴关系"。

2011 年 5 月，吴登盛访华，中缅关系提升为"全面战略合作伙伴关系"。① 2013 年 4 月，吴登盛来华进行国事访问，并出席博鳌亚洲论坛 2013 年年会。② 同年 9 月，吴登盛又来华出席第十届中国—东盟博览会。2014 年 6 月，吴登盛来华进行国事访问，出席了"和平共处五项原则发表 60 周年"纪念活动。2015 年 9 月，吴登盛参加"中国纪念抗日战争胜利 70 周年"阅兵，并派军队观摩团参加阅兵观礼。③

与此同时，中方高层领导人也频频访缅。2013 年 6 月国务委员杨洁篪出访缅甸；12 月，国务院副总理刘延东赴缅出席第 27 届东南亚运动会开幕式；2014 年 8 月，王毅外长访缅并出席了东亚合作系列外长会；2014 年 11 月，国家总理李克强访缅，出席了东亚合作领导人系列会议，两国发表了《关于深化两国全面战略合作的联合声明》，进一步提升双边关系；④ 同年 12 月，国家副主席李源潮赴缅出席"中国—东盟文化交流年"闭幕式。

第二，吴登盛执政期间，中缅双边关系因中方在缅大型投资项目遭受巨大损失，以及中方在中缅边境上人员安全受到威胁而引发摩擦不断。

2011 年，缅甸总统吴登盛单方面宣布在任期内搁置中国投资的密松水电站项目，致使中方损失巨大；2012 年，中国在缅投资的莱比塘铜矿项目也生变，万宝公司在铜矿附近的营地被抗议者占领，铜矿建设工作

① 《胡锦涛同缅甸总统吴登盛举行会谈》，2011 年 5 月 27 日（http://news. xinhuanet. com/politics/2011-05/27/c_ 121467699. htm）。

② 《习近平在三亚为缅甸总统吴登盛举行欢迎仪式》，2013 年 4 月 5 日（http://www. chinanews. com/tp/2013/04-05/4704696. shtml）。

③ 《李克强会见缅甸总统登盛》，2015 年 9 月 4 日，中华人民共和国外交部网站（http://www. fmprc. gov. cn/web/zyxw/t1293742. shtml）。

④ 《中华人民共和国与缅甸联邦共和国关于深化两国全面战略合作的联合声明》，2014 年 11 月 14 日（http://news. xinhuanet. com/ttgg/2014-11/14/c_ 1113257573. htm）。

被迫中断，出现在中国驻缅甸使馆前针对铜矿项目的示威。2012 年，中国在缅甸投资因在缅投资信心受损而大幅下滑，2011 年中缅双边贸易总额首次超过 50 亿美元，高达 65.01 亿美元，年增长率超过 46%（2010年为 44.44 亿美元），但 2012 年双边贸易总额降至 50.01 亿美元，增长率为负 29.9%。①

2015 年 3 月 13 日，缅甸军机炸弹落入中国边境，致使中国平民 5死 8 伤，外交部副部长刘振民紧急召见缅甸驻华大使，提出严正交涉。②4 月 2 日，缅甸总统特使、外交部部长温纳貌伦，代表缅政府和军方正式道歉，确保此类事件不再发生。③ 然而，5 月 14 日，缅方炮弹再落中国，造成中方 5 人受伤，中国外交部发言人华春莹表示，这严重危及中方人员生命财产安全，严重影响中缅边境地区稳定，中方强烈不满，并保留做出进一步反应的权利。④ 6 月 2 日，中国在中缅边境进行军事演习。军演后半年，2016 年 1 月 3 日，又有 1 名中方人员在中缅边境中方一侧被地雷炸伤，中方表示严重关切，并向缅方提出严正交涉。

2015 年 7 月 22 日，缅甸北部密支那县法院根据《公共财产保护法》对中方 155 名伐木人员判处重刑（其中，150 人获刑 20 年，2 名未成年人获刑 10 年，1 名获刑 35 年），中方紧急向缅方提出严正交涉。⑤ 后因缅甸总统宣布特赦这些人员才得以平息此次风波。

综上所述，虽然在一些核心政治议题上，中缅之间仍然保持着较好的合作与配合，但从密松水坝搁置、莱比塘铜矿风波，到中缅边境边民死伤、中国伐木人员被判刑等一系列事件可以看出，这一时期的中缅关系时有紧张。缅甸民众对中国的负面情绪和负面印象也有增大的趋势，中缅关系从官方到民间都在总体友好中遭遇挫折和摩擦。

---

① 肖蕾：《缅甸对外经济关系研究》，硕士学位论文，云南财经大学，2014 年，第 27—33 页。

② 《外交部副部长刘振民紧急召见缅甸驻华大使就缅军机炸弹造成中方人员伤亡提出严正交涉》，2015 年 3 月 14 日（http://news. xinhuanet. com/2015－03/14/c_ 127579305. htm）。

③ 《缅甸总统特使就炸死中国边民正式向中方道歉》，2015 年 4 月 3 日（http://world. huanqiu. com/exclusive/2015-04/6084378. html）。

④ 《2015 年 5 月 15 日外交部发言人华春莹主持例行记者会》，2015 年 5 月 15 日中华人民共和国外交部网站（http://www. fmprc. gov. cn/ce/cgmel/chn/fyrth/t1264185. htm）。

⑤ 刘畅、王晓雄：《150 余名中国伐木工人在缅甸判重刑》，2015 年 7 月 23 日（http://news. 163. com/15/0723/03/AV68BVLH00014JB6. html）。

二　2015年缅甸大选回顾

缅甸新一轮全国大选于2015年11月8日如期举行，共有合格选民数3500万人，参选政党91个，6065人获得参选资格。① 对于此次大选，吴登盛政府积极推进选举的公平、公正和自由。缅甸国家选举委员会委员吴温格说，我们会允许东盟各国的选举委员会在大选期间的几天时间内开展监督，为体现选举的自由与公平，缅甸国家选举委员会先后与欧盟（EU）、卡特中心（Carter Center）签约，邀请了分别位于荷兰的 GCI（Gender Concerns International）等组织，同时缅甸正在与日本商讨派出选举检察员的事宜。②

最终，缅甸大选委员会批准了45个国内外机构的6721人在大选中进行观察，其中包括3个国际组织机构的观察员202人，9个国内机构的6261人，25个国际媒体119人，8个国内媒体139人；另外，欧盟缅甸大选观察团派了大约150人到缅甸各选区进行观察，包括军区票站。国际竞选观察机构、32个国家和9个国际组织的1000多名观察员，加上缅甸本地组织近万名观察员同时对大选投票和票数统计过程进行了观察，结果显示，这次大选是一次可信的、透明的大选。③

根据选委会公布选举结果，民盟共获886个席位，其中联邦议会390个席位，占79.4%，在省（邦）议会共获496席，占据首位；巩发党共获118个席位，其中联邦议会42个席位，占8.5%，位居第二。④ 若将军方的25%席位计算在内，民盟获全部席位的59%，巩发党获全部席位的6%。⑤ 2015年缅甸大选结果如表6—4所示。

---

① 缅甸选举委员会官网（http://www.uecmyanmar.org/）。
② The Voice Daily, Vol. 3, No. 152. 5 December, 2015.
③ 任苒：《国际观察员积极评价缅甸大选实现真正民主仍需努力》，2015年11月10日（http://gb.cri.cn/42071/2015/11/10/6611s5161736.htm）。
④ 张云飞、庄北宁：《缅甸公布最终选举结果》，2015年11月20日（http://news.xinhuanet.com/2015-11/20/c_1117214452.htm）。
⑤ 《缅甸大选最终结果正式公布》，2015年11月21日（http://dy.qq.com/article.htm? id = 20151121A01VUB00）。

表 6—4 2015 年缅甸大选结果统计

政党	人民院	民族院	省/邦
全国民族民主联盟	255	135	496
联邦巩固与发展党	30	12	76
若开民族党	12	10	23
掸邦民族民主党（虎头党）	12	3	25
德昂（崩龙）民族党	3	1	7
勃欧民族组织	3	1	6
佐米民主联盟	2	2	2
佤民主党	1	0	2
克钦邦民主党	1	0	3
果敢民族团结党	1	0	1
栗粟民族发展党	2	0	3
孟民族党	0	1	2
民族团结党	0	1	0
独立候选人	1	2	2

资料来源：根据缅甸选举委员会公布数据整理，参见缅甸选举委员会网站：http://www. uecmyanmar. org/。

　　2015 年 11 月 10 日，缅甸总统发言人吴耶图代表总统祝贺昂山素季及民盟在大选中胜利，表示将移交政权给新总统。11 月 11 日，总统府、议会、军方相继发表声明，将平稳移交权力给获胜的政党。① 2016 年 2 月 1

---

① 参见张云飞、庄北宁《缅甸政府承诺平稳移交权力》，2015 年 11 月 11 日（http://news. xinhuanet. com/world/2015-11/11/c_ 128418832. htm）；《缅甸议会、总统府、军方相继发声：平稳移交权力》，2015 年 11 月 12 日（http://news. ifeng. com/a/20151112/46209069_ 0. shtml）。

日，人民院议会选举吴温敏为人民院议长（民盟中央执行委员会成员）。[①]
2 月 3 日，民族院议会选举曼温凯丹为民族院议长。[②]

2016 年 2 月 4 日，新议会召开会议，重组法案委员会和公共账户委员会；吴吞吞亨（民盟议员）担任人民院法案委员会主席，吴佐敏担任民族院法案委员会主席（民盟议员）。[③] 2 月 5 日，缅甸新议会人民院组建法律事务与特别事务评估委员会，主要职责是为法案委员会提供支持，该委员会由 23 名成员组成，主席为前议长吴瑞曼，副主席吴哥哥乃（巩发党议员）。[④] 2016 年 2 月 16 日，新议会人民院组建三个委员会——国际关系委员会（主席素素伦），农民、劳工和青年事务委员会（主席盛温），少数民族事务和实现国内和平委员会（主席昆貌道）；同日，民族院也组建了三个委员会——国际关系和议会间合作关系委员会（主席忠勒叹），国内外非政府组织委员会（主席敏乌），卫生、体育与文化委员会（主席丹温）。[⑤]

2016 年 3 月 15 日，民盟资深成员——吴廷觉当选总统。[⑥] 3 月 30 日，新总统吴廷觉带领新一届政府集体宣誓就职。[⑦] 而民盟主席昂山素季最终确认担任国家顾问、外交部和总统府部部长职务。[⑧] 随着缅甸新一届联邦议会首次会议的顺利召开，联邦两院议长的确立，民盟推选的吴廷觉当选

① 汤本营:《缅甸新议会召开首次会议》,《光明日报》2016 年 2 月 3 日 (http://news. xinhua-net. com/politics/2016-02/03/c_ 128696511. htm)。新一届人民院议长吴温敏是缅甸华人,生于 1951 年 11 月,其取得的学位有理学士 (BSC)、法学士 (BL) 等,吴温敏曾以民族代表身份在 1990 年大选、2012 年补选和 2015 年的大选中胜出,赢得议会席位。新一届人民院副议长吴帝昆秒系联邦巩固与发展党 (巩发党) 党员,克钦族人,生于 1950 年 10 月,其取得的学位有法学士等。

② 庄北宁:《缅甸新任议会上院议长宣誓就职》, 2016 年 2 月 3 日 (http://news. xinhuanet. com/ 2016-02/03/c_ 1117981193. htm)。

③《缅甸新议会重组法案委员会》,《人民日报》2016 年 2 月 5 日。

④ 庄北宁:《缅甸成立法律事务与特别事务评估委员会》, 2016 年 2 月 5 日 (http:// news. xinhuanet. com/world/2016-02/05/c_ 1118005126. htm)。

⑤《缅甸新光报》(缅文版) 2016 年 2 月 17 日。

⑥《吴廷觉当选新一届缅甸总统》, 2016 年 3 月 15 日 (http://news. xinhuanet. com/world/2016-03/15/c_ 1118336431. htm)。

⑦ 庄北宁:《缅甸新政府集体宣誓就职》, 2016 年 3 月 30 日 (http://news. xinhuanet. com/2016-03/30/c_ 1118488683. htm)。

⑧《昂山素季出任缅甸国家顾问,总统已签署相关法案》, 2016 年 4 月 7 日 (http://www. cssn. cn/gj/gj_ gjzl/gj_ sdgc/201604/t20160407_ 2954558. shtml)。

新总统，标志着昂山素季领导的民盟正式迈入了缅甸政治舞台的核心位置。缅甸从以"军人为主—文官为辅"政权深化转型为"文官为主—军人为辅"政权。

三 吴登盛政权转型深化的原因

（一）以对政权关键控制为目标

2008 年《缅甸联邦共和国宪法》草案经过全民公投高票通过，2011 年新宪法正式生效。根据宪法基本原则中的第 14、17、20 和 40 条的内容，军方建立起了军方对政权的关键性控制的体制保障，确保对国家关键性事务和领域的控制是军方的底线和原则。

自吴登盛执政以来，政府和议会陆续采取措施，降低从啤酒、烟草到汽车零部件、电信以及建筑材料等领域内的军方垄断地位和主导作用。吴登盛宣布的推动经济发展行动计划中，军方背景公司不再享受免税待遇，规定必须与商业公司一道竞争商业机遇；军方支出预算也在下降，从过去在政府总支出中占 30% 减少到 2013 年的 15%；军队制定了裁员计划，随着政治改革的深入，军队在国家事务中的主导地位在逐渐降低。[①]

虽然军方在削弱商业特权和减少预算等领域能够做出让步，但这是因为尚未触及军方的底线和原则，而一旦触及军方在政治和军事领域的关键性作用和控制地位，军方势必将采取有力手段予以力争，力保军方的原则和底线不被撬动。

2013 年 7 月 25 日，在民盟的数次要求下，政府成立修宪委员会；2014 年 1 月，修宪委员会提交报告，但报告中关于宪法 59（f）条款的内容未做变动，引发昂山素季的不满；同年 2 月，缅甸议会再次成立修宪执行委员会，但是因民盟及盟友排除在外，致使昂山素季不满，更加强烈要

---

① 马燕冰：《缅甸政治改革的进展与问题》，《和平与发展》2014 年第 1 期。

求继续修宪，同时向议会提交了修宪报告。① 2014 年 5 月开始，昂山素季领导的民盟在各地举行集会，拟定请愿书要求修改宪法，并发起征集公民签名支持修宪的运动；截至 2014 年 7 月 19 日，征集到 500 万人签名。② 目的是突破阻碍昂山素季当选总统的条款限制（宪法第 59 条）和降低修宪难度（宪法第 436 条）。③

2014 年 6 月 6 日，缅甸宪法修改执行委员会对修宪进行投票表决，31 名成员中仅有 5 人同意修改现行《缅甸联邦共和国宪法》有关条款。④ 2015 年 6 月 25 日，缅甸联邦议会对宪法 59（d）、59（f）、436（a）、436（b）、418（b）、60（c）进行修宪表决，最终只有 59（d）获得超过 75% 议会代表的支持，但最终还需经全民公投才能最后修改。⑤ 宪法 59（d）的内容是缅甸联邦共和国总统和副总统"必须在缅甸联邦共和国境内连续居住二十年以上（经批准合法前往境外居住的时间视为在境内居住时间）"才能担任总统和副总统。⑥

而民盟最为关注的条款 59（f）和 436（a）、436（b）、418（b）未

---

① 彭念：《翁山淑枝的总统梦会实现吗》，《联合早报》2016 年 2 月 20 日。

② 贺圣达：《缅甸政局发展态势（2014—2015）与中国对缅外交》，《印度洋经济体研究》2015 年第 1 期。

③ 宪法第 59 条规定，缅甸总统和副总统的人选需要符合"本人、父母、配偶、婚生子女及婚生子女配偶的任何一方，不得是效忠外国政府的人，不得是外国政府的附庸，不得是外国公民，不得享受外国政府提供的任何权力和利益"。且这一条款"需经 75% 以上的联邦议会代表同意后，举行全民公投，并获得投票者过半支持后方可修改"。参见李晨阳、全洪涛主编《缅甸法律法规汇编（2008—2013 年）》，经济管理出版社 2014 年版，第 8、66 页。

④ The Economic Intelligent Unit, Country Report (Myanmar), Auguest. 2014, p. 4

⑤ 《缅甸国会修宪投票结果，只有 59（d）获得通过》，2015 年 6 月 26 日（http://www.myanmarol.com/News/Article/70993）。最终的投票表决结果为：59（d）566 票支持，59（f）371 票支持，60（c）386 票支持，418（b）386 票支持，436（a）388 票支持，436（b）388 票。2015 年 7 月 8 日，缅甸联邦议会还就 436（b）中的 20 多项修宪条款进行了投票表决，得以通过是条款主要是在加强省（邦）政府在税收、社会、商业、交通、建筑等方面的控制权，以及增加地方政府在 20 个领域的税收权（包括所得税、商务税和关税），省（邦）因而获得了更大的自治权，但有关省（邦）首席部长任命规则的宪法第 261 条未能通过，大选后各省（邦）仍不能选择自己的首席部长。

⑥ 李晨阳、全洪涛主编：《缅甸法律法规汇编（2008—2013 年）》，经济管理出版社 2014 年版，第 8 页。

能通过表决。① 这已经明确表明军方反对对宪法中有关总统任职资格和降低修宪75%的门槛等重要条款的修改。② 宪法规定了对某些重要条款的修宪门槛是获得超过75%国会议员支持，再继续进行全民公投，才能最终进行修改。而军方议员事实上在这些条款的修改上拥有"否决权"。这一结果预示着在大选前将无法修改宪法，昂山素季将无法参加总统选举。修宪投票结果引发了抗议活动，仰光大学约50位学生于2015年7月1日举行抗议活动，要求修改2008宪法中军方占有国会25%席位的条款；抗议活动中，学生和当地居民被警察阻拦，双方发生了小摩擦，但未发生警察暴力驱散人群的行为。③

2015年7月20日，缅甸国防军总司令敏昂莱接受BBC记者——乔纳·费希尔——专访时表示"即使反对派获胜，军方也必须继续维持强大的政治角色，除非全国少数民族武装团体达成和平协议，结束战斗，国家有秩序完成民主进程，否则军方不会从政治舞台上退下"④。而此前巩发党副主席泰乌也表示"国家尚未完全稳定，军方为国家带来了改革，军方是缅甸政治和政府不可分割的部分"⑤。

---

① 宪法第59（f）的内容是缅甸联邦共和国总统和副总统必须"本人、父母、配偶、婚生子女及婚生子女配偶的任何一方，不得是效忠外国政府的人，不得是外国政府的附庸，不得是外国公民，不得享受外国政府提供的任何权力和权益"。参见李晨阳、全洪涛主编《缅甸法律法规汇编（2008—2013年）》，经济管理出版社2014年版，第8页。宪法第436（a）的内容为：如需对第1—40条，第49—56条，第59—60条，第74、109、141、161、200、201、248、276、293、294、305、314、320条，第410—432条，第436条进行修改，"需经75%以上的联邦议会代表同意后，举行全民公投，并获得投票者过半支持后方可修改"，宪法第436（b）的内容为："除第一款所述条款外，如需对其他条款进行修改，得到75%以上的联邦议会代表投票支持后即可进行修改"。参见李晨阳、全洪涛主编《缅甸法律法规汇编（2008—2013年）》，经济管理出版社2014年版，第66页。内容是：自国家权力移交给国防总司令之日起，不论宪法中如何规定，除总统和副总统外，依据宪法经有关议会同意任命的政府机构成员、自治地方管理机构及其成员需停止履行职责。参见李晨阳、全洪涛主编《缅甸法律法规汇编（2008—2013年）》，经济管理出版社2014年版，第64页。

② 张云飞：《缅甸议会未通过重要修宪条款昂山素季不能参加总统选举》，2015年6月25日（http://news.xinhuanet.com/world/2015-06/25/c_1115726994.htm）。昂山素季支持的草案提议将修宪门槛降至70%的支持率，从而可绕过军方议员修宪。

③ 《缅甸学生抗议军方强占国会25%席》，2015年7月1日（http://www.zaobao.com/realtime/world/story20150701-498008）。

④ 《缅军总司令：不排除参加11月的总统大选》，2010年7月20日（http://news.ifeng.com/a/20150720/44206117_0.shtml）。

⑤ 尹鸿伟：《昂山素季"总统梦"遭遇宪法瓶颈》，《国际先驱导报》2014年6月30日。

由此可见，军方议员多次使用手中 25% 席位的一票"否决权"，使得最有争议的总统任职条款和修宪门槛的条款和保障军方核心利益的条款都没有通过议会审核，而无法排到全民公投的程序中。这些确保军方权力的关键条款得以保留，有效保障了宪法对军方关键控制的地位的维持和延续，军方的首要利益目标仍是力保对政权的关键控制而不被削弱。

（二）维持完备的保障条件

第一，军事保障能力强大。以往缅甸军事力量不仅用来打击武装暴动和叛乱，也用来维持国家秩序；自吴登盛政府上台后，军队虽不再统管日常政治事务，但军队在缅甸各级政府部门中仍有很强的影响力；宪法赋予了军队在国家各项事务中的核心地位，赋予了国防军总司令对军警、边防部队以及其他与军事相关的机构的控制权。[①] 宪法第 20 条明确规定了"缅甸国防军享有独立处理所有与军队有关事务的权力"[②]。军方高层采取诸如调整人事安排、优化训练项目、使军队专业技术人员多元化、武器更新换代等举措，增强了军队的凝聚力和战斗力。[③] 可以说，一直以来，军方都拥有军事保障的完全控制权，这个控制权为军方在任何政治新秩序中（包括民选政府上台之后）的利益地位发挥着最后"保险"的作用。

第二，制度保障存续。虽然在吴登盛"军人为主—文官为辅"的政权运行后军队在国家事务中的完全控制和主导地位在降低，但涉及军方关键性作用和地位的宪法规定条款是军方无论在何种情况和何种压力下都将一直坚守的底线和原则。

为了修改宪法，昂山素季和其领导的民盟做出了种种尝试和努力。一是在国内组织大规模活动，征集民众签名支持修宪；二是在国外积极出访德、法等欧美国家，呼吁国际社会对缅政府施加压力。昂山素季从国际国内两方面施压希望军方接受民盟的修宪诉求，但并未能改变和动摇军方核

① See Andrew Selth, "Myanmar's Coercive Apparatus: The Long Road to Reform", in D. I. Steinberg, ed., *Myanmar: The Dynamics of an Evolving Polity*, Lynne Rienner: Boulder, 2014.

② 李晨阳、全洪涛主编：《缅甸法律法规汇编（2008—2013 年）》，经济管理出版社 2014 年版，第 3 页。

③ See Andrew Selth, "Myanmar's Coercive Apparatus: The Long Road to Reform", in D. I. Steinberg, ed., *Myanmar: The Dynamics of an Evolving Polity*, Lynne Rienner: Boulder, 2014.

心立场和原则。

无论是 2014 年 6 月 6 日缅甸宪法修改执行委员会对修宪的投票表决，还是 2015 年 6 月 25 日的缅甸联邦议会进行的修宪表决，其中最有争议的总统任职条款和修宪门槛的条款都没有得到 75% 以上议员的赞成而未能通过表决，没能实现最终修宪。由此可见，军方成功利用在议会中 25% 席位的"否决权"，反对修改宪法中涉及军人利益的核心条款，以确保军方在未来政治中的关键性地位不被削弱，维持了宪法对军方关键控制地位的制度保障。反对派民盟推动宪法修改失败，使得军方在新的政治秩序下的关键性控制地位的制度保障得以持续。

缅甸国防军总司令敏昂莱在与军官开会时表示："缅甸展开民主化进程不过五年，一些重要的宪法条文必须按照宪法第十二章的规定，等到适当时间再修改"；缅甸政治评论员仰妙登分析认为，敏昂莱的表态已经清楚表明军方拒绝短期内修宪的立场。① 同时在与昂山素季举行的三次会晤中，敏昂莱都表示国防军是始终维护《缅甸联邦共和国宪法》的队伍；② 宪法第 20 条更是明确规定了"军队的主要职责是捍卫宪法"。③

第三，组织保障能力较强。虽然巩发党内部存在一定程度的分歧和矛盾，在 2015 年 11 月 8 日的大选中最终只获得了 6% 的议席而败给了反对派民盟，但巩发党仍然是除民盟外缅甸最大的政党之一。④ 巩发党未来仍

---

① 《缅甸军方拒绝短期内修宪》，《联合早报》2016 年 2 月 24 日。

② 《昂山素季当总统还是当外长》，《缅甸金凤凰中文报》2016 年 2 月 29 日。

③ 李晨阳、全洪涛主编：《缅甸法律法规汇编（2008—2013 年）》，经济管理出版社 2014 年版，第 4 页。

④ 另外几个比较大的党是：掸邦民族民主党（The Shan Nationalities Democratic Party）：总部设在仰光。宗旨是维护民族团结，实现掸邦的经济、交通、教育、农业等领域发展。主席赛埃榜；若开民族发展党（The Rakhine Nationalities Development Party）：主席为埃貌博士，副主席为翁丁、丁温、梭漂、昂班达，总书记为腊梭，书记为吞昂觉、钦貌喇、达吞腊、凯比梭。总部设在若开邦博达坦镇区。该党于 2010 年 5 月注册成立，由若开邦和仰光省的若开族人组成，宗旨是团结全国人民，实现民主，促进国家政治、经济和社会发展，保护若开民族宗教信仰和风俗文化，维护若开民族利益和联邦利益；全国民主力量党（The National Democratic Force）：主席为钦貌瑞（原民盟中央执委），副主席为梭温和拉梭纽博士。2010 年 5 月成立，总部设在仰光省淡汶镇区。由原民盟中钦貌瑞、丹宁博士、温奈博士、登纽等 4 名中央执委、盛腊乌、梭温、丹温等 3 名中央委员在内的 28 名民盟前成员另立的新党。2011 年 12 月以来，共有 3 名该党联邦议会议员宣布重返民盟。见《缅甸国家概况》，2015 年 3 月，中华人民共和国外交部网站（http://www.fmprc.gov.cn/web/gjhdq_676201/gj_676203/yz_676205/1206_676788/1206x0_676790/）。

是军方继续争取民选的 3/4 议席的主要政治组织和堡垒。

虽然巩发党因需要领导人投入更多党务而更换了原党主席吴瑞曼，但巩发党通过党内和平协商，加强了内部统一和团结。① 吴瑞曼自己表示"巩发党领导层的变化是党内问题"，新任巩发党主席吴泰乌也表示"为了团结和大选，巩发党按照党章对领导班子进行了改组，党的路线方针没有变化"。② 2016 年 1 月底，吴登盛总统表示，在总统任期结束后将继续领导巩发党。③ 在卸任的前总统吴登盛的领导下，巩发党的实力和影响力也会得到提升，尤其是吴登盛在任时的各种深得人心的改革举措，以及和平交权给胜选的民盟而兑现了承诺，使得原本在民众心中就颇有支持度的吴登盛威望更加提高。吴登盛在国际和国内的影响力和地位以及执政经验将提升巩发党的治理水平和领导能力，为未来选举储蓄实力。

（三） 目标与条件的一致性及影响

2015 年大选之后，吴登盛政权将权力和平地交给了昂山素季新政府，新议会的开启和新政府的上台，标志着缅甸从"军人为主—文官为辅"政权转变为"文官为主—军人为辅"政权，推进和深化了缅甸政治转型。下面将主要论述目标与条件的一致性对吴登盛政权交权而推动深化转型的影响。

对于吴登盛政权来说，自 2011 年开始执政以来，缅甸从法律上和事实上已经建立起民主制度的框架和运营规则，吴登盛全力推进社会自由化，放松媒体舆论管控，这一时期的缅甸国内环境比以往任何时候都更加开放；吴登盛政府在积极游走各国之间，与西方国家的关系也取得巨大突破。

一方面，面临这样开放的国际和国内环境，吴登盛政权维持原有的以

---

① 2015 年 8 月 13 日，巩发党发布新闻公报称，吴瑞曼由于担任联邦议会议长和人民院议长，而目前巩发党党内需要领导人更多投入党务，因此由吴泰乌代任巩发党主席，按照党内协商，重组了中央执行委员会。参见《缅甸执政党领导层突然更迭》，2015 年 8 月 13 日（http：//news. xinhuanet. com/world/2015-08/13/c_ 1116246979. htm）。

② 《缅甸议长说不要把党内纷争带到议会》，2015 年 8 月 18 日（http：//news. xinhuanet. com/2015-08/18/c_ 128142061. htm）。

③ 《缅甸成立法律事务与特别事务评估委员会》，2016 年 2 月 5 日（http：//news. xinhuanet. com/2016-02/05/c_ 1118005126. htm）。

军事权力和全部政治权力为主的完全控制变得几乎不可能，其统治成本也将越来越大；另一方面，除了获得了对政权关键性控制外，吴登盛政府还通过对 2015 年大选公平和公正的所为，赢得了国内外较高的声誉和道义收益。

与此同时，吴登盛政权还维持了保障条件的有效性。在制度保障上，军方已多次成功利用手中的一票"否决权"否决了修宪提案，维持了宪法的制度保障；在组织保障上，虽然巩发党在选举中败给了民盟，遭遇党内矛盾，但巩发党仍然是缅甸最大和最有实力的政党之一，组织保障上仍然完备；在军事保障上，毋庸置疑军方拥有军事上的完全控制能力。

综上所述，吴登盛政权维持了目标与条件的一致性，使得其与 2011 年丹瑞政权交权相似，在确保了保障条件完备的情况下，选择交权以推进转型深化是吴登盛政权的理性选择的结果。

四 本章小结

吴登盛领导的"军人为主—文官为辅"政权大幅度调整内外政策，工作重心转向经济改革和融入国际社会。[1] 对内开放党禁、报禁，致力于政治改革和民族和解，释放了昂山素季，并使其在议会补选中当选为议员；对外开启"首脑外交"，与美、日、欧等国家和地区的高层互访，推动了西方国家解除对缅制裁和加强对缅援助，在与西方国家关系取得重大突破之时，缅甸在东盟内的地位和影响力也大大增加，而中缅关系则是在总体保持友好的状态中摩擦前行。

对吴登盛"军人为主—文官为辅"政权来说，从法律上和事实上缅甸已经建立起民主制度的框架和运营规则。这一时期的缅甸国内环境比以往任何时候都更加开放，面临这样开放的国际和国内环境，其采取安全控制的统治成本也将越来越大。除了军方集团获得了对政权关键性控制外，吴登盛政府通过对 2015 年大选公平和公正的所为，又赢得了国内外较高的声誉和道义收益。同时，在制度保障上，军方否决了修宪提案，维持了宪

---

① 刘新生：《缅甸大变革及其对中缅关系的影响》，《东南亚纵横》2013 年第 1 期。

法的制度保障；在组织保障上，巩发党仍然是缅甸最大和最有实力的政党之一；在军事保障上，军方拥有军事上的完全控制力。吴登盛政权目标与条件的一致性，使得其与 2011 年丹瑞政权交权相似，在保障条件完备的情况下，推进转型的深化是吴登盛政权的理性选择的结果。

第七章 缅甸军政权拒绝和接受转型的对比分析

本书的第四、五、六章已对苏貌政权拒绝转型、丹瑞政权开启转型、吴登盛政权深化转型这三个案例的政治状况、经济发展和对外关系进行了讨论，对苏貌军政权拒绝转型、丹瑞军政权开启转型和吴登盛政权深化转型的根本原因进行了详细的分析，下面将运用比较研究方法中的求同和求异法，比较苏貌政权、丹瑞政权和吴登盛政权在外部条件和内部条件等各个指标上的异同，设定量化指标，以此确定哪些原因是缅甸军政权拒绝或接受转型的根本原因。

一　外部条件与军政权转型

由于这三个案例发生在同一个国家（缅甸），是一种样本内的分析。这种历时性求异比较方法的好处就是处在同一案例内，且是处在三个连续的不同阶段，同属于缅甸文化圈，因而一些文化类的因素可以忽略，文化方面的力量很明显不属于关键性因素。因此，文化因素不再设定单独指标进行讨论。下面将主要对外部条件进行分析。

外部条件方面，主要用国际压力进行衡量。由于美国作为超级大国和霸权国家，其对缅甸的压力基本能够代表以美国为首的西方国家对缅甸的压力状况。因此，具体选择以美国是否制裁缅甸和制裁程度，以及美国与缅甸的外交关系级别作为量化分析指标。

第一，在美国的制裁方面。从1988年苏貌政权执政起至2011年，缅甸一直遭到美国严厉的制裁，20多年来制裁措施只升不减；1988年至

2011 年，美国对缅甸制裁从未停止过，缅甸所面临的国际压力是一直存在的。

1988—1992 年，苏貌军政府上台执政，美缅关系开始发生重大转向，尤其是 1990 年军政府否认大选结果、拒绝交出权力后，美国联合西方国家开始孤立缅甸，美撤回驻缅大使，将与缅甸的外交关系降为代办级，并开始出台法案制裁缅甸。1990 年，美国通过了《1990 年关税与贸易法》，将对缅甸的制裁上升到法律高度；1991 年，美国援引《1990 年关税与贸易法》拒绝延长与缅甸的双边纺织品协议议定；1992 年继续执行《1990 年关税与贸易法》。

1993—1997 年，美国对缅甸政策主要体现为美国开始从各个方面孤立缅甸、撤销各种经济政治援助；1995 年提出《1995 年自由缅甸议案》，要求对缅甸实施新的更严厉的经济和贸易制裁，还要求对与缅有贸易联系、对缅提供援助的国家实施制裁；1996 年提出《缅甸自由和民主议案》，后又在此法案基础上提交了一个修正案，并获通过；1997 年签署《第 13047 号行政命令》，禁止美国投资进入"缅甸资源的经济发展领域"。①

1998—2003 年，美国对缅制裁政策在第一阶段的基础上进一步升级；美国议会通过了对缅制裁法案，在美国国内议员、人权主义者、公共舆论等推动下，在联邦政府的政策示范下，美国州和地方政府迅速掀起对缅制裁的立法浪潮。针对昂山素季在 2003 年的再次被捕，美国出台《2003 年缅甸自由与民主法案》和对缅甸制裁的《第 13310 号行政命令》。②

2004—2011 年，美国与缅甸的关系继续恶化。2005 年，美国公开宣称缅甸为"暴政前哨"；美国副国务卿佐利克批评缅甸是"民主的肿瘤"。③ 2007 年，针对缅甸军政府镇压"袈裟革命"，美国又出台《第 13448 号行政命令》，冻结缅甸官员在美国的资产。2008 年，美国出台《第 13464 号行政命令》和《2008 年汤姆·兰托斯禁运缅甸玉石法案》，

① Executive Order No. 13047, "Prohibiting new investment in Burma", 22 May, 1997.
② Doug Bandow, "Suu kyi's plight prompts U. S. sanctions against Burma", The Guardian, Washington, Wednesday, 16 July, 2003.
③ Vijay Joshi, US official likens Burma to cancer, Irrawaddy, 29 July 2005 (http://www. irrawaddy. org/article. php? art_ id = 4856&Submit = Submit); David I. Steinberg, Outposts of Tyranny: Burma, 22 April 2005 (http://www. washingtonpost. com/wp-dyn/articles/A28229-2005Apr5. html).

冻结缅甸政治与军事领袖的资产，以及禁止缅甸红宝石与玉石进口，宣布对10家与军政府有关公司实施经济制裁。2009年基于人权状况，继续延长对缅甸的经济制裁，直到2012年为配合重返亚太战略的实施美国才宣布部分减轻对缅甸制裁。1988年以来美国对缅甸的制裁法案及相关行政命令如表7—1所示。

表7—1　　　　　1988年以来美国对缅甸制裁法案及相关行政命令①

时间	美国对缅制裁法案和行政命令
1990.08.20	美国国会通过《1990年关税与贸易法》（*The customs and Trade Act of 1990*）授权美国总统对缅甸实施经济制裁
1997.05.20	克林顿根据1997年《对外业务、出口融资和相关项目拨款法案》（*Foreign Operations, Export Financing and Related Programs Appropriations Act*）第570b，发布《第13047号行政命令》（*Executive Order 13047*），宣布从5月21日起禁止美国人和美国公司在缅甸进行新投资
2003.07.29	小布什签署《2003年缅甸自由与民主法案》（*Burmese Freedom and Democracy Act of 2003*），同时发布《第13310号行政命令》（*Executive Order 13310*）宣布具体实施该法案，列入美国财政部清单的缅甸政府和巩发协的高级官员在美财产和收益将被冻结；禁止进口美国产品；禁止美国人提供对缅金融服务；禁止美国人或公司批准、援助或支持对缅甸的投资
2007.10.18	小布什签署《第13448号行政命令》（*Executive Order 13448*），冻结缅甸官员在美国的资产
2008.04.30	小布什签署《第13464号行政命令》（*Executive Order 13464*），冻结缅甸在美资产，禁止美国公司与三类缅甸公司进行贸易
2008.07.30	小布什签署《2008年汤姆·兰托斯禁运缅甸玉石法案》（*the Tom Lantos Block Burmese Jade Act of 2008*）
2013.08.09	奥巴马签署《第13651号行政命令》（*Executive Order 13651*），禁止进口缅甸翡翠和红宝石

---

① 《美国制裁缅甸的相关法案》（https：//www. congress. gov/search？q＝％7B "source"％3A％5B "legislation"％5D％2C "search"％3A％5B "Burma＋Freedom＋and＋Democracy＋Act"％2C "Saction＋Burma＋"％2C "Burma＋"％5D％7D&page＝2）；《美国制裁缅甸相关的行政命令》（https：//www. treasury. gov/resource-center/sanctions/Programs/pages/burma. aspx）。

第二，在对外关系方面。以美国为首的西方国家不仅对缅甸采取严厉制裁，还采取外交孤立和封锁施压缅甸，涉及政治、外交、经济、军事和文化等各个领域。在外交方面上，从苏貌拒绝交权开始，美国于1990年撤回驻缅甸大使，将对缅关系降级为代办级，到丹瑞执政时期一直未获突破。代办级关系持续整整20年，直到吴登盛上台后的2012年才开始恢复大使级关系。

长期的制裁虽然对军政府的执政带来了压力和挑战，但美国的制裁并没有取得使缅甸军人向民盟交权或者说实现从军政权向民主政体的转型。[①]缅甸军政权无论是选择拒绝转型还是开启转型，对它的国际压力一直存在，且在丹瑞时期还有所升级。因此，国际压力不是军政权拒绝或接受转型的根本原因。国际压力与政权转型的关系如表7—2所示。

表7—2 　　　　　　　　　外部条件（国际压力）与政权转型

案例	美国是否制裁缅甸	美国与缅甸外交关系	结果
苏貌政权 （1988—1992）	是（开始制裁）	大使级关系降为代办级 （降）	拒绝转型
丹瑞政权 （1992—2011）	是（加重制裁）	继续代办级外交关系 （维持）	开启转型
吴登盛政权 （2011—2015）	是（减轻制裁）	恢复大使级外交关系 （升）	深化转型

无论美国如何制裁缅甸、孤立缅甸，对缅甸是否民主转型没有根本上的效果。有学者也认为，美国对缅制裁的加剧并未对缅民主改革产生直接影响；如果说有影响，则主要体现在缅甸的民主改革及其正常国家身份必须首先受到美国的认可，然后才能获得西方世界的认可，进而使缅甸政府具备国际合法性，并逐步摆脱外交孤立和经济严重落后的困局；但是总的来说，美国的制裁和压力对缅甸的民主改革和转型影响甚微，效果较为有限。目前尚无明显证据说明是由于美国的制裁才直接导致了缅甸的民主改革。[②]

———————————

① 李晨阳：《西方国家制裁缅甸的目的及其效用评析》，《国际关系学院学报》2009年第2期。
② 刘鹏：《缅甸的民主改革与美国的认可》，《国际政治科学》2014年第3期。

2009 年 2 月，出于美国自身利益的考虑，美国国务卿希拉里开始宣布新一届政府将对美国缅甸政策进行重新评估；2009 年 9 月，希拉里公开表示美国将检讨和调整对缅政策，从以制裁为主转向接触。这宣告了美国对缅甸制裁的失败。美国对缅甸制裁向务实政策转变就等于承认其制裁的失败。[①]

二 内部条件与军政权转型

内部条件方面主要是国内压力，体现在经济压力和社会压力两个方面。经济压力具体以 GDP 增长率为衡量指标，社会压力具体以是否出现大型的革命运动，以及运动中参与人群种类为指标进行衡量。

第一，从内部压力的国内经济压力来看，与国外相比缅甸国内经济一直没有根本性的转变。1988—2015 年，缅甸一直被列为世界最不发达的国家之一。2011 年缅甸人均 GDP 在世界排名第 203 位（按购买力计算为 1400 美元），处在倒数行列。2007 年，在贫困线下的缅甸民众数量约占 32.7% ,[②] 严重贫困人口占全国的 9.4% 。[③]

从缅甸内部来看，1988—1992 年苏貌执政时期的缅甸经济徘徊在负增长和缓慢增长的边缘，平均增长率为 0.82%。国内民众面临巨大的经济压力。

1992—2011 年丹瑞执政时期，缅甸经济高速增长，平均增长率为 10.14%，经济压力小。而 2011—2015 年吴登盛执政时期，缅甸经济也较快增长，平均增长率为 8.28%，经济压力相对较小。缅甸从 1988 年到 2015 年的 GDP 增长率曲线，如图 7—1 所示。

[①] 刘鹏：《缅甸的民主改革与美国的认可》，《国际政治科学》2014 年第 3 期。
[②] 《美国中央情报局（CIA）》，2012 年 2 月 2 日（https：//www.cia.gov/library/publications/the-world-factbook/geos/bm.html）。
[③] 《联合国 2011 年人类发展报告》，2011 年 11 月 8 日（http：//www.un.org/zh/mdg/report2011/pdf/）。

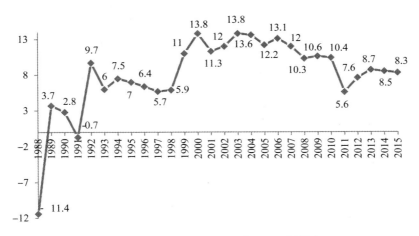

图7—1　1988— 2015 年缅甸 GDP 增长率

数据来源：缅甸官方数据。

由此可见，军政权拒绝转型之时，正是缅甸国内面临巨大经济压力之时。相反，军政权在开启和深化转型之时是缅甸经济压力较小的时候。因此，可以看出，经济压力不是缅甸军政权开启和深化转型的根本原因。内部压力与政权转型的关系，如表7—3 所示。

表7—3　　　　　　　　　内部条件（经济压力）与政权转型

案例	经济增长水平	经济压力	结果
苏貌政权（1988—1992）	负增长到缓慢增长	大	拒绝转型
丹瑞政权（1992—2011）	最高水平增长	小	开启转型
吴登盛政权（2011—2015）	次高水平增长	小	深化转型

第二，从内部的社会压力来看。社会压力主要以是否出现了大型的革命运动为指标，并且以参与革命运动的人员种类、阶层分布、冲突死亡人数、持续时间、冲突爆发的地域范围等来衡量革命的严重程度。在这三个案例中，除吴登盛政权未爆发大规模的革命运动外，苏貌军政权和丹瑞军政权时期都爆发了大规模的革命运动。社会压力与政权转型的关系如表7—4 所示。

表7—4 内部条件（社会压力）与政权转型

案例	大型革命运动	程度和范围	社会压力	结果
苏貌政权（1988—1992）	8888 革命运动	死亡人数：上千人 游行人数：最多时达百万 持续时间：半年 冲突范围：几乎所有大中城镇 参与阶层：学生、工人为主，包括警察、公务员和国企职工	大	拒绝转型
丹瑞政权（1992—2011）	8·19 袈裟革命	死亡人数：十余人 游行人数：最多时达十万 持续时间：两个月 冲突范围：仰、曼等大城市 参与阶层：僧侣为主	较大	开启转型
吴登盛政权（2011—2015）	无	无	较小	深化转型

在苏貌军政权时期，缅甸爆发了1988年"8888革命运动"，这是一场最大规模的革命运动，全国性都发生了大规模反政府示威游行，这场运动持续了半年之久。[①] 1988年7月至8月达到高潮，仰光、曼德勒几乎所有大中城镇都爆发了大规模的工潮和学潮，游行人数最多时达百万人。苏貌军政府用军事手段进行了镇压后才平息，军警和示威者发生了严重的流血冲突，冲突导致上千人死亡，上千人被逮捕。

"8888革命运动"几乎是全民性的，参与这次运动的不仅包括学生、工人、农民，甚至连政府内部的部分军警和公务人员及国企职工都参与到了这次声势浩大的革命运动之中，几乎是触碰到了政府的执政根基。苏貌军政府因此先后解雇了1.5万余名支持和同情昂山素季及民盟等反对派的军警和公务人员，其中1000余人被追究了刑事责任;[②] 另外处分和解雇了与罢工有牵连的公务员和国营企业职工，对政府机构的文职人员，整肃了

----

① ［缅］温佐拉：《报刊中的"8888革命"》，仰光多米出版社2013年版。
② 孙浩泊：《浅析一年来缅甸政治、经济、外交动向》，《东南亚》1992年第2期。

持不同政见者。苏貌军政府为此还颁布了《禁止国家公务人员参与政党活动》的 1991 年第 1 号令，严禁军警人员和国家、政府机关工作人员参与任何党派、团体，以保证对国家职能机构特别是军警部队的控制，[①] 以维护政府和军队内部的团结。

在丹瑞执政时期，缅甸爆发的革命运动是 2007 年 "8·19 袈裟革命"。这场革命以僧侣为主要领导者，持续了约两个月（2007.08.19—10.20），游行人数最多时达 10 万人，冲突中共 13 人死亡，数十人受伤，2000 人被逮捕（后一半被释放）。[②] 这次因燃油提价导致的革命，虽与军政府长期执政相关，但与西方势力推波助澜使得各种力量交织而局势变得复杂不无关系。[③] 这次运动原是一场平常的油价风波，但在西方媒体的炒作下演变成一场 "袈裟" 革命。[④] 缅甸局势没有西方渲染的严重，缅甸军政权对政权的控制能力仍然牢固。

从国内社会压力来看，军人政权遭受抗议最激烈的是 2007 年发生的 "袈裟革命"。可以说这是丹瑞军政府时期遇到的最大挑战，但这次革命的激烈程度、持续时间、阶层分布、示威人数，以及冲突中的死伤人数都不及 1990 年军人政权拒绝交出政权给在大选中获得压倒性胜利的民盟那次革命。由此可见，2010 年国内社会压力与 20 年前相比并没有太大的改变，甚至有所减轻，国内的压力是一直存在的。缅甸军人政府的权力和利益根深蒂固，军政府不可能单纯凭借民众的愿望就能改变。[⑤]

由此可见，苏貌军政权拒绝转型之时是缅甸蕴含巨大的社会压力之时；丹瑞政权开启转型之时也面临了较大的社会压力；而吴登盛政权深化转型时的社会压力最小。因此，社会压力的大小与否，不是缅甸军政权拒绝或开启和深化转型的根本原因。

---

①　孙浩泊：《浅析一年来缅甸政治、经济、外交动向》，《东南亚》1992 年第 2 期。
②　李晨阳：《"袈裟革命"后看缅甸军人政体》，《世界知识》2007 年 10 月 25 日。
③　马燕冰：《缅甸政局不稳的深层原因及前景》，《国际资料信息》2007 年第 10 期。
④　王全珍：《略论缅甸僧侣与缅甸政局》，《东南亚之窗》2008 年第 1 期。
⑤　Morten B. Pedersen, The Crisis in Burma /Myanmar: Foreign Aid as a Tool for Democratization, The National Bureau of Asian Research Analysis, 2004.

三　利益目标和保障条件与军政权转型

　　本书认为缅甸军政权愿意放松对权力的控制而实现转型的根本原因不是国际、国内压力，也不是经济发展快慢，而是军政权利益目标的改变和保障条件的完备促使了军方放松对权力的控制而开启和深化转型。在利益目标的改变上，缅甸军方的利益目标已从追求对政权的完全控制改变为追求对政权的关键性控制。与维持完全控制相比，维持关键控制能够获得更大的净收益，特别是保障性条件的完备极大降低了其追求关键控制的风险。

　　因此，军方利益目标的改变和保障条件的完备才是缅甸军政府开启和深化转型的根本原因。利益目标与保障条件与政权转型的关系，如表7—5所示。

表7—5　　　　　　　　利益目标、保障条件与政权转型

案例	利益目标	保障条件	结果
苏貌政权 （1988—1992）	完全控制	不完备 （无制度保障、组织保障弱、军事保障强）	拒绝转型
丹瑞政权 （1992—2011）	关键控制	完备 （有制度保障、组织保障强、军事保障强）	开启转型
吴登盛政权 （2011—2015）	关键控制	完备 （有制度保障、组织保障较强、军事保障强）	深化转型

四　本章小结

　　围绕缅甸军方组织的三次大选为关键节点（1990 年、2010 年和 2015 年），[①] 本章对苏貌军政权拒绝转型、丹瑞军政权愿意部分交权而开启政治转型和吴登盛"军人为主—文官为辅"政权交权继续深化转型这三个案例运用比较研究中的求同和求异法进行对比分析。通过对这三个案例进行变量控制，研究发现缅甸军方放松对权力控制之时，不是缅甸面临内外压力最大的时候，也不是在经济增长最缓慢的时候；相反，军方拒绝放松对权力控制之时才是内外压力和经济压力最大的时候。因此，内外压力和经济因素都不是缅甸政治转型的根本原因，排除了两个最主要的竞争性解释，论证了本书提出的军方利益目标的改变和保障条件的完备是缅甸军政府开启和深化转型的根本原因这一观点。

---

① 在 1990 年举行的大选中，选区数为 492 个，合格选民数为 2080 万人，投票率为 72.6%，丹瑞军政权 2010 年大选选区数为 1163 个，合格选民数为 2900 万人，投票率为 77%，吴登盛政权 2015 年选区数为 1160 个，合格选民数为 3000 万人，投票率为 80%。

第八章　结论

本章首先总结本书的研究结论，其次分析缅甸军政权转型后对中缅关系的影响，再次就此提出处理中缅关系的政策建议，最后总结本书的创新点，并反思本研究的不足之处，并展望下一步深化研究的努力方向。

一　缅甸军政权接受转型的原因

与 1990 年缅甸全国性大选后苏貌军政权拒绝将权力移交给大选获胜的反对党民盟相比，2010 年丹瑞军政权举行了一场选举权范围扩大、有一定竞选自由度、选举地区更广、参选的人数更多的全国性大选。大选结束后，丹瑞军政权平稳地将权力交给了以"军人为主—文官为辅"的吴登盛政权，从而开启了缅甸军政权转型。2015 年，吴登盛政权又采取各种措施确保了被国际国内社会所认可的公平、公正和自由的选举，选举结束后又将政权顺利地交给了大获全胜的民盟昂山素季—吴廷觉政权，从而使得缅甸政治转型得以继续深化。

缅甸军方为什么愿意放松对权力的控制而实现政权转型？学界对于这一问题的讨论和回答，集中起来主要有四种解释："内外压力说""精英决定说""军人利益说"和"国际形势说"。

持"内外压力说"这派观点的学者认为，缅甸国内民众集聚了多年的反政府情绪以及军政府面临的国内贫困落后现状的压力，加之又面临美、欧等西方社会对缅甸经济制裁和政治外交封锁的压力，这导致军政权不得不放松对权力的控制而推动转型。持"精英决定说"这派观点的学者认为，转型是军人内部改革派与强硬派精英们之间的博弈和妥协的结果，也有学者认为转型源于政治精英们的互动，还有学者认为是前最高领导人丹瑞或吴登盛的决策和选择对转型起了决定性的作用。持"军人利益说"这派观点的学者则倾向于认为，转型是缅甸军人集团为了追求自身的经济、财产、人身和安全等利益而采取的保护性措施。而"国际形势说"这派学者认为，美国重返亚太战略及美国放松了对缅甸的制裁促成缅甸军方发生改变而推动转型。

这些观点提供了理解军方行为的多维度视角，给本书的假设提供了重要的启发，学界前辈为此做出了巨大贡献，但这些观点还是存在一些缺陷和不足的地方，需要进一步的系统分析和研究。本书在芬纳、亨廷顿、阿西蒙哥鲁和罗宾逊等学者所提出的军政权转型的分析框架的启发下，借鉴道格拉斯·诺斯的"开放介入社会理论"中所提出的"三个门槛条件"，在"精英决定说"和"军人利益说"这两派观点的基础上提出了本书的解释：缅甸军人政权开启和深化政治转型的根本原因是军政权利益目标的改变和保障条件的完备。

第一，在利益目标的改变上，缅甸军方的利益目标已从追求对政权的完全控制变为追求对政权的关键控制。与维持完全控制的利益目标相比，维持对政权关键控制能够获得更大的净收益，特别是在完备的保障性条件能够极大降低追求关键控制的风险和成本的前提下。

从利益目标的改变的具体分析可知，缅甸军方早已从1988年开始执政时的乱局中走出，逐步稳定和巩固了国内政治局势。这使得军人们有理由相信，有条件和基础改变以绝对军事权力和全部政治权力为依托的军事独裁统治。随着国际、国内环境的日益开放，信息的快速流通，以主要使用军事力量这样的硬权力为手段的军事独裁统治的成本远远超过了以军事力量为后盾、辅之以软权力为手段维持对政权的关键控制所付出的成本。时代的发展使得世界范围内使用军事暴力的频率也大为降低，而绝对军事独裁统治也随着统治时间的延长最终"翻船"的概率大大增加。而以维持对政权的关键控制为目标的统治可以通过让渡一部分政治权力和经济利益来获得国际、国内的道义利益。在国内释放部分政治空间可以起到疏导反对派或民众情绪、增强军人执政合法性的作用；在国际上可以减轻经济制裁和政治封锁的压力，在一定程度上还可以改善国际环境、获得西方承认和博得政治声誉。因此，维持对政权的关键控制的统治韧性要比维持完全控制大得多。

第二，在保障条件完备上。制度保障、组织保障和军事保障三者发挥着各自不同的作用。制度保障的特点是保障效果较好，运用自由灵活，使用频率较高，符合政治运作的游戏规则；组织保障的作用在于为军方提供了民主政治架构的政治组织依托，为参与选举提供途径和渠道；军事保障的特点是效果最好，但须谨慎使用，随着时代的发展军事力量对内使用的要求亦越来越高。

具体来看，缅甸军方在建设和确保制度、组织和军事三项保障条件上下足了功夫，这相当于为其利益目标的实现设定了三重保险。而反对派或民众想要迈过这三级障碍，实现完全民主将非常困难。这将军方维持关键控制的风险降到最低。

在制度保障方面，以 2008 年缅甸新宪法公投通过为标志，军方建立起以维持政权关键控制为目标的强大制度保障。从开始制定新宪法的基本原则到 2008 年公投通过新宪法，军方完成了其制度建设的关键步伐。新宪法的修宪程序只有在超过 75% 的议员同意下才能提请修宪，而军方拥有 25% 的非选举席位。因此，可以说，军方在修宪等核心问题上拥有"致命"否决权。凭借此条款保障，军方多次成功地否决了对有关军方核心利益关键条款的修宪表决，维持了制度保障的存续和完备。与此同时，新宪法还规定，不论是在省、邦，还是在民族自治地方，如果出现危害人民生命财产安全的紧急状况，或有将发生此类情况的足够证据，军队有权依据宪法的规定采取预防、制止和保护措施；如果发生以暴乱、使用武力等暴力方式夺取国家权力或做此种努力，导致联邦分裂、民族团结破裂和国家主权丧失的紧急状况，国防军总司令有权根据宪法的规定接管和行使国家权力。[①] 这一条款是发生触犯军方核心利益和原则情况下军方具有的最有力、最后的反制措施的依据。从上述这些条款足以可见，军方拥有以宪法为核心的强大制度保障。

在组织保障方面，巩发党作为军方的政治组织，为军人在新的民主政治运行游戏规则下争取 3/4 的非军方议席提供了组织保障。事实上，军方此前一直在为把权力移交给可控和可靠的政党而努力。从支持和扶植"联邦巩固发展协会"到组成现代意义的政党"巩发党"，军方无不倾力建设。

① 李晨阳、全洪涛：《缅甸法律法规汇编（2008—2013 年）》，经济管理出版社 2014 年版，第 63—65 页。

军方不仅重视其基层组织网络建设，还重视成员的军事能力和组织管理能力培养。巩发协发展到如今的"巩发党"，其实力大增，基层组织更是遍布缅甸全境。巩发党作为军方的政治组织，为军人在新的政治游戏规则下争取民选的占3/4席位提供了组织保障。虽然2015年大选中巩发党不敌民盟而失去执政党的地位，但在民主运作规则下政党的轮替是常态，巩发党是缅甸国内最大政党之一的地位没有改变。

在军事保障方面，军方自独立以来，到丹瑞执政时期，再到吴登盛执政时期，不断地扩军和增加投入，已经成为缅甸最有组织纪律和文化素质的队伍。加上宪法保障了军队对军事事务的绝对权力，军方形成了对军事权力的绝对控制。相对于反对派或民众，军方强大的军事力量可以防范在其追求对政权关键控制目标的过程中出现的风险和意外，更何况在紧急情况下国防军总司令有权根据宪法的规定而接管和行使国家权力、接管国家政权，这等于为军方发动合法的"政变"提供了法律依据。

综上所述，从追求完全控制到追求关键控制的目标改变，使得相对于维持完全控制或不控制的情况下，关键控制能够获得最大的净收益，特别是制度保障、组织保障和军事保障这三项保障条件的完备又极大降低了其追求关键控制目标的风险。如果利益目标不变，那么军人政权就没有转型的动力；而如果保障条件不完备，那么政权转型的风险升高，继而带来的转型成本的不可控因素增加，这导致军人政权即便有动力转型，但也因不敢冒如此巨大风险而止步不前。

缅甸军方放松对权力的控制，维持对政权的关键控制，既有物质保障（制度保障、组织保障和军事保障），又有理性算计的诱因（关键控制比完全控制收益更大），同时放松对权力的控制还能带来政治合法性、国际声誉等道义上的额外收益。因此，缅甸军政权转型的实质是军方不再以追求对政权的完全控制为目标，而是让渡一部分政治权力和社会空间以实现在可预见范围内对政权的关键控制，从而可持续地追求和维持其净收益的最大化。缅甸军政权转型既有物质基础，又有保障条件，因而缅甸军政权的转型是其理性选择的结果。

可以预测的是，对于缅甸军方来说，其底线和原则就是维持对政权的关键控制。民盟主导的新政府上台执政后，如果执意强行推进对宪法条款的修改以削弱军方对政权的关键控制地位，将可能引发双方冲突。现今，军方重演1990年拒绝交权的一幕成本过高，因此只要不触及军方这一核心利益，军方就能在《缅甸联邦共和国宪法》的原则和制度框架下与昂山素季新政府合作，共同统治和治理缅甸。

二　处理中缅关系的政策建议

第一，尽可能寻求双方的共同战略利益是改善和提升中缅关系友好水平的出发点。

缅甸处在三面环山的地区，西面的阿拉干山脉是印度与缅甸的地缘分界线，北面的喜马拉雅山系、横断山系和云贵高原是中缅的地缘分界线，东面是掸邦高原靠近宿敌泰国。在古代，最强大威胁来自北方，北方威胁着缅甸的存亡和限制了其在中南半岛的政治作为。中缅一直是不对等的竞争关系，除非接受朝贡体系的安排，否则缅甸无法长期有效守住该平衡线。因此，缅甸一直与中国在中缅地缘分界线附近进行拉锯和争夺，对于该平衡线的维系属于缅甸最核心的利益之一。而对于古代的中国，缅甸战略意义不够大。

近代以来，缅甸面对的最大危险不是来自北方中国，而是先后来自英国（以及英属印度）、日本、国民党残军以及北方和东方的少数民族武装力量、西方世界（以美国为代表）等。而在北面和东面，缅甸中央政府目前都没有能力将其势力投注到其名义的边界上。而对于中国而言，作为为数不多的中国连接印度洋的西南战略安全通道，缅甸这个通道的作用在近代海权时代的情势里越发明显，它属于中国的结构性战略性利益之一，其战略作用逐渐上升。因此，近代以来缅甸所面临的最大威胁不是来自中国，所以中缅有着极大的共同战略利益。

在中国改革开放后，中国融入国际秩序，在1989年后主要面对美日在东面的遏制压力，缅甸地位相对下降。从19世纪以来的中时段的历史运动里，中缅都有面对英国和日本侵略，以及面对西方世界封锁的共同历史和经历。在1988年缅甸被西方全面封锁前，总体上缅甸在战略上对中国供给多于诉求；1988年至2010年缅甸为了克服西方的封锁压力对中国战略上诉求略多于供给，正因如此，中缅之间才出现了蜜月期的胞波情谊。

民盟作为执政党后在对外关系中继续延续大国平衡外交,[①] 与中国的关系因利益而决定亲疏。当然，无论是融入国际和地区组织以及缅甸国内的经济发展和民生改善，还是缅甸政府军与少数族群非政府武装的停火、政治对话和中缅边境安全问题，中国在这些问题上的作用和影响都还是举足轻重的。2016 年 4 月 5 日，外交部长王毅在内比都与缅甸外长昂山素季举行会谈，昂山素季刚担任缅甸外长就邀请中国访缅,[②] 说明昂山素季领导的新政府对中缅关系的重视以及对中国释放善意的努力。这种重视是理性选择下的必然结果。缅甸背靠中国，中缅地缘平衡线的天然存在，以及中国在政治和经济影响力在世界相对良好的表现都使得缅甸政府不得不考虑首先打消中国认为其可能偏向西方的疑虑，努力使双边关系回归正常状态。缅甸政府上台后中缅关系的改善主要取决于双方共同的战略需求的多寡，尽可能寻求中缅双方的共同战略利益是提升两国双边关系的根本。

第二，充分认知到缅甸建构中缅地缘平衡线所追求国家安全感的努力，逐渐化解传统沉淀下来的缅甸对北方中国"威胁"的担忧。

缅甸的地缘优势在于拥有印度洋的出海口，缅甸的地缘缺陷在于无法在北方拥有对中国的地缘优势。由于喜马拉雅山、横断山系、云贵高原、掸邦高原构成了中国和缅甸的天然地缘政治平衡线，北方是险峻的山地和高原，南方是低矮的丘陵和平原。中国古代统治者虽然据有云贵高原而保有对地处平原地带的缅甸的"居高临下"的战略优势，但是依然难以越过这个地理障碍长期征服和保有湿热的南方。古代缅甸统治者更是难以越过这个地理障碍将势力投射到云贵高原以北。在古代，缅甸最强大威胁来自北方，北方威胁着缅甸的存亡和限制了其在中南半岛的政治作为，事实上缅甸更是无法长期有效守住该平衡线。因此，从缅甸的地缘缺陷可以判断，缅甸若完全摆脱中国的影响，而全面倒向西方，几乎不太可能。我们需要认知到缅甸想要建构的中缅双方之间的地缘平衡线是其国家安全感最重要的基石和屏障这个事实。在面临第三方威胁消失和战略需求不对等的情况下，如何继续建构缅甸作为中国的西南安全通道，我们需要充分认知到缅甸建构中缅地缘平衡线所追求国家安全感的努力，逐渐化解数百年来

---

① 《全国民主联盟党章与施政纲领》，钟佳译，《南洋资料译丛》2016 年第 1 期。

② 《王毅与缅甸外长昂山素季会谈》，2016 年 4 月 5 日，中华人民共和国外交部网站（http://www.fmprc.gov.cn/web/zyxw/t1353261.shtml）。

沉淀下来的缅甸对北方中国"威胁"的担忧。

第三，除官方正常的交往外，中缅外交更需下沉到民间，尽可能地培育双方民间的良好信任才能适应转型后缅甸国内新的政治秩序。

从缅甸社会角度逐渐培植缅甸各个阶层民众对中国的理解和信任，加强中国对缅甸民间外交能力建设。当前中缅两国在政府间交往之外，中国对缅甸民间外交情况不太乐观，目前未能培植出缅甸民众对中国人和政府的良好信任。中国在缅甸的大型投资频频遇挫，缅甸民众对中国的负面情绪和负面印象有增无减，这从侧面印证了这一观点。

现今无论是缅甸的底层民众，还是知识分子，或是本地的媒体，期待和呼唤中国对缅民间外交模式转变的声音十分强烈。在昂山素季访华之时，缅甸发行量最大、极具影响力的新闻媒体之一的《7天日报》发表评论文章，希望中缅关系更加重视民间外交，希望中国的对缅外交，能真正朝有利于缅甸人民的方向努力。与此同时，缅甸民众强烈透露出希望她能够为民请命，希望她向中国领导人传达缅甸底层民众的声音，希望她呼吁和推动中缅外交转向以民众为核心的外交模式。

中缅之间的交往，要改变以往单一的政府间交流和沟通的方式才能适应不断发展的缅甸政治新秩序，加强民间外交能力建设已成为现今中国对缅外交中急不可待的重大任务。缅甸的情况对于中国的对外外交有着相当的典型意义，特别是那些与中国有着历史纠葛的周边国家（如越南等）。中华人民共和国成立初期曾经广结亚非拉人民，在民间外交上辛勤耕耘，最终政治上获得第三世界的广泛支持。对于中国来说，应该在传统的政府交流和党际交往的基础上加强民间外交能力建设，厚植民间交流的基础，培育民众对中国的认受度，才能化解传统周边国家的强烈的历史敌对意识。在现代国家关系体系下，需要化解他们的心结，化解他们的敌意，正如黑格尔辩证法所倡导的那样，将集体敌对意识作为一个环节扬弃掉，使其过渡到更高阶段的集体共同体意识，从而消除中国"威胁论"，改善中国的地缘政治环境。民主转型后的缅甸，对于民意的回应将是政党赢得选票的最主要考量。中国对缅外交需要数十年如一日的"精耕细作"。

第四，积极发挥中国在缅北和平进程的作用和影响力，认清威胁中缅边境安全的本质和根本原因。

缅甸的历史记忆里拥有面临北方直接威胁和北方限制其战略空间的强大历史记忆（相比殖民史的记忆要弱），但是由于地缘平衡线的存在尚保有一线安全感。因此缅甸的主要动力就是将其力量彻底投射和覆盖到地缘平衡线，即消灭北方的少数民族割据武装，总体上保持不威胁北方中国的核心利益，同时极大化其在云贵高原以南的海拔低地的战略空间。这个地缘平衡线的存在对于建构中缅关系极其重要，是缅甸可以获得安全感的重要凭据，也是中国对待缅甸中央政权和北方少数民族武装力量的思考出发点。

最近20多年，中缅共同面对西方威胁形成的共同利益的关系结构使得中缅相互的战略诉求趋于平衡。一旦缅甸消除来自西方的威胁，两者之间的共同威胁消失，则缅甸最核心的利益就会发生挪移，那就是北方和东方的少数民族武装力量成为缅甸的首要威胁，同时缅甸也会将极大的战略资源倾注于建构维系北方与中国的地缘平衡线。

在不挑战北方中国核心利益的前提下实现中央政治力量推进到中缅边境线和东方的缅泰和缅老边境线，最终使得少数民族武装势力放弃武装，实现全缅郡县化。这构成了缅甸的核心利益。因而，中缅两国之间的关系最终会走向战略需求不对等的时代，即北方少数民族武装对中国的利益属于中国的次要利益，对缅甸的利益却属于缅甸的核心利益；缅甸作为中国安全通道的建构属于中国的核心利益之一，而对于缅甸而言则不属于其核心利益之一，虽然中缅和平相处属于其核心利益。

缅甸政府军机炸弹落入中方境内造成中国平民死伤事件，缅甸之所以敢如此挑战中国，源于缅甸的利益权衡。缅甸中央政府军对缅北果敢同盟军的打击和围剿行为所产生的结果，对缅甸政府的利益价值度非常大，而对中国的利益舍弃度属中等偏大。缅甸对果敢同盟军的打击和剿灭，对缅甸属于利益价值度极高的一项利益——关系到缅甸的中央政权稳定、国家的统一等，核心利益缅甸为获得该项利益愿意支付的成本也就越高，包括承受对中缅关系产生的负面影响和摩擦的代价；而缅甸对于中国是否采取行动的判断则来自其对中国的利益舍弃度大小的分析。由于大国的某项利益的重要性越低，其利益舍弃度就越大，那么大国就越会采取容忍和退让的策略，这样小国得手的可能性就越大。①

在缅甸看来，其北部的冲突会影响到中国的一些利益，但这些利益对中国来说属于中等和偏小程度的级别。因此缅甸可以判断，在这样的情况

---

① 张伟玉：《小国挑战大国的逻辑》，《世界知识》2015 年第 13 期。

下中国将会采取容忍和退让的策略，所以它就敢不顾对中国带来的损害，在中缅边境地区对果敢同盟军进行打击，导致炮弹落入中国境内造成中国平民死伤。中国周边小国众多，类似的情况时常出现。对中国来说，应当强调维护利益的强硬立场，在增强与周边国家对话的基础上，防止周边国家利用这种心理和策略不断挑战中国，造成对中国利益的蚕食和事态不断升级。对于小国来说则应该记住，大国不会永远妥协和退让，不要碰触和挑战大国的利益甚至重大利益，否则将带来其无法承受的后果。

三　本书的创新与不足

作为对军政权转型原因的研究，本书的创新之处主要体现在以下几个方面。

第一，受道格拉斯·诺斯的"开放介入社会理论"的影响和启发，本书提出了缅甸从纯军人政权到军人为主—文官为辅政权，再到文官为主—军人为辅政权的转型需要具备制度保障、组织保障和军事保障三项保障条件，以提供军人放松权力控制后的安全感。由这个研究可以发现军人政权愿意转型的最低边界条件。这有助于解释其他国家军人政权的转型原因，在学术上具有创新意义。

第二，缅甸军政权转型的开启和深化处在世界第三波民主化浪潮之中，因此对缅甸军政权转型原因的解释有助于对现有的军政权民主转型理论的检验和修正。本书发现，军人不是在缺乏自信而是在更为自信时选择交权。这一研究对芬纳"动机—条件"分析框架所主张的军人交权的动机是军人缺乏自信时才会选择交权这一观点提出了质疑，同时对亨廷顿提出的军人交权的两个保障（不进行报复、尊重军人的角色）进行了完善和修正。本书发现将军人的诉求内化为制度是确保军人愿意交权而推动转型的较好方法。将军人的诉求内化为制度能够降低军人和反对派的交易成本，能够更好地促使军人交权的动机真正演变为政治现实。

第三，本书首次对缅甸军政权转型的不同阶段进行了细分，提出了纯军人政权、军人为主—文官为辅政权、文官为主—军人为辅政权、纯文官政权四个阶段的划分。这样的分类有助于理解"缅甸军人政权转型"这个概念，进而观察其转型的实质。在本书提出这个划分之前，学界对于缅甸政治转型的理解，要么直接将其理解为民主转型，要么笼统地将其归结为政治转型，缺少对这个过程的"解剖"式分析和研究。

第四，本书通过案例比较研究，建构起了解释整个缅甸军政权转型时期（1988—2015 年）的一个较为完整和系统的理论框架。目前对缅甸军政权转型的文章多用某一变量解释其中的某一阶段，但难以对整个转型的前后不同阶段进行系统解释并确保前后解释逻辑的自洽，这导致对缅甸军政权转型的本质缺乏深入理解。本书明确提出了一个解释缅甸军政权转型开启和深化的因果机制分析。

当然，本书还存在诸多不足之处，主要体现在两个方面：第一，案例的客观限制。本书选择了三个案例进行分析，受制于客观的实际情况限制。缅甸自 1988 年以来只进行了三次大选，因此只存在一反和两正这三个案例。如果有两个反例，两个正例，其论证效力可能会更强。第二，本书对缅甸军人政权转型的研究虽然有助于检验和丰富现有军政权转型理论，但在此个案基础上提出的理论框架若用来解释其他国家军政权的转型，其普遍性需要进一步检验和论证。

四　下一步研究方向

本书对缅甸军人政权转型的深入研究，有助于理解其他军政权的民主转型原因，但解释的普遍有效性还有待进一步论证。因此，下一步研究方向是将本书提出的理论运用到其他军政权转型国家，尤其是东南亚地区，以进行跨国案例比较研究，以验证或修正理论分析框架的普遍有效性。

参考文献

中文文献

［美］阿伦德·利普哈特：《比较政治学与比较方法》，李陈华译，《经济社会体制比较》2006 年第 3 期。

［美］达龙·阿塞莫格鲁、詹姆士·罗宾逊：《政治发展的经济分析——专制和民主的经济起源》，马春文等译，上海财经大学出版社 2008 年版。

［英］安东尼·阿伯拉斯特：《民主》，孙荣飞、段保良、文雅译，吉林人民出版社 2005 年版。

［美］B. 盖伊·彼得斯：《政治科学中的制度理论："新制度主义"》，王向民等译，上海人民出版社 2011 年版。

［英］保罗·钱伯斯：《东南亚的宪法变迁与安全部队：以泰国和缅甸为鉴》，杜洁、陈欣译，《南洋资料译丛》2015 年第 4 期。

毕重群：《缅甸局势动荡的背景》，《当代社会主义问题研究》1989 年第 1 期。

毕世鸿：《冷战后日缅关系及日本对缅政策》，《当代亚太》2010 年第 1 期。

毕世鸿：《缅甸民选政府上台后日缅关系的发展》，《印度洋经济体研究》2014 年第 3 期。

［美］伯姆斯塔德：《克林顿的内政、外交政策》，学群译，《现代外国哲学社会科学文摘》1993 年第 2 期。

曹金绪：《实力与决心的较量——三方不对称军事威慑博弈分析》，《国际政治科学》2013 年第 2 期。

曹云华：《缅甸政治体制：特点、根源及趋势》，《东南亚》1988 年第 2 期。

陈刚：《个案研究在比较政治中的应用及其意义》，《社会科学战线》2014年第 5 期。

陈建山：《冷战后印（度）缅关系研究》，博士学位论文，暨南大学，2014 年。

陈明华：《缅甸与周边国家的边境贸易》，《东南亚研究》1997 年第 6 期。

陈明明：《所有的子弹都有归属——发展中国家军人政治研究》，天津人民出版社 2003 年版。

陈尧：《新权威主义政权的民主转型》，上海人民出版社 2006 年版。

陈霞枫：《缅甸改革对中缅关系的影响及中国的对策》，《东南亚研究》2013 年第 1 期。

丛日云：《当代世界的民主化浪潮》，天津人民出版社 1997 年版。

崔宝敏：《制度变迁：理论与经验——基于诺斯与格雷夫的比较分析视角》，《经济与管理评论》2014 年第 2 期。

［美］大卫·波特：《最新民主化的历程》，王谦等译，（台北）韦伯文化国际出版公司 2003 年版。

［英］戴维·米勒、韦农·波格丹诺：《布莱克维尔政治学百科全书》（修订版），邓正来等译，中国政法大学出版社 2002 年版。

［美］道格拉斯·诺斯：《制度、制度变迁与经济绩效》，刘守英译，上海格致出版社 2008 年版。

［美］道格拉斯·诺斯：《制度、制度变迁与经济绩效》，杭行译，上海格致出版社、上海三联书店、上海人民出版社 2014 年版。

董海云、寸永宁：《缅甸投资环境分析》，《东南亚纵横》1992 年第 1 期。

杜朝平：《论印度"东进"政策》，《国际论坛》2001 年第 6 期。

杜兰：《美国调整对缅甸政策及其制约因素》，《国际问题研究》2012 年第 2 期。

邓沛沛：《"虚弱国家"的形态和起源：以 1988—2010 年的缅甸为例》，《昆明理工大学学报》（社会科学版）2014 年第 5 期。

范宏伟、肖君拥：《缅甸新宪法（2008）与缅甸民主宪政前景》，《太平洋学报》2008 年第 8 期。

范宏伟：《冷战时期中缅关系研究（1955—1966）：以外交部解密档案为中心的考察》，《南洋问题研究》2008 年第 2 期。

［澳］芬斯顿主编：《东南亚政府与政治》，张锡镇等译，北京大学出版社

2007 年版。

范士明：《权力知识化和信息时代的国际关系》，《战略与管理》1996 年第6 期。

甘锋：《民主化的理论系谱：从现代化理论到结构化理论》，《理论与改革》2012 年第 5 期。

高奇琦：《比较政治中的质性方法》，《国外社会科学》2014 年第 2 期。

郭定平：《论民主转型与政治文化研究的复兴》，《湖北社会科学》2012 年第 7 期。

郭继光：《全国民主联盟与缅甸的政治转型》，《当代世界》2015 年第9 期。

何历宇：《当代西方民主化理论的分析路径及其走向》，《当代世界社会主义问题》2006 年第 2 期。

何平：《缅甸国防力量概述》，《东南亚研究》1992 年第 6 期。

何哲：《从诺斯的"开放介入社会"理论到"中国特色社会主义民主"》，《马克思主义与现实》2011 年第 2 期。

贺圣达：《一九八九年的缅甸》，《东南亚》1990 年第 1 期。

贺圣达：《大选后的缅甸政局》，《和平与发展》1990 年第 4 期。

贺圣达、张惠霖：《金融危机在缅甸的影响及其对云南经济发展的挑战和机遇》，《东南亚》1998 年第 3 期。

贺圣达：《缅甸：军人执政十年（1988—1998）的政治经济和外交》，《东南亚》1998 年第 4 期。

贺圣达：《1988 年以来的缅甸：发展、稳定和开放》，《东南亚》2001 年第 4 期。

贺圣达：《中国的缅甸研究：回顾与展望》，《东南亚》2002 年第 3 期。

贺圣达：《缅甸现政府和政治发展》，《和平与发展》2005 年第 3 期。

贺圣达：《1988 年以来的中缅经济合作：现状、问题和前景》，《云南社会科学》2005 年第 2 期。

贺圣达：《缅甸军人执政的 20 年（1988—2008）的政治发展趋势》，《东南亚纵横》2008 年第 8 期。

贺圣达：《缅甸政局发展态势（2014—2015）与中国对缅外交》，《印度洋经济体研究》2015 年第 1 期。

［美］亨廷顿：《第三波：20 世纪后期民主浪潮》，刘军宁译，上海三联书

店 1998 年版。

［美］亨廷顿：《第三波：20 世纪后期民主化浪潮》，欧阳景根译，中国人民大学出版社 2013 年版。

［美］胡安·林茨、阿尔弗莱德·斯蒂潘：《民主转型与巩固的问题：南欧、南美和后共产主义欧洲》，孙龙译，浙江大学出版社 2008 年版。

［美］吉列尔莫·奥唐奈、［意］菲利普·施密特：《威权统治的转型：关于不确定民主的试探性结论》，景威、柴绍锦译，北京新星出版社 2012 年版。

［美］加布里埃尔·阿尔蒙德、西德尼·维巴：《公民文化：五个国家的政治态度与民主制》，徐湘林等译，华夏出版社 1989 年版。

孔建勋、包广将：《不对称结构和本体性安全视角下的中缅关系：依赖与偏离》，《东南亚研究》2015 年第 3 期。

［美］肯尼思·华尔兹：《国际政治理论》，信强译，上海世纪出版集团 2003 年版。

李晨阳：《1998 年的缅甸外交》，《东南亚研究》1999 年第 4 期。

李晨阳：《2000 年的缅甸外交》，《东南亚研究》2001 年第 1 期。

李晨阳、瞿健文：《2003 年的缅甸：内忧外患》，《东南亚纵横》2004 年第 2 期。

李晨阳：《缅甸内政外交 2004 年回顾与 2005 年展望》，《东南亚纵横》2005 年第 2 期。

李晨阳：《独立前缅甸民族主义精英对国家发展道路的探索》，《南洋问题研究》2006 年第 4 期。

李晨阳：《军人政权与缅甸现代化进程研究》，博士学位论文，云南大学，2006 年。

李晨阳、陈茵：《影响缅甸民主化进程的主要政治势力》，《当代亚太》2006 年第 4 期。

李晨阳：《试析缅甸军人政权的发展趋势》，《东南亚研究》2007 年第 6 期。

李晨阳、孔鹏：《缅甸：2006 年形势综述》，《东南亚纵横》2007 年第 4 期。

李晨阳：《西方国家制裁缅甸的目的及其效用评析》，《国际关系学院学报》2009 年第 2 期。

李晨阳、古龙驹：《缅甸联邦共和国宪法（七）》，《南洋资料译丛》2010
年第 1 期。

李晨阳：《"缅甸问题"的新挑战》，《世界知识》2010 年第 1 期。

李晨阳、祝湘辉：《西方国家对缅甸的制裁措施》，《国际资料信息》2010
年第 5 期。

李晨阳：《2010 年以来的缅甸政治转型评析》，《领导者》2012 年第
47 期。

李晨阳、全洪涛主编：《缅甸法律法规汇编（2008—2013 年)》，经济管理
出版社 2014 年版。

李晨阳等：《缅甸蓝皮书：缅甸国情报告（2012—2013)》，社会科学文献
出版社 2014 年版。

李晨阳、杨详章：《"缅甸问题"的由来、形成、演变与实质》，《印度洋
经济体研究》2014 年第 3 期。

李路曲：《东亚政治转型的路径分析》，《当代亚太》2002 年第 1 期。

李路曲：《关于东亚"民主的危机"的思考》，《东南亚研究》2004 年第
1 期。

李路曲：《从单一国家研究到多国比较研究》，《政治学研究》2009 年第
6 期。

李路曲、杜雁军：《比较政治研究中三大范式的兼容趋势评析》，《天津社
会学》2014 年第 6 期。

李文：《民主选举与社会分裂——东亚民主转型国家与地区的政治与政
局》，《当代亚太》2012 年第 2 期。

［缅］连·H. 沙空：《缅甸民族武装冲突的动力根源》，乔实译，《国际资
料信息》2012 年第 4 期。

梁英明、梁志明等：《东南亚近现代史》，昆仑出版社 2005 年版。

林锡星：《评当前缅甸动乱的原因》，《印度支那》1989 年第 1 期。

林锡星：《苏貌与缅甸政治》，《印度支那》1989 年第 3 期。

林锡星：《冷战后缅甸的对华政策》，《东南亚研究》1999 年第 4 期。

林锡星：《中缅友好关系研究》，暨南大学出版社 2000 年版

林锡星：《试析昂山素季对缅甸军政权态度的转变》，《东南亚研究》2004
年第 1 期。

林锡星：《缅甸当前政治经济观察》，《东南亚研究》2007 年第 2 期。

林锡星：《美缅关系的趋缓与缅甸政治生态探析》，《东南亚研究》2009 年第 6 期。

林锡星：《全球化背景下的缅甸政治危机》，《东南亚研究》2010 年第 2 期。

刘阿明：《美国对缅甸政策的调整及其前景》，《现代国际关系》2010 年第 2 期。

刘建华：《论网络社会的政治权力转移》，《广西师范大学学报》（哲学社会科学版）2012 年第 3 期。

刘军宁：《民主与民主化》，商务印书馆 1999 年版。

刘鹏：《缅甸的民主改革与美国的认可》，《国际政治科学》2014 年第 3 期。

刘文沛：《制度设计与民主转型的理论分析》，《理论界》2011 年第 5 期。

刘务：《缅甸外交政策的新调整：从对华友好到大国平衡外交》，《东南亚研究》2007 年第 2 期。

刘务：《缅甸独立后外交政策的演变与中缅关系的发展》，《当代亚太》2010 年第 1 期。

刘新生：《缅甸大变革及其对中缅关系的影响》，《东南亚纵横》2013 年第 1 期。

刘勇智：《通向民主之路：东亚民主化模式比较研究》，博士学位论文，上海交通大学，2009 年。

刘瑜：《经济发展会带来民主化吗？——现代化理论的兴起、衰落与复兴》，《中国人民大学学报》2011 年第 4 期。

刘稚：《缅甸民族问题的由来与发展》，《世界民族》1997 年第 2 期。

刘必荣：《缅甸外交政策分析（1962—2010 年）》，博士学位论文，台湾东吴大学，2011 年。

刘洪钟：《军队从政坛退出与韩国社会转型：基于自然政府的视角》，《当代亚太》2012 年第 2 期。

卢光盛：《中缅政治经济关系的发展、现状及其意义》，《国际关系学院学报》2009 年第 2 期。

洪陆训：《军人脱离政治之探讨》，《问题与研究》（台北）1998 年第 37 卷第 1 期。

［美］罗伯特·基欧汉、约瑟·奈：《权力与相互依赖》，门洪华译，北京

大学出版社 2004 年版。

［美］罗伯特·E. 斯泰克：《个案研究》，载［美］诺曼·K. 邓津、伊冯娜·S. 林肯主编《定性研究：策略与艺术》（第 2 卷），凤笑天等译，重庆大学出版社 2007 年版。

［美］罗伯特·达尔：《多头政体：参与和反对》，谭君久等译，商务印书馆 2003 年版。

马燕冰：《缅甸政局不稳的深层原因及前景》，《国际资料信息》2007 年第 10 期。

马燕冰：《缅甸局势及其发展趋势》，《亚非纵横》2009 年第 5 期。

马燕冰：《印缅关系的发展及对中国的影响》，《亚非纵横》2009 年第 6 期。

马燕冰：《缅甸大选后的外交形势及其政策趋势》，《和平与发展》2011 年第 2 期。

马燕冰：《缅甸政治改革的进展与问题》，《和平与发展》2014 年第 1 期。

［英］迈克尔·曼：《社会权力的来源》（第四卷），郭忠华等译，上海人民出版社 2015 年版。

［美］巴林顿·摩尔：《民主与专制的社会起源》，拓夫等译，华夏出版社 1987 年版。

［美］摩根索：《国家间政治》，徐昕等译，中国人民公安大学出版社 1990 年版。

欧阳景根：《民主转型与巩固：民主化理论模式的评析与民主巩固的序列分析模式建构》，《比较政治学研究》2012 年第 1 期。

潘一宁等：《国际因素与当代东南亚国家政治发展》，中国社会科学出版社 2004 年版。

庞洵、权家运：《回归权力的关系语境——国家社会性权力的网络分析与测量》，《世界经济与政治》2015 年第 6 期。

［丹麦］乔格·索伦森：《民主与民主化》（第二版），李西潭、陈志玮译，台北韦伯文化事业出版社 2000 年版。

曲博：《因果机制与过程追踪法》，《世界经济与政治》2010 年第 4 期。

［美］斯蒂芬·范埃弗拉：《政治科学研究方法指南》，陈琪译，北京大学出版社 2006 年版。

施爱国：《美国对缅甸的"务实接触"政策析评》，《国际论坛》2012 年第

1 期。

石安达：《缅甸新时期的民族和解政策》，《世界民族》1999 年第 3 期。

时永明：《缅甸民主化转型的特点和影响》，《国际问题研究》2012 年第
2 期。

宋清润：《美缅关系改善的现状、动因及前景》，《亚非纵横》2010 年第
2 期。

宋清润、倪霞韵：《中美在缅甸问题上的分歧与合作展望》，《亚非纵横》
2012 年第 6 期。

宋清润：《缅甸改革两周年成就与挑战》，《国际研究参考》2013 年第
3 期。

宋清润：《缅甸民主转型的进展与挑战》，《国际研究参考》2014 年第
5 期。

孙浩泊：《浅析一年来缅甸政治、经济、外交动向》，《东南亚》1992 年第
2 期

谈火生：《民主化进程中的国际因素》，《经济社会体制比较》2011 年第
4 期。

唐翀：《军人政治与外交政策：以印尼苏加诺时期为例》，博士学位论文，
暨南大学，2007 年。

［美］道格拉斯·诺斯、罗伯斯·托马斯：《西方世界的兴起》，厉以平、
莱磊译，华夏出版社 1999 年版。

王沪宁：《政治的逻辑》，上海人民出版社 1994 年版。

王介南：《缅中关系与我国周边安全》，《世界经济与政治论坛》2004 年第
4 期。

王全珍：《略论缅甸僧侣与缅甸政局》，《东南亚之窗》2008 年第 1 期。

王菁：《西方民主化研究的演进逻辑》，《教学与研究》2011 年第 3 期。

王菁：《西方民主巩固理论研究》，新华出版社 2012 年版。

王梦平：《美国政府的东南亚政策》，《国际资料信息》2010 年第 1 期。

王士录：《缅甸军人政权缘何能长期存在——一些西方学者的观点解析》，
《当代亚太》2008 年第 3 期。

王卫：《缅甸军政府的转型及其前景展望》，《东南亚研究》2012 年第
4 期。

王子昌：《2010 年缅甸大选与缅甸外交》，《东南亚研究》2010 年第 4 期。

王子昌：《精英互动与缅甸的政治发展：2011 年缅甸的政治与外交》，《东南亚研究》2012 年第 2 期。

韦红：《缅甸政府在民族问题上的策略调整》，《当代亚太》2001 年第 9 期。

韦健锋：《现实主义视角下的邻国外交——独立后的印缅关系研究》，博士学位论文，云南大学，2013 年。

夏安凌、封帅：《国际政治研究中的"国际体系"与"国际格局"》，《国际论坛》2008 年第 5 期。

肖克：《亚洲威权国家民主转型的可行路径选择：基于西班牙与缅甸的比较》，《比较政治学研究》2014 年第 1 期。

徐本钦：《中缅政治经济关系：战略与经济的层面》，《南洋问题研究》2005 年第 1 期。

许开轶、李晶：《当代政治转型研究的理论范式评析》，《当代世界与社会主义》2006 年第 4 期。

［美］亚当·普沃斯基：《民主与市场》，包雅钧等译，北京大学出版社 2005 年版。

阎学通：《国际政治与中国》，北京大学出版社 2005 年版。

阎学通、孙学峰：《国际关系研究实用方法》（第二版），人民出版社 2007 年版。

阎学通、阎梁：《中国国家利益分析》，北京大学出版社 2008 年版。

闫德华：《缅甸政治转型以来的对外关系》，博士学位论文，云南大学，2015 年。

燕继荣：《发展政治学：政治发展研究的概念与理论》，北京大学出版社 2006 年版。

［美］约瑟夫·奈：《信息革命与软权力》，张建中、李雪晴译，《国外社会科学文摘》2014 年第 10 期。

岳德明：《冷战后缅甸对华政策刍议》，《外交评论（外交学院学报）》2005 年第 4 期。

翟崑：《中国与东盟关系的未来在于相处之道》，《世界知识》2015 年第11 期。

［美］詹姆斯·科顿：《东亚民主政体的进步与局限》，载刘军宁编《民主与民主化》，商务印书馆 1999 年版。

［美］詹姆斯·马洪尼：《理性选择理论与比较方法：一个正在出现的综合？》，高奇琦译，《政治学研究》2014 年第 11 期。

展江、黄晶晶：《开明、威权与自由之光：160 年缅甸新闻法制史管窥》，《杭州师范大学学报》2013 年第 5 期。

张锡镇：《当代东南亚政治》，广西人民出版社 1994 年版。

张伟玉：《政治身份认同与缅甸果敢同盟军的瓦解》，《当代亚太》2012 年第 2 期。

张伟玉：《民主转型理论：研究路径、评论及发展》，《国际政治科学》2015 年第 3 期。

张伟玉：《小国挑战大国的逻辑》，《世界知识》2015 年第 13 期。

张伟玉：《缅甸军人政权转型的原因分析》，《国际政治科学》2016 年第 2 期。

郑国富：《中缅双边经贸合作发展的历史、现状与挑战》，《对外经贸实务》2014 年第 1 期。

钟智翔、李晨阳：《缅甸武装力量研究》，军事谊文出版社 2004 年版。

周鑫宇：《美国对缅政策调整述评》，《现代国际关系》2012 年第 2 期。

张锡镇：《当代东南亚政治》，广西人民出版社 1994 年版。

祝湘辉、李晨阳：《2011 年的缅甸：在改革中前进》，《东南亚纵横》2012 年第 2 期。

赵天宝：《评缅甸新宪法的制度》，《东南亚纵横》2009 年第 1 期。

英文文献

Adam Przeworski et al. , *Democracy and Development*, Cambridge：Cambridge University Press, 2000.

Adam Przeworski, Some Problems in the Study of the Transition to Democracy, in *Transitions from Authoritarian Rule：Comparative Perspective*, ed. by Guillermo O' Donnell, Philippe C. Schmitter and Laurence Whitehead. Baltimore：The Johns Hopkins University Press, 1986.

Alexander George and Andrew Bennett, *Case Studies and Theory Development in the Social Science*. Cambridge, MA：The MIT Press, 2005.

Ali Resul Usul, *Democracy in Turkey：The Impact of EU Political Conditionality*,

London: Routledge, 2011.

Andrew Bennett and Colin Elman, "Qualitative Research: Recent Development in Case Study Methods", *Annual Review of Political Science*, Vol. 9, No. 1, 2006.

Andrew Selth, Myanmar's Coercive Apparatus: The Long Road to Reform, in *Myanmar: The Dynamics of an Evolving Polity*, ed. by D. I. Steinberg, Boulder: Lynne Rienner, 2014.

Andrew Selth, "The Myanmar Army Since 1988: Acquisitions and Adjustments", *Contemporary Southeast Asia*, Vol. 17, No. 3, 1995.

B. Moore, *Social Origins of Dictatorship and Democracy: Lord and Peasant in the Making of the Modern World*, Boston: Beacon Press, 1996.

Bertil Lintner, *The Rise and Fall of the Communist Party of Burma (CPB)*, New York: Cornell University, 1990.

Bertil Lintner, "Burma Talks Focus On Prisoner Release", *Far Eastern Economic Review*, 2001.

Carles Boix, *Democracy and Redistribution*, Cambridge: Cambridge University Press, 2003.

Carothers Thomas, *Aiding Democracy Abroad: The Learning Curve*, Carnegie Endowment for International Peace, 1999.

Christina Fink, *Living Silence: Burma under Military Rule*, Bangkok: White Lotus Press, 2001.

Cook Paul and Minogue Martin, "Economic Reform and Political Change in Myanmar", *World Development*, Vol. 21, No. 7, 1993.

Charles King, G. F. M. Pridham, Eric Herring, and George Sanford eds., *Building Democracy: The International Dimension of Democratization in Eastern Europe*, London: Leicester University Press, 1997.

Charles B. Smith, The Burmese Communist Party in the 1980s, Singapore Regional Strategic Studies Program, Institute of Southeast Asian Studies, 1984.

Donal M. Seekins, "Burma-China Relationship: Playing with Fire", *Asian Survey*, Vol. 37, No. 6, 1997.

Donald M. Seekings, *The Disorder in Order: The Army-State in Burma since 1962*, Bangkok: White Lotus Press, 2002.

David I. Steinberg, *Turmoil in Burma: Contested Legitimacies in Myanmar*, U-nited State: East Bridge Press, 2006.

David I. Steinberg ed. , *Myanmar: The Dynamics of an Evolving Polity*, Boulder: Lynne Rienner, 2014.

D. Banerjee, "Myanmar and India Security Concerns", *The Asia Yearbook*, 1992.

Dankwart A. Rustow, Transition to Democracy: Toward a Dynamic Model, in *Transition to Democracy*, ed. By Geoffrey Pridham, Cambridge: The Cambridge University Press, 1995.

Daron Acemoglu and James Robinson, *Economic Origins of Dictatorship and Democracy*, Cambridge: Cambridge University Press, 2005.

D. C. North, J. J. Wallis, S. B. Webb and B. R. Weingast, "Limited Access Order in the Developing World: A New Approach to the Problems of Development", *Policy Research Working*, 439.

D. C. North, *Institutions, Institutional Change, and Economic Performance*, Cambridge: Cambridge University Press, 1990.

D. C. North, J. J Wallis and B. R. Weingast, "Violence and the Rise of Open-Access Order", *Journal of Democracy*, Vol. 20, No. 1, 2009.

D. C North, J. J Wallis and B. R. Weingast, *Violence and Social Order: A Conceptual Framework for Interpreting Recorded Human History*, Cambridge: Cambridge University Press, 2009.

David Potter ed. , *Democratization*, Cambridge: Polity Press, 1997.

Dietrich Rueschemeyer et al. , *Capitalist Development and Democracy*, Chicago: University of Chicago, 1992.

Dvid A. Lake and Robert Powell, International Relations: A Strategic-Choice Approach, in *Strategic choice and international relations*, eds. by David A Lake & Robert Powell, Princeton, N. J. : Princeton University Press, 1999.

Denis F. Guyot, "Myanmar in 1990: The Unconsummated Election", *Asian Survey*, Vol. 31, No. 2, 1991.

G. F. M. Pridham, The International Dimension of Democratization: Theory, Practice and Inter-regional Comparisons, in *Building Democracy: The International Dimension of Democratization in Eastern Europe*, eds. by Charles King,

G. F. M. Pridham, Eric Herring, and George Sanford, London: Leicester University Press. 1997.

G. F. M. Pridhamed, *Encouraging Democracy: The International Context of Regime Transition in Southern Europe*, London: Leicester University Press, 1991.

Georg Sorensen, *Democracy and Democratization: Processes and Prospects in a Changing World*, Boulder, Colorado: Westview Press, Vol. 18, No. 5, 1993.

Giuseppe Di Palma, *To Craft Democracy: An Essay on Democratic Transitions*, Berkeley: University of California Press, 1990.

Graeme Gill, *The Dynamics of Democratization*, London: Macmillan Press, 2000.

Grugel Jean, *Democratization: A Critical Introduction*, New York: Palgrave Publishers Ltd. , 2002.

Guillermo O' Donnell, Philippe C. Schmitter and Laurence Whitehead eds. , *Transitions from Authoritarian Rule: Comparative Perspective*, Baltimore: The Johns Hopkins University Press, 1986.

Guillermo O' Donnell and Phillippe C. , *Transition From Authoritarian Rule: Tentative Conclusions About Uncertain Democracies*, Baltimore: Johns Hopkins University Press, 1986.

Guillermo O' Donnell, *Modernization and Bureaucratic-Authoritarianism: Studies in South American Politics*, Berkeley: University of California Press, 1973.

Herbert Kitschelt, "Comparative Historical Research and Rational Choice Theory: The Case of Transitions to Democracy", *Theory and Society*, Vol. 22, No. 3, 1993.

James F. Guyot, "Myanmar in 1990", *Asian Survey*, Vol. 31, No. 2, 1991.

Jeffrey T. Checkel, *International Institutions and Socialization in Europe*, Cambridge: Cambridge University Press, 2007.

Josep M. Colomer, *Game Theory and the Transition to Democracy: The Spanish Model*, England: Edward Elgar, 1995.

Joseph A. Schumpeter, *Capitalism, Socialism, and Democracy*, New York: Harper and Row, 1976.

Joseph S. Nye, Jr. , "Soft Power", *Foreign Policy*, No. 80, 1990.

Joseph S. Nye, Jr. , *Soft Power: The Means to Success in World Politics*, New York: Public Affairs, 2004.

Juan J. Linzand Alfred Stepan, *The Breakdown of Democratic Regime*, Baltimore: The Johns Hopkins University Press, 1978.

Juan J. Linz and Alfred Stepan, *Problems of Democratic Transition and Consolidation*, Baltimore: The Johns Hopkins University Press, 1996.

Juan J. Linz, *Totalitarian and Authoritarian Regime.* Boulder, CO : Lynne Rienner Publishers, 2000.

John H. Badgley ed. , Reconciling Burma/Myanmar: Essays on U. S. Relations with Burma, The National Bureau of Asian Research (NBR), Vol. 15, No. 1, March 2004.

Kenneth Bollen, "Political Democracy and the Timing of Developmen", *American Sociological Review*, Vol. 4, No. 4, 1979.

Kostas Messas, "Democratization of Military Regimes: Contending Explanations", *Journal of Political and Military Sociology*, Vol. 20, No. 2, 1992.

Kyaw Yin Hlaing, Robert H. Taylor and Tin Maung Maung Than, *Myanmar: Beyond Politics to Societal Imperatives*, Institute of Southeast Asian Studies, 2005.

Kyaw Yin Hlaing, "Myanmar in 2004: Why Military Rule Continues", *Southeast Asian Affairs*, Vol. 1, 2005.

Laurence Whitehead, "Emerging Market Democracies: East Asia and Latin America", *Pacific Affairs*, Vol. 76, No. 4, 2003.

Laurence Whitehead, *The International Dimensions of Democratization: Europe and the Americas*, Oxford: Oxford University Press, 1996.

Larry Diamond, Juan J. Linz and Seymour Matin Lipset, *Democracy in Developing Countries: Asia*, Boulder, CO: Lynne Rienner Publishers, London: Adamantine Press, and New Delhi: Vistaar Publications, 1989.

Larry Diamond and Marc F. Plattner, *The Global Resurgence of Democracy*, the Johns Hopkins University Press, 1993.

Larry Diamond, "Is the Third Wave Over?", *Journal of Democracy*, Vol. 7, No. 3, 1996.

Larry Diamond et al. , *Consolidating the Third Wave Democracies: Themes and Perspective*, Baltimore and London: Baltimore: Johns Hopkins University Press, 1997.

Larry Diamond, *Developing Democracy toward Consolidation*, Baltimore: Johns

Hopkins University Press, 1999.

Laurence Whitehead, Three International Dimensions of Democratization, in *The International Dimensions of Democratization: Europe and the Americas*, Oxford: Oxford University Press, 2001.

McCarthy Stephen, "Prospects for Justice and Stability in Burma", *Asian Survey*, Vol. 6, No. 3, 2006.

Mary P. Callahan, "Myanmar in 1994: New Dragon or Still Dragging", *Asian Survey*, Vol. 35, No. 2, 1995.

Mary P. Callahan, *Making Enemies: War and State Building in Burma*, Ithaca, N. Y.: Cornell University Press, 2003.

Mancur Olson, "Dictatorship, Democracy and Development", *American Political Science Review*, Vol. 87, 1993.

Maung Aung Myoe, *The Counterinsurgency in Myanmar: The Government's Response to the Burma Communist Party*, Ph. D dissertation, Canberra: Australian National University, 1999.

Monique Skidmore and Trevor Wilson eds., *Dictatorship, Disorder and Decline in Myanmar*, Acton, A. C. T.: ANUE Press, 2008.

Morten B. Pedersen, The Crisis in Burma /Myanmar: Foreign Aid as a Tool for Democratization, Nbr Analysis, April 2004.

Michael F. Martin, "U. S. Sanctions on Burma", Congressional Research Service, 2012.

Oliver Hensengerth, *The Burmese Communist Party in the State-to-state Relations between China and Burma*, Leeds: University of Leeds, Department of East Asian Studies, 2005.

Philippe C. Schmitter, The Influence of the International Context Upon the Choice of National Institutions and Policies in Neo-Democracies, in *International Dimensions of Democratization*, ed. by Laurence Whitehead, Oxford: Oxford University Press, 2001.

Powell Charles, International Aspects of Democratization: The Case of Spain, in *The International Dimensions of Democratization*, ed. by Laurence Whitehead, Oxford: Oxford University Press, 2001.

Ronald Inglehart and Christian Welzel, *Modernization, Culture Change and De-*

mocracy，Cambridge：Cambridge University Press，2005.

Robert J. Barro，"Determinants of Democracy"，*Journal of Political Economy*，Vol. 107，No. 61，1999.

Samuel Huntington，*The Third Wave*：*Democratization in the Late Twentieth Century*，Norman：University of Oklahoma Press，1991.

Samuel E. Finner，*The Man on Horseback*：*The Role of the Military in Politics*，Harmondsworth：Penguin Peregrine Books，1976.

Sein Win，"Sustaining Burma-China Relationship Plays with Fire"，*Asian Survey*，Vol. 2，1997.

Seva Gunitsky，"From Shocks to Waves：Hegemonic Transitions and Democratization in the Twentieth Century"，*International Organization*，Vol. 68，No. 3，2014.

Seymour Martin Lipset，"Some Social Requisites of Democracy：Economic Development and Political Legitimacy"，*American Political Science Review*，Vol. 53，No. 1，1959.

Smith Martin，*Burma（Myanmar）*：*The Time for Change*，London：Minority Rights Group International，2002.

Tatu Vanhanen，*Prospects of Democracy*：*A Study of 172 Countries*，London/New York：Routledge，1997.

Tatu Vanhanen，*Democratization*：*A Comparative Analysis of 170 Countries*，London/New York：Routledge，2003 .

The Economic Intelligent Unit，Country Report：Myanmar，Auguest 2014.

Ulf Sundhaussen，"Military Withdrawal from Government Responsibility"，*Armed Force &Society*，Vol. 10，No. 4，1984.

W. J. Clinton，Executive Order 13047：Prohibiting New Investment in Burma，Weekly Compilation of Presidential Documents，1997.

缅文文献

［缅］敖敏：《"8888 革命"与曼德勒》，仰光碧斯甘文学社 2013 年版。

［瑞典］博蒂尔·林特纳：《怒火：缅甸民主斗争》，散温貌、敏莫南译，仰光芬芳文学社 2013 年版。

［缅］丹温莱：《丹瑞：内比都之王》，仰光伦吴文学社 2014 年版。

汉斯博德·佐纳主编：《昂山素季关于民主的演讲（1995—1996）》，科科
　　登、福兰柯·丹译，仰光甘果乌耶文学社 2014 年版。

《人权与民主杂志》（第 1、2 卷），缅甸知识社会出版社 2014 年版。

［缅］温登乌：《冒险之途上的昂山素季及相关文章》，仰光未来出版社 2013
　　年版。

［缅］温佐拉：《报刊中的"8888 革命"》，仰光多米出版社 2013 年版。

《新政府之缅甸春天序言——国家总统之贡献（第一年）》，曼德勒碧颂书店
　　2014 年版。

《新政府之缅甸春天序言——国家总统之贡献（第二年）》，仰光杜丁丁诶书
　　店 2014 年版。

［缅］吴磊貌：《缅甸政治史》，仰光班薛碧书店 2012 年版。

附录A 《缅甸联邦共和国宪法》中关于军人权力的重要法律条款[*]

条款	内容
国家元首 第60条	总统选举团由以下三个联邦议会代表组构成: 各省、邦以相同名额选举产生的议院的议会代表组 按镇区或按人口分配名额选举产生的议院的议会代表组 国防军总司令向上述两议院提名的军人议会代表组
立法·联邦议会 第74条	根据本宪法第一百零九条之规定,按镇区或按人口比例分配名额选举产生的代表与国防军总司令提名的军队代表共同组成的人民院;根据本宪法第一百四十一条之规定,各省、邦以相同名额选举产生的代表与国防军总司令提名的军队代表共同组成的民族院
立法·人民院 第109条	国防军总司令依法提名的军队人民院代表不多于一百一十名 (人民院不超过440名)
立法·人民院 第115条	调查、报告涉及国防、安全和军队事务的议题时,由人民院中的军队代表组成国防与安全事务委员会并规定任期,可根据需要委派适当的人民院非军人代表参加国防与安全事务委员会
立法·民族院 第141条	国防军总司令依法提名的军队民族院代表,每个省、邦(含联邦直辖区)四名,共计五十六名
立法·民族院 第147条	调查、报告涉及国防、安全和军队事务的事项时,由民族院中的军队代表组成国防与安全事务委员会并规定任期,可根据需要委派适当的民族院非军人代表参加国防与安全事务委员会

* 李晨阳、全洪涛:《缅甸法律法规汇编(2008—2013)》,经济管理出版社2014年版。

条款	内容
立法·省邦议会 第161条	参照本条第一、二款或第一、三款之规定,国防军总司令依法提名占省、邦议会代表总数三分之一的军人省、邦议会代表
行政第201、204、206、213条	总统领导下的国家国防与安全委员会履行宪法和相关法律赋予的职责,委员会由下列人士组成:总统;副总统;副总统;人民院主席;民族院主席;国防军总司令;国防军副总司令;国防部长;外交部长;内政部长;边境事务部长; 总统的职责与权力:可给予豁免权;在得到国家国防和安全委员会的批准后发布赦免令;总统经联邦议会的批准可与外国建立或中断外交关系;但在紧急情况下,总统在与国防和安全委员会协商后,可不经联邦议会批准即中断与外国的外交关系; 总统对其措施须向联邦议会报告并获得通过;在国家受到侵略时,与依宪法成立的国家国防和安全委员会协商后有权采取必要的军事措施
行政 第232、234、264条	总统任命联邦政府部长时:任命国防部、内政部和边境事务部部长时须向国防军总司令征求合适的军人人选;如需在国防部、内政部和边境事务部以外的其他各部任命军人担任部长,须与国防军总司令协商; 总统必须将本人选拔的人选名单和从国防军总司令处获得的人选名单汇总后递交联邦议会审议批准;被任命为国防部长、内政部长、边境事务部长的军人无须退出现役 总统任命联邦政府副部长时:任命国防部、内政部和边境事务部副部长时须向国防军总司令征求合适的军人人选;如需在国防部、内政部和边境事务部以外的其他各部任命军人为副部长,须与国防军总司令协商讨论; 总统有权要求不能良好地履行职责的省、邦首席部长或部长辞职,如不从则须将其停职,如涉及需辞职或被停职的省、邦军人部长,须与国防军总司令协商处理
行政 第267条	自治州或自治县政府组成:国防军总司令依法提名的负责安全和边境事务的军队代表;国防军总司令任命的军人自治州或自治县政府成员数依需要可达总数的四分之一

续表

条款	内容
行政 第 285 条	任命由国防军总司令推荐的若干名军人担任内比都委员会成员以协调联邦直辖区的安全事务；担任内部委员会委员的军人在任职期间不须退出现役
行政第 291 条	作为公务员的军人因其工作特殊性，须依据军队相关法律实施管理
军队 第 338、339、340、343 条	全国范围内的武装力量统一归国防军指挥； 国防军在抵御国内外安全威胁时处于领导地位； 在国家国防与安全委员会的授权下，国防军有权计划并实施针对国防安全的全民动员，并领导实施人民战争战略； 在涉及军方的司法审判过程中：依法对军人按团体或个人进行审判； 国防军总司令的决定是最终裁决
关于紧急状态的规定 第 412、413、418 条	当某一省、邦、联邦直辖区、自治地方或部分地区出现危及人民生命财产安全的紧急事态，或有充分理由说明将会出现此种事态时，在获知或接到地方政府报告后，经与国家国防与安全委员会协商，总统有权颁布具有法律效力的命令宣布进入紧急状态； 总统在国家国防与安全委员会协商时，如该委员会委员不能全数出席，总统在与作为国家国防与安全委员会的国防军总司令、副总司令、国防部长、内政部长协商后，可及时宣布进入紧急状态，但须尽快上报国家国防与安全委员会批准； 为使进入紧急状态的地区尽快恢复正常秩序，相关地区的政府及其成员、地方公务部门及其成员为了依法有效履行职责，可寻求国防军的支持。如有必要，总统可下达军事管制令。该军事管制令必须规定国防军总司令进行行政管理的职责和权限以及维护治安和司法的职责和权限。总司令可亲自或委派一名合适的军人履行上述职权； 在根据第 417 条宣布实施紧急状态的情况下，为保证国家尽快恢复正常秩序和采取必要的措施，总统必须宣布将国家的立法、行政和司法权力移交给国防军总司令行使。从宣布之日起，中止所有议会及政府机构的立法工作，上述议会在任期届满时自动解散
过渡时期条款 第 443、445 条	在本宪法生效前，国家和平与发展委员会为实施宪法所做的准备工作应视为是依照本宪法进行； 缅甸联邦共和国继承国家治安建设委员会和国家和平与发展委员会方针政策、法律法规、规章制度、命令、公告，继承国家治安建设委员会和国家和平与发展委员会的措施、职责和权限，不得以上述委员会委员或政府成员的职务行为为由对其提起诉讼或追究责任

附录 B 1988 年以来缅甸建交国家一览[*]

国家名称	地理位置	建交时间
哥伦比亚（Colombia）	美洲	1988. 11. 28
秘鲁（Peru）	美洲	1989. 08. 28
委内瑞拉（Venezuela）	美洲	1990. 11. 20
巴布亚新几内亚（Papua New Guinea）	大洋洲	1991. 07. 24
文莱（Brunei Darussalam）	亚洲	1993. 09. 21
加纳（Ghana）	非洲	1995. 01. 13
南非（South Africa）	非洲	1995. 04. 20
肯尼亚（Kenya）	非洲	1997. 09. 26
科威特（Kuwait）	亚洲	1998. 12. 16
乌克兰（Ukraine）	欧洲	1999. 01. 19
阿塞拜疆（Azerbaijan）	亚洲	1999. 08. 03
格鲁吉亚（Georgia）	亚洲	1999. 08. 16
土库曼斯坦（Turkmenistan）	亚洲	1999. 08. 26
克罗地亚（Croatia）	欧洲	1999. 09. 03
白俄罗斯（Belarus）	欧洲	1999. 09. 22
哈萨克斯坦（Kazakhstan）	亚洲	1999. 09. 23
塔吉克斯坦（Tajikistan）	亚洲	1999. 09. 29
牙买加（Jamaica）	美洲	1999. 12. 06

---

* 参见缅甸外交部网站 http：//www. mofa. gov. mm/foreignpolicy/Lists% 20of% 20Countries% 20Having% 20Diplomatic% 20 Relations. html；刘必荣：《缅甸外交政策分析（1962—2010）》，博士学位论文，台湾东吴大学，2011 年，第 18 页。

续表

国家名称	地理位置	建交时间
吉尔吉斯斯坦（Kyrgyzstan）	亚洲	2000. 11. 09
乌兹别克斯坦（Uzbekistan）	亚洲	2001. 02. 08
乌拉圭（Uruguay）	美洲	2001. 02. 22
马其顿（Macedonia）	欧洲	2003. 07. 09
爱尔兰（Ireland）	欧洲	2004. 02. 10
苏丹（Sudan）	非洲	2004. 05. 20
沙特阿拉伯（Saudi Arabia）	亚洲	2004. 08. 25
卡塔尔（State of Qatar）	亚洲	2005. 09. 26
东帝汶（East Timor）	亚洲	2006. 07. 22
蒙特内哥罗（Montenegro）	欧洲	2006. 11. 27
斯洛文尼亚（Republic of Slovenia）	欧洲	2006. 12. 18
朝鲜（Democratic People's Republic of Korea，DPRK）	亚洲	2007. 04. 26 （重新建立邦交关系）
安道尔公国（Principality of Andorra）	欧洲	2009. 02. 11
津巴布韦（Repubilc of Zimbabwe）	非洲	2009. 08. 27
巴林（The Kingdom of Bahrain）	亚洲	2009. 11. 10
斐济（The Republic of Fiji）	大洋洲	2010. 05. 10

附录 C 苏貌政权：国家恢复法律与秩序委员会成员[*]

成员	职位
苏貌上将	恢委会主席、三军总司令
丹瑞中将	恢委会副主席、陆军司令
貌貌钦海军少将	海军司令
丁吞少将	空军司令
昂耶觉准将	高级副官
冯敏少将	军需部部长
盛昂少将	第一特战局局长
漆瑞少将	第二特战局局长
觉巴准将	北部军区司令（驻密支那）
貌丁上校	东北军区司令（驻腊戍）
貌埃准将	东部军区司令（驻东枝）
年林准将	东南军区司令（驻毛淡棉）
敏昂准将	西南军区司令（驻勃生）
妙丁准将	西部军区司令（驻实兑）
吞基准将	西北军区司令（驻曼德勒）
埃当准将	中部军区司令（驻东吁）
苗纽准将	仰光军区司令（驻仰光）
钦纽准将	恢委会第一秘书，军事情报局局长
丁吴上校	恢委会第二秘书，总参谋部官员

---

[*] Donald M. Seekings, *The Disorder in Order：The Army-State in Burma since 1962*, Bangkok：White Lotus Press, 2002, p. 176.

附录 D 丹瑞政权：国家和平与发展委员会成员[*]

成员	职位
丹瑞大将	和发委主席，政府总理兼国防部长
貌埃上将	和发委副主席，陆军司令
钦纽中将	和发委第一秘书，军情局局长
丁吴中将	和发委第二秘书
敏温中将	和发委第三秘书
纽登海军中将	海军司令
觉丹准将	空军司令
昂兑少将	西部军区司令（驻实兑）
耶敏少将	中部军区司令（驻曼德勒）
钦貌丹少将	仰光军区司令（驻仰光）
觉温少将	北部军区司令（驻密支那）
登盛少将	金三角军区司令（驻景栋）
蒂哈都拉实貌少将	海岸军区司令（驻丹老）
都拉瑞曼准将	西南军区司令（驻勃生）
敏昂准将	东南军区司令（驻毛淡棉）
貌博准将	东部军区司令（驻东枝）
蒂哈都拉丁昂敏吴准将	东北军区司令（驻腊戍）
梭温准将	西北军区司令（驻蒙育瓦）
丁埃准将	南部军区司令（驻东吁）

---

[*] Donald M. Seekings, *The Disorder in Order：The Army-State in Burma since 1962*, Bangkok：White Lotus Press, 2002, p. 283.

附录 E　吴登盛政权：
政府内阁成员[*]

成员	职位
吴登盛	总统
赛茂康	副总统
年吞	副总统
韦伦中将	国防部长
哥哥中将	内政部长
岱乃温中将	边境事务部长
吴温纳貌伦	外交部部长
吴耶图	宣传部长
吴温敏	商务部长
吴温欣	财税部部长
吴梭温	宗教事务部部长
吴埃敏玖	文化部部长
吴钦山伊	教育部部长
吴年吞昂	交通部部长
吴泽雅昂	能源部部长
吴貌敏	工业部部长
吴觉伦	建设部部长
吴钦貌梭	电力部部长

---

* 《缅甸国家概况》，2015 年 3 月，中华人民共和国外交部网站（http：//www.fmprc.gov.cn/ web/gjhdq_ 676201/gj_ 676203/yz_ 676205/1206_ 676788/1206x0_ 676790/）。

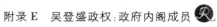

续表

成员	职位
吴敏昂	矿业部部长
吴敏莱	农业与水利部部长
吴温吞	环保林业部部长
吴坎佐	国家计划与经济发展部部长
吴妙亨	通信与信息技术部部长
吴埃敏	劳工、就业与社会保障部部长
杜妙妙翁欣	社会福利与救济安置部部长
吴翁敏	畜牧水产部部长
吴泰昂	饭店旅游部部长
吴丹泰	铁道部部长
丹昂	卫生部部长
哥哥乌	科技部部长
吴钦伊	移民与人口部部长
吴丁山	体育部部长

附录 F　昂山素季政权：政府内阁成员[*]

成员	职位
吴廷觉[**]	总统
吴敏瑞	副总统
亨瑞班迪优	副总统
昂山素季	外交部、总统府部部长
觉穗中将	内政部部长
盛温中将	国防部部长
耶昆中将	边境事务部部长
佩敏博士	宣传部部长
杜拉吴昂哥	文化部部长
苗登基博士	教育部部长
佩辛吞	电力与能源部部长
昂都博士	农业、畜牧与灌溉部部长
丹辛貌	交通与通信部部长
翁温	资源与环保部部长

[*] 《缅甸公布联邦政府内阁名单》，2016 年 4 月 1 日，中华人民共和国商务部网站 http：//www. mofcom. gov. cn/article/i/jyjl/j/201604/20160401288195. shtml。据《缅甸新光报》3 月 31 日报道，缅甸新总统吴廷觉 3 月 30 日签署总统府 1/2016 号公告，宣布组建联邦政府内阁。庄北宁：《缅甸总统提名新部长分担昂山素季兼任的两部》，2016 年 4 月 4 日（http：//news. xinhuanet. com/world/2016-04/04/c_ 1118525754. htm），缅甸总统吴廷觉 4 月 4 日向联邦议会提交两名新部长名单，分别接管由全国民主联盟（民盟）主席昂山素季执掌的教育部和电力和能源部，缅甸联邦议会议长曼温凯丹宣布，吴廷觉提名的苗登基任教育部长，佩辛吞任电力和能源部长。

[**] 2018 年 3 月 21 日，吴廷觉因健康原因辞去总统职务。2018 年 3 月 28 日，吴温敏在缅甸联邦议会选举中当选新总统。

续表

成员	职位
登穗	劳工、移民与人口部部长
钦貌秋	工业部部长
丹敏博士	商务部部长
敏推博士	卫生部部长
觉温 *	计划与财政部部长
温凯	建设部部长
温妙埃博士	社会福利与救济安置部部长
翁貌	酒店与旅游部部长
乃特伦	少数民族事务部部长
吞吞乌	联邦首席检察官

* 觉温因牵涉腐败受贿案已于 2018 年 5 月请辞。

索 引

第七批《中国社会科学博士后文库》专家推荐表 1

推荐专家姓名	阎学通	行政职务	清华大学国际关系研究院院长
研究专长	国际关系理论、国际关系研究方法	电 话	
工作单位	清华大学	邮 编	100086
推荐成果名称	变迁中的缅甸军人政权转型研究		
成果作者姓名	张伟玉		

（对书稿的学术创新、理论价值、现实意义、政治理论倾向及是否达到出版水平等方面做出全面评价，并指出其缺点或不足）

　　论文集中研究了 1988 年以来缅甸军人政权转型的原因和条件，研究问题明确。论文对缅甸军人政权转型原因的解释有助于对现有的军人政权民主转型理论的检验和修正，具有重要的理论价值。论文比较完整地梳理了既有相关研究并进行了细致的分类和较为可信的批判，表明了其对该领域的学术前沿成果追踪到位。

　　作者提出利益目标变化和保障条件具备是缅甸军人政权转型的核心条件，论证逻辑比较清晰，经验论证具有说服力。重要的是该论文观察到并发现了军人政权愿意主动交权并推动转型的最低边界条件，有助于解释其他国家军人政权的转型原因，在学术上具有创新意义。论文对"利益目标"变化与军人政权转型之间的因果联系可再明确些。总体来看，该论文是一篇优秀的博士论文，达到了出版条件，特予以推荐。

签字：阎学通

2018 年 1 月 8 日

说明： 该推荐表由具有正高职称的同行专家填写。一旦推荐书稿入选《博士后文库》，推荐专家姓名及推荐意见将印入著作。

第七批《中国社会科学博士后文库》专家推荐表 2

推荐专家姓名	李晨阳	行政职务	院长、教授
研究专长	缅甸研究	电　话	
工作单位	云南大学缅甸研究院	邮　编	650000
推荐成果名称	变迁中的缅甸军人政权转型研究		
成果作者姓名	张伟玉		

（对书稿的学术创新、理论价值、现实意义、政治理论倾向及是否达到出版水平等方面做出全面评价，并指出其缺点或不足）

　　军人政权的民主转型是比较政治学的重要研究内容，比较政治研究的进一步发展，使得学者愈来愈多地关注政体内部的差异及其对民主转型的影响，但既有的研究主要集中对拉美军人政权的研究，作者敏锐地抓住了缅甸军人政权近年来开启的政治转型，试图通过这一军人政权转型的新案例提出一种关于军人政权转型的新解释、新理论。就此而言，论文具有重要的理论价值。同时，对此研究对于把握缅甸政治走向，推动中缅关系发展具有现实指导意义。

　　该文具体研究了 1988 年以来缅甸军人政权转型原因，并建立起整个转型的因果逻辑机制，提出利益目标和保障条件的变化是导致缅甸国军人政权转型的重要变量，论文提出了有别于既有解释框架的新解释，修正和丰富了现有军人政权民主转型理论，使论文具有了相当的创新性。作为对缅甸单一国家的案例研究，论文对缅甸语言的充分利用确保了论文经验资料的充分性和可靠性。该文还对民主转型理论文献的回顾全面，并对其进行了恰当的评述，表明作者十分了解该选题的国内外发展动向，具有扎实的专业理论基础，反映了作者对国际学术前沿的深入把握。

　　缅甸军人政权从追求完全控制到追求关键控制的目标改变，其背后逻辑是对于成本收益的衡量，军政府如何衡量其成本收益，对此问题本文可作更深入分析。

　　该文是一篇优秀的博士论文。达到了出版水平，特予以推荐。

签字：李晨阳

2017 年 12 月 28 日

说明： 该推荐表由具有正高职称的同行专家填写。一旦推荐书稿入选《博士后文库》，推荐专家姓名及推荐意见将印入著作。